复旦卓越 · 跨境电子商务系列教材

跨境电商支付与结算

Cross-border E-commerce payment and settlement

主　编　朱瑞霞
副主编　杨　慧　李　诚

编委会

丛书总序　葛　朗
顾问团队　葛　朗　黄　岳　唐　生　李　悦　姚大伟　王一明
编委会主任　黄中鼎
编委会副主任　杨自力
编委会成员（按交稿顺序）
　　朱瑞霞　周玲琍　岳惠琴　杨自力

复旦大学出版社

总序

2020年8月24日,习近平总书记在经济社会领域专家座谈会上指出:"'十四五'时期是我国全面建成小康社会、实现第一个百年奋斗目标之后,乘势而上开启全面建设社会主义现代化国家新征程、向第二个百年奋斗目标进军的第一个五年,我国将进入新发展阶段。"他在论述新发展阶段时,提出了"以畅通国民经济循环为主,国内国际双循环相互促进构建新发展格局",这说明,新发展格局决不是封闭的国内循环,而是开放的国内国际双循环。我国在世界经济中的地位将持续上升,同世界经济的联系会更加紧密,为其他国家提供的市场机会将更加广阔,成为吸引国际商品和要素资源的巨大引力场。在这个过程中,数字经济、电子商务、跨境电商将大有作为。

当前,新一轮科技革命和产业变革加速演进,智能制造变革不断深化,数字经济呈现蓬勃发展、不断创新、日新月异的态势。随着中国电子商务规模持续扩大,2016年开始,电子商务从超高速增长期进入到相对稳定的发展期。中国网上零售交易额近年来以40%以上的速度快速增长,统计至2019年,中国电子商务交易总额34.81万亿元,同比增长6.7%;全年网上零售额达到10.63万亿元,同比增长16.5%。实物商品网上零售额8.52万亿元,增长19.5%,占社会消费品零售总额的比重为20.7%,较上年增长2.3个百分点。2020年上半年,在突如其来的新冠肺炎疫情期间,实物商品网上零售额仍达4.3481万亿元,同比增长14.3%,电子商务继续承担国民经济发展的强大源动力。

电子商务在扶贫脱贫攻坚战中也发挥了重要的作用。2019年,商务部电子商务进农村综合示范县已达1 231县次,对全国832个国家级贫困县实施了全覆盖,对接帮扶及销售贫困地区农产品超过28亿元。截至2020年3月的数据,农村地区互联网普及率达46.2%,农村网民规模为2.55亿,占网民整体的28.2%。

中国跨境电子商务也取得迅猛的发展,已处于世界领先的地位。近年来,全国从事跨境电商的企业已达80万—100万家,包括平台企业、物流及综合服务企业、支付企业和仓储企业,基本涵盖了跨境电商产业全链条,跨境电商相关从业人员数量已逾千万。据海关统计,2019年跨境电商进出口商品总额达到1 862.1亿元,出口为944亿元,进口为918.1亿元,同比分别增长了68.2%和16.8%。2019年中国跨境电商出口量首次超过进口量。

跨境电商已经是国际贸易的重要形式,是推动我国成为贸易强国的重要倚仗,是拓展开放的国内国际双循环的重要手段。跨境电商行业的迅猛发展需求大量专业人才,跨境电商相关从业人员数量虽然已逾千万,据智联招聘网站发布的岗位需求数据显示,86%的企业仍普遍反映跨境电商人才存在严重缺口，全国每年跨境电商岗位需求约200万个。企业在招聘跨境电商人才时，要求选择具备一定实战经验、专业知识扎实、行业视野宽广的人才。当下，提升跨境电商教学质量、提升跨境电商的人才培养规格，已经刻不容缓，势在必行。

去年，在教育部颁布的《普通高等学校高等职业教育（专科）专业目录》2019年增补专业中，已把跨境电子商务增设为财经商贸大类的新专业。这是政府教育部门为适应满足跨境电子商务行业人才急需的新举措。

在此背景之下，我们推出了跨境电商系列教材，首批是一套共包含七册的丛书，分别是《跨境电子商务实务》《跨境电商支付与结算》《跨境电商物流》《跨境电商实务-多平台营运实操基础》《跨境电商视觉设计》《跨境电商英语》《跨境电商西班牙语》。本系列教材既适合各类高等院校高职高专、本科和社会培训学校电子商务相关专业作为教材使用，也可供不同层次的跨境电商相关从业人员学习和参考。

本系列教材由中国跨境电子商务培训认证（长三角）管理中心策划组织编写。所涵盖的丰富内容为读者们全面地呈现出了目前跨境电商业界波澜壮阔的生态系统，从各个维度详细地介绍了跨境电商行业中所涉及的方方面面，同时，还将最新的行业动态、行业规范、行业实践赋予概念、理论和技能传授给读者，旨在让读者们能够通过本系列教材，快速地掌握跨境电商行业基础和前沿的知识和技能。衷心希望读者们都能通过阅读本系列教材，把握时代浪潮、抓住时代机遇，成为专业知识扎实、行业视野宽广、实战型的跨境电商人才！

葛 朗

2020.9.10

2020年是不平凡的一年,疫情导致全球经贸格局发生重大变化,跨境电商行业在各种不确定因素的影响下蜕变前行。2020年跨境电商行业虽然在物流、资金、运营、管理等方面都受到疫情影响,具有极大的不确定性,但是行业却依然逆势增长。

跨境电商在某种意义上完胜实体经济,全球疫情影响倒逼跨境电商的发展,据某网络平台2020年的调查显示,70%的卖家实现了业绩增长,其中,有23%的卖家完成100%以上的增长。主要原因:一是疫情爆发的时空差产生供给优势,二是防疫物资和"宅经济"商品拉动出口增长,三是海外电商渗透率爆发式增长。疫情之下,海外消费者因减少出行,导致线下零售商受到巨大冲击,从而减少商品的采购,进而导致传统出口贸易链条中的所有中间环节受到毁灭性破坏,全球贸易链正在进行重构。在这样的重构中,线上化、个性化的、流通高效的、因去中间环节而呈现超性价比的DTC(互联网直销)品牌迎来了历史性机会。

在全球疫情的大背景之下,跨境电商行业悄然发生着天翻地覆的变化。经管类专业学生和跨境电商行业从业人员,急切需要加强其行业专业知识的学习和技能训练。从振兴各行各业经济,到使用AI智能、无人机、替代技术和绿色环保实现能源独立,加强社会的公共医疗体系,保护人们的生存环境。快速的技术革新和日益全球化的经济环境,已经从根本上改变了人们的经济生活和消费方式。我们的学生所面临的挑战是前所未有的,需要他们有知识、技能、想象力、毅力。考虑到这些实际需求,《跨境电商支付与结算》教材的编写,更多地考虑对社会经济的实用性和适用性,需要比以往任何时候更好地教育我们的学生。

本书旨在通过案例导入,模块化项目操练,开展实践案例分析等,达到跨境电商支付与结算技能训练的目的。总体而言,具有以下几个特点。

(1)完善的逻辑结构。本书内容涵盖了跨境电商支付与结算的各个方面,全书一共十个章节,分为两大板块:跨境电子商务支付和跨境电子商务结算。在每一章开头和结尾都分别附有学习目标、本章小结以及复习思考题,力求做到内容全面、详尽。

(2)优化教材内容。在深入浅出的基础上,对教材内容进行梳理和优化,书内穿插辅助阅读资料,突出重点和难点,方便学生进行自学和网上学习。

(3)强化实践应用。坚持理论与实践紧密结合,运用大量实证案例完善并阐述理论,提高教材的实用性、可读性和趣味性。以跨境电商支付与结算基本概念为基础,以现实生活中的丰富案例为素材,指导学生"发现问题,用跨境电商思维和技巧分析并解决问题",再通过每章末尾设置的习题,提高学生的学习兴趣,丰富跨境电商支付与结算理论知识,提高理性思维能力,培养跨境电商支付与结算技能。

本书由朱瑞霞副教授负责总体策划、大纲框架制定、设计编写方案,参加编写的人员分工如下:上海邦德职业技术学院朱瑞霞副教授编写第一章,上海中侨职业技术大学江芸老师编写第二章,上海邦德职业技术学院隋新玉老师编写第三章,上海电子信息学院李诚老师编写第四章和第九章,上海邦德职业技术学院马林老师编写第五章,上海中侨职业技术大学杨慧副教授编写第六章和第七章,上海邦德职业技术学院周玲琍老师编写第八章,上海邦德职业技术学院李来存老师编写第十章。

在本书的编写过程中,我们查阅、参考、使用了许多国内外的相关著作和搜索引擎,在此向各位作者致以由衷感谢。由于编者的水平所限,在编写过程中难免存在错误和不足之处,恳请专家、学者及广大读者提出宝贵的批评意见。

编　者

2021年2月22日

目录 Contents

第一章 跨境电商支付与结算概述 1
- 第一节 支付与结算 3
- 第二节 跨境电商支付与结算 7
- 第三节 跨境支付与结算的现状及前景 23
- 关键词 27
- 本章小结 27
- 习题 27

第二章 信用卡支付 29
- 第一节 信用卡基础知识 30
- 第二节 信用卡结算的专业术语及优劣势 41
- 第三节 信用卡跨境支付的 IT 支持与支付模式 45
- 第四节 信用卡跨境支付常见风险 54
- 关键词 59
- 本章小结 59
- 习题 59

第三章 Western Union 支付 61
- 第一节 Western Union 的含义及发展历程 62
- 第二节 Western Union 汇款银行业务流程 65
- 第三节 Western Union 汇款客户操作流程 82

关键词	90
本章小结	90
习题	90

第四章 PayPal 支付 91

第一节	PayPal 概述	92
第二节	PayPal 账户的注册与认证	94
第三节	PayPal 支付的优缺点	99
第四节	PayPal 与支付宝电子商务模式案例比较	101

关键词	108
本章小结	108
习题	108

第五章 俄罗斯、巴西的跨境电商支付 109

第一节	俄罗斯主流跨境在线支付工具	110
第二节	Yandex.Money 简介	112
第三节	WebMoney 简介	113
第四节	QIWI Wallet 简介	117
第五节	巴西主流跨境在线支付	120

关键词	122
本章小结	122
习题	122

第六章 速卖通平台收款 123

第一节	速卖通收款账户设置	126
第二节	卖家提现	137

第三节 买家支付方式	138
关键词	139
本章小结	139
习题	140

第七章 亚马逊平台收款　　141

第一节 亚马逊平台简介	142
第二节 亚马逊卖家中心后台的基本操作方法	145
第三节 海外收款账户	161
关键词	164
本章小结	164
习题	165

第八章 eBay 平台收款　　167

第一节 eBay 平台简介	168
第二节 eBay 费用	174
第三节 eBay 收款方式——PayPal	180
关键词	201
本章小结	201
习题	202

第九章 Wish 平台收款　　203

第一节 Wish 平台放款规则	205
第二节 Wish 卖家的收款途径	209
关键词	219
本章小结	219
习题	219

第十章 电子支付安全 221

第一节 电子支付安全概述 222

第二节 电子支付安全问题的产生 223

第三节 网络安全技术 245

第四节 电子支付协议 253

第五节 电子支付与安全的法律保障 255

关键词 258

本章小结 258

习题 259

参考文献 260

第一章
跨境电商支付与结算概述

学习目标 >>

1. 了解支付与结算的定义、特点,第三方支付的特点、流程、优缺点。
2. 掌握跨境支付与结算的定义、特点,常见的跨境支付与结算方式比如汇付、托收、信用证、PayPal、Western Union、国际支付宝等。
3. 熟悉我国跨境支付与结算的现状、目前存在的问题及未来发展趋势。

案例导入

腾讯旗下财付通入局跨境支付
——跨境支付"无证驾驶"的时代即将终结[①]

雨果网获悉，2020年4月27日，财付通、平安付以及中信银行深圳分行已于日前正式获批开展跨境外汇支付业务。

据了解，在中国人民银行深圳市中心支行（国家外汇管理局深圳市分局）与深圳市商务局联合主办的"跨境电商金融支持政策在线宣讲会"上，中信银行深圳分行对中信银行出口跨境电商收结汇（信银致汇）业务进行了介绍，包括信银致汇的使用方式、核心优势以及增值服务等；财付通对财付通企业跨境支付服务进行了介绍，包括其发展历程、服务内容、服务优势等；平安付对平安壹钱包跨境一站式综合服务进行了介绍，具体包括：结算资金短期增值、跨境出口电商资金周转、跨境出口电商运费贷款、跨境物流保障及企业和产品保障等方面。

根据最新消息，财付通已通过外汇收支名录登记，成为首批获得外汇业务资质的支付机构。后续财付通将继续在监管部门指导下，合规开展跨境业务，助力复工复产，服务更多用户。而在此之前，财付通曾在2018年因未按照规定向有关部门报送异常风险报告等资料、为非居民办理跨境外汇支付业务未做备案，被处以罚款60万元人民币。

众所周知，近年来国家外汇管理局加强了支付机构外汇业务的监管力度。2019年4月，国家外汇管理局就下发了《支付机构外汇业务管理办法》，其意味着过去跨境外汇支付业务试点支付机构迎来"转正"阶段，而未能获得跨境外汇支付业务资质却仍在进行跨境外汇支付业务的企业或将进入业务"调整期"。如今，监管利剑高悬，"转正"抑或"离场"，无证经营者面临生死时刻。而正规持牌认证经营的支付企业将成为大多数跨境卖家的首要选择。据悉，支付宝、财付通、汇付天下、平安壹钱包、连连支付、快钱、盛付通、网易宝等十几家第三方支付机构已取得监管部门批复开展跨境支付业务的许可文件。目前，第一批和第二批跨境支付牌照已发放完毕，第三批牌照批复时间尚未确定。此举意味着跨境支付"无证驾驶"的时代即将终结。

[①] 资料来源：雨果网，https://www.cifnews.com/Article/66687。

第一节 支付与结算

目前跨境电商发展如火如荼,尤其是 2016 年以后市场逐渐走向开放和规范,跨境电商已经开始反向驱动中国国内供应链升级。跨境电商成为了中国外贸业务发展的新引擎,对于电商系统来说,业务从国内转移到跨境,变化最大的是支付和结算方式。

一、支付与结算的定义

支付结算有广义和狭义之分。狭义的支付结算是指单位、个人在社会经济活动中使用现金、票据(包括支票、本票、汇票)、银行卡和汇兑、托收承付、委托收款等结算方式进行货币给付以及资金清算的行为,其主要功能是完成资金从一方当事人向另一方当事人的转移。广义的支付结算包括现金结算和银行转账结算[①]。

二、支付与结算的特征[②]

1. 银行是支付结算的中介机构

支付结算必须通过中国人民银行批准的金融机构或其他机构进行。《支付结算办法》第六条规定:"银行是支付结算和资金清算的中介机构。未经中国人民银行批准的非银行金融机构和其他单位不得作为中介机构经营支付结算业务。但法律、行政法另有规定的除外。"这一规定明确说明了支付结算不同于一般的货币给付及资金清算行为。

2. 票据和结算凭证是办理支付结算的工具

支付结算必须符合中国人民银行发布的《支付结算办法》的规定。《支付结算办法》的第九条规定:"票据和结算凭证是办理支付结算的工具。单位、个人和银行办理支付结算,必须使用按中国人民银行统一规定印制的票据凭证和统一规定的结算凭证","未使用按中国人民银行统一规定格式的结算凭证,银行不予受理"。

中国人民银行除了对票据结算凭证的格式有统一的要求外,对于票据和结算凭证的填

---

① 资料来源:财政部会计资格评价中心,经济法基础:经济科学出版社,2017 年。
② 资料来源:中国人民银行支付结算办法,http://www.pbc.gov.cn。

写也提出了基本要求,例如:票据和结算凭证的金额,出票和签发日期,收款人名称不得更改,更改的票据无效,更改的结算凭证,银行不予受理。

3. 体现委托人的意志

银行在支付结算中充当中介机构的角色,因此,银行只要以善意且符合规定的正常操作程序审查,对伪造、变造的票据和结算凭证上的签章以及需要交验的个人有效身份证件未发现异常而支付金额的,对出票人或付款人不再承担受委托付款的责任,对持票人或收款人不再承担付款责任。

与此同时,当事人对在银行的存款有自己的支配权;银行对单位、个人在银行开立存款账户的存款,除国家法律、行政法规另有规定外,不得为任何单位或个人查询;除国家法律另有规定外,银行不代任何单位或个人冻结、扣款,不得停止单位、个人存款的正常支付。

4. 统一的管理体制

支付结算是一项政策性强,与当事人利益息息相关的活动,因此,必须对此实行统一的管理。《支付结算办法》第二十条规定,中国人民银行总行负责制定统一的支付结算制度,组织、协调、管理、监督全国的支付结算工作,调解、处理银行之间的支付结算纠纷;中国人民银行各分行根据统一的支付结算制度制定实施细则,报总行备案,根据需要可以制定单项支付结算办法,报中国人民银行总行批准后执行;中国人民银行分、支行负责组织、协商管理、监督本辖区的支付结算工作,协调处理本辖区银行之间的支付结算纠纷;政策性银行、商业银行总行可以根据统一的支付结算制度,结合本行情况,制定具体管理实施办法,报经中国人民银行总行批准后执行,并负责组织、管理、协调本行内的支付结算工作,调解、处理本行内分支机构的支付结算纠纷。

5. 严格依法进行

《支付结算办法》第五条规定:"银行、城市信用合作社、农村信用合作社(以下简称银行)以及单位和个人(含个体工商户),办理支付结算必须遵守国家的法律、行政法规和本办法的各项规定,不得损害社会公共利益。"支付结算的当事人必须严格依法进行支付结算活动。

三、第三方支付

1. 第三方支付的定义

第三方支付是指具备一定实力和信誉保障的独立机构,通过与银联或网联对接而促成买卖双方进行交易的网络支付模式。以"支付宝"为代表的第三方支付是在银行监管下保障交易双方利益的独立机构,是买卖双方在交易过程中的资金"中间平台"。

在国内 C2C 中,最具代表性的是 eBay 易趣的"安付通"、淘宝网的"支付宝"以及腾讯旗下的"财付通"等。中国国内的第三方支付产品主要有支付宝、微信支付、百度钱包、PayPal、中汇支付、拉卡拉、财付通、融宝、盛付通、腾付通、通联支付、易宝支付、中汇宝、快钱等。

第三方支付的基本模式是:买方选购商品后,将货款支付给第三方平台提供的账户;由第三方通知卖家货款到账、按照要求发货;买方收到货物、检验货物、确认无误后,再通知第三方付款;第三方再将货款转至卖家账户。若买方不满意,第三方支付平台确认商家收到退货后,将货款退还给买方。

2. 第三方支付的特点

第一,第三方支付平台提供一系列的应用接口程序,将多种银行卡支付方式整合到一个界面上,负责交易结算中与银行的对接,使网上购物更加快捷、便利。消费者和商家不需要在不同的银行开设不同的账户,可以帮助消费者降低网上购物的成本,帮助商家降低运营成本;同时,还可以帮助银行节省网关开发费用,并为银行带来一定的潜在利润。

第二,较之 SSL、SET 等支付协议,利用第三方支付平台进行支付操作更加简单而易于接受。SSL 是应用比较广泛的安全协议,在 SSL 中只需要验证商家的身份。SET 协议是基于信用卡支付系统的比较成熟的技术。但在 SET 中,各方的身份都需要通过 CA 进行认证,程序复杂,手续繁多,速度慢且实现成本高。有了第三方支付平台,商家和客户之间的交涉由第三方来完成,使网上交易变得更加简单。

第三,第三方支付平台本身依附于大型的门户网站,且以与其合作的银行的信用作为信用依托,因此第三方支付平台能够较好地突破网上交易中的信用问题,有利于推动电子商务的快速发展。

3. 支付流程

在第三方支付交易流程中,支付模式使商家看不到客户的信用卡信息,同时又避免了信用卡信息在网络上多次公开传输而导致信用卡信息被窃(见图 1-1)。

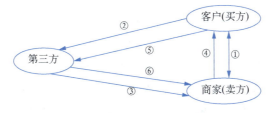

图 1-1 第三方支付交易流程

以 B2C 交易为例。①

---

① 王军海,跨境电子商务支付与结算,人民邮电出版社,2018。

第一步,客户在电子商务网站上选购商品,最后决定购买,买卖双方在网上达成交易意向。

第二步,客户选择利用第三方作为交易中介,客户用信用卡将货款划到第三方账户。

第三步,第三方支付平台将客户已经付款的消息通知商家,并要求商家在规定时间内发货。

第四步,商家收到通知后按照订单发货。

第五步,客户收到货物并验证后通知第三方。

第六步,第三方将其账户上的货款划入商家账户中,交易完成。

4. 第三方支付的优缺点[①]

(1) 优点。

① 简化交易操作。第三方支付平台采用了与众多银行合作的方式,从而极大地方便了网上交易的进行,对于商家来说,不需要安装各个银行的认证软件,从一定程度上简化了操作。

② 降低商家和银行的成本。对于商家,第三方支付平台可以降低企业运营成本;对于银行,可以直接利用第三方的服务系统提供服务,帮助银行节省网关开发成本。第三方支付平台能够提供增值服务,帮助商家网站解决实时交易查询和交易系统分析,提供方便及时的退款和止付服务。

③ 第三方支付平台可以对交易双方的交易进行详细的记录,从而防止交易双方对交易行为可能的抵赖,以及为在后续交易中可能出现的纠纷问题提供相应的证据。

(2) 缺点。

① 自身运行风险问题。第三方支付结算属于支付清算组织提供的非银行类金融业务,中央银行将以牌照的形式提高门槛。对于已经存在的企业,牌照发放后如果不能成功持有牌照,就有可能被整合或收购。政策风险将成这个行业最大的风险,严重影响了资本对这个行业的投入,没有资本的强大支持,这个行业靠自己的积累和原始投资是很难发展起来的。现在国家正在制订相关法律法规,准备在注册资本、保证金、风险能力上对这个行业进行监管,采取经营资格牌照的政策来提高门槛。

② 法律制度不够完善。由于法律的不完备,并且没有建立起国家的信用体制,第三方支付的安全得不到很好的保证,独立于网络之外的物流活动的诚信风险依然存在。第三方支付存在的不足主要表现在:交易中出现纠纷时买卖双方往往各执一词,相关部门取证困难;支付平台流程有漏洞,不可避免地出现人为要赖,不讲信用的情况,这已成为第三方支付发展道路上必须完善和改进的地方。

③ "第三方"与银行的竞争问题。"支付宝"等第三方支付公司是通过与银行的合作来

[①] 资料来源:第三方支付的优缺点,https://www.csai.cn。

运行,但支付公司和银行之间的关系并非只有合作,当银行不通过任何第三方支付公司,而直接与商家连接时,第三方支付公司将面临来自银行的强大竞争。除银行外,目前我国第三方支付市场还面临四种力量的竞争,分别是潜在竞争对手、替代品生产商、客户和现有产业竞争对手,他们是驱动产业竞争的四种基本力量。第三方支付市场的五种竞争力量在市场上的博弈竞争,将共同决定该产业的平均盈利水平,这五种力量的分化组合也将对第三支付平台的发展产生深刻影响。

④ 对第三方支付平台的监管难度大。对第三方支付平台的监管也是个大问题。尽管第三方支付平台与银行签订了战略合作协议,但这些银行对"支付宝"账户上的资金是否"专款专用"并没有监督的权利和义务。这样就导致支付宝公司本身"类银行"的相关业务处于监管真空状态,这给使用"支付宝"的资金安全留下财务隐患。第三方支付工具提供了买卖双方现金交易的平台,这样就会导致有些人通过第三方支付工具进行洗钱,而有时候某些第三方支付工具不需要实名制就可以完成交易,同时,国内的第三方支付平台都没有防止恶意交易的相关措施,这样洗钱就更为容易。如果相应的法律文件还不出台,第三方支付工具将有可能沦为不法分子的洗钱工具,为网络赌博等提供资金渠道。如果某个第三方支付平台因为管理不善导致用户的资金流失,那么这个责任由谁来负,怎么承担,目前也都没有一个统一的标准。

第二节　跨境电商支付与结算

如果是做国内电商,收款方式不外乎支付宝、财付通等,而且我们不用担心手续费、安全性、即时性等问题。但是把国内电商范围扩大至跨境电商,收汇款方式就变得不那么简单了,我们需要考虑很多问题,且不同收汇款方式差别还很大,它们都有各自的优缺点和适用范围。那么,哪种支付方式最适合你呢?这就需要我们非常熟悉跨境电商的各种不同的支付方式。

一、跨境支付与结算的定义

跨境支付与结算是指两个或两个以上国家或地区之间因国际贸易、国际投资等原因所引起的国际间债权债务借助一定的结算工具和支付系统实现资金的跨国和跨地区转移的经济行为(见图1-2)。

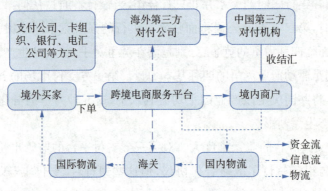

图 1-2　跨境电子支付业务

如中国消费者在网上购买国外商家的产品或国外消费者购买中国商家的产品时,由于币种的不同,则需要通过一定的结算工具和支付系统实现两个国家或地区之间的资金转换,并最终完成交易。

二、跨境支付与结算的特征

第一,跨境支付与结算是跨国支付与结算,收付双方处在不同的国度,因国际经济活动而引起的债权债务关系。

第二,跨境支付与结算必须采用收付双方都能接受的货币为支付结算货币,在结算过程中有一定的汇兑风险。

第三,跨境支付与结算主要通过银行为中间人,以一定的工具按照一定的方式来进行支付结算。

第四,由于收付双方处在不同的法律制度下,受到各自国家主权的限制。

三、跨境电商支付与结算方式

跨境电子支付业务发生的外汇资金流动,必然涉及资金结售汇与收付汇。我国跨境电子支付结算的模式主要有跨境支付购汇和跨境收入结汇两种方式。跨境支付购汇包括第三方购汇支付、境外电商接受人民币支付、通过国内银行购汇汇出等。跨境收入结汇包括第三方收结汇、通过国内银行汇款,以结汇或个人名义拆分结汇流入。

跨境支付与结算方式可以分为:传统跨境电商支付与结算方式和新型跨境电商支付与结算方式。

(一) 传统跨境电商支付与结算方式

传统跨境电商支付与结算方式主要包括:汇付、托收、信用证。

1. 汇付

汇付,亦称汇款,付款方通过第三者(一般是银行)使用各种结算工具,主动将款项汇付给收款方的一种业务处理方式。

汇款业务中通常有四个基本当事人:汇款人(即付款人)、收款人、汇出行、汇入行。

① 汇款人(remitter),或称债务人,即付款人,通常是国际贸易中的进口商。

② 收款人(payee),或称债权人,在国际贸易中通常为出口商。

③ 汇出行(remitting bank),是受汇款人委托汇出汇款的银行,在国际贸易中通常是进口方所在地银行。

④ 汇入行(receiving bank),又称解付行,是受汇出行委托,解付汇款的银行。在国际贸易中,汇入行通常为出口地银行。

常用的汇款方式有三种。

(1) 电汇(T/T)。

概念:汇出行接受汇款人委托后,以电传方式将付款委托通知收款人当地的汇入行,委托它将一定金额的款项解付给指定的收款人。可以分为两种——预付货款、货到付款,俗称前 TT 和后 TT。

特点:从支付工具来看,电汇方式使用电报、电传,或 SWIFT;从汇款人的成本费用来看,电汇收费较高;电汇因其交款迅速,在三种汇付方式中从安全方面来看,电汇比较安全;从汇款速度来看,电汇最为快捷;从使用范围来看,电汇是目前使用最广泛的方式。

业务流程如图 1-3 所示。

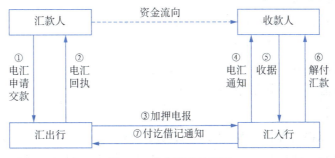

图 1-3 电汇业务流程图

① 汇款人填写电汇申请书,并向汇出行付款;

② 汇出行向汇款人出具电汇回执;

③ 汇出行拍发电传、电报或 SWIFT 给汇入行;

④ 汇入行核对密押后将电汇通知书送达收款人;

⑤ 收款人将收款收据盖章,交给汇入行;

⑥ 汇入行借记汇出行账户,解付汇款给收款人;

⑦ 汇入行将付讫借记通知书寄给汇出行。

(2) 信汇(M/T)。

概念:汇出行应汇款人申请,将其交来的汇款通过信汇委托书邮寄至汇入行,委托其解付给收款人。

特点:从支付工具来看,信汇方式使用信汇委托书或支付委托书,所以汇款速度比电汇慢。因信汇方式人工手续较多,有可能在邮寄中丢失,目前欧洲银行已不再办理信汇业务。

业务流程如图1-4所示。

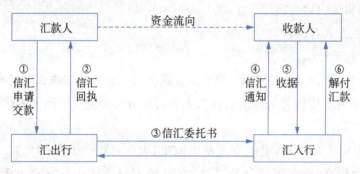

图1-4 信汇业务流程图

① 汇款人填写信汇申请书,并向汇出行付款;

② 汇出行向汇款人出具信汇回执;

③ 汇出行制作委托书,邮寄给汇入行;

④ 汇入行核对签字后将信汇通知书送达收款人;

⑤ 收款人将收款收据盖章,交给汇入行;

⑥ 汇入行借记汇出行账户,解付汇款给收款人;

⑦ 汇入行将借记通知书寄给汇出行完成汇款。

(3) 票汇(D/D)。

概念:票汇是以银行即期汇票为支付工具的一种汇付方式。由汇出行应汇款人的申请,开立以其代理行或账户行为付款人,列明汇款人所指定的收款人名称的银行即期汇票,交由汇款人自行寄给收款人。由收款人凭票向汇票上的付款人(银行)取款。

特点:从支付工具来看,票汇方式使用银行即期汇票;汇款过程中可能丢失、被窃,但成本较低;从使用范围来看,票汇介于电汇和信汇两者中间。

业务流程如图1-5所示。

① 汇款人填写票汇申请书,并向汇出行付款;

② 汇出行开立即期汇票交给汇款人;

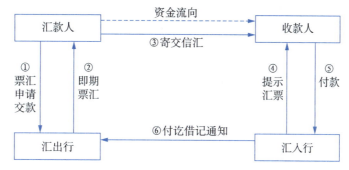

图 1-5 票汇业务流程图

③ 汇款人向收款人寄交汇票(也可自行携带出国);

④ 收款人提示汇票(也可转让);

⑤ 汇入行借记汇出行账户,凭票付款给收款人;

⑥ 汇入行将借记通知书寄给汇出行,通知它付款完毕。

2. 托收

托收(collection)是指在进出口贸易中,出口方开具以进口方为付款人的汇票,委托出口方银行通过其在进口方的分行或代理行向进口方收取货款的一种结算方式。

托收涉及四个主要当事人,即委托人、付款人、托收行和代收行。

① 委托人是委托银行办理托收业务的一方。在国际贸易实务中,出口人开具汇票,委托银行向国外进口人(债务人)收款。

② 付款人是银行根据托收指示书的指示提示单据的对象。托收业务中的付款人,即商务合同中的买方或债务人。

③ 托收行又称寄单行,指受委托人的委托办理托收的银行,通常为出口人所在地的银行。

④ 代收行是指接受托收行委托,向付款人收款的银行,通常是托收行在付款人所在地的联行或代理行。

根据托收时是否向银行提交货运单据,可分为光票托收和跟单托收两种。

(1) 光票托收。托收时如果汇票不附任何货运单据,而只附有"非货运单据"(发票、垫付清单等),叫光票托收。这种结算方式多用于贸易的从属费用、货款尾数、佣金、样品费的结算和非贸易结算等。

(2) 跟单托收。跟单托收有两种情形:附有金融单据的商业单据的托收和不附有金融单据的商业单据的托收。跟单托收根据交单条件的不同,又可分为付款交单(documents against payment)和承兑交单(documents against acceptance)两种。

① D/P(付款交单)的流程如图 1-6 所示。

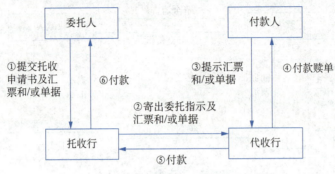

图1-6 D/P(付款交单)流程图

② D/A(承兑交单)的流程如图1-7所示。

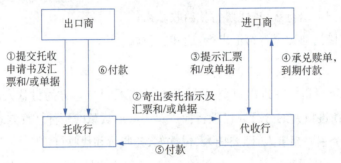

图1-7 D/A(承兑交单)流程图

3. 信用证

在国际贸易活动中,买卖双方可能互不信任,买方担心预付款后,卖方不按合同要求发货;卖方也担心在发货或提交货运单据后买方不付款。因此需要两家银行作为买卖双方的保证人,代为收款交单,以银行信用代替商业信用。银行在这一活动中所使用的工具就是信用证。

信用证,是指银行根据进口人(买方)的请求,开给出口人(卖方)的一种保证承担支付货款责任的书面凭证。在信用证内,银行授权出口人在符合信用证所规定的条件下,以该行或其指定的银行为付款人,开具不得超过规定金额的汇票,并按规定随附装运单据,按期在指定地点收取货款。

信用证方式有三个特点:

一是信用证是一项自足文件(self-sufficient instrument)。信用证不依附于买卖合同,银行在审单时强调的是信用证与基础贸易相分离的书面形式上的认证。

二是信用证方式是纯单据业务(pure documentary transaction)。信用证是凭单付款,不以货物为准。只要单证相符,开证行就应无条件付款。

三是开证银行负首要付款责任(primary liabilities for payment)。信用证是一种银行信用,它是银行的一种担保文件,开证银行对支付有首要付款的责任。

信用证业务流程如图 1-8 所示。

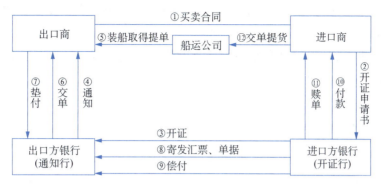

图 1-8　信用证业务流程图

① 买卖双方经过磋商,约定以信用证方式进行结算;

② 进口方向开证行递交开证申请书,约定信用证内容,并支付押金或提供保证人;

③ 开证行接受开证申请书后,根据申请开立信用证,正本寄给通知行,指示其转递或通知出口方;

④ 由通知行转递信用证或通知出口方信用证已到。通知行在开证行要求或授权下对信用证加以保兑;

⑤ 出口方认真核对信用证是否与合同相符,如果不符,可要求进口商通过开证行进行修改;待信用证核对无误后,出口商根据信用证备货、装运、开立汇票并缮制各类单据,船运公司将装船的提单交予出口商;

⑥ 出口商将单据和信用证在信用证有效期内交予议付行;

⑦ 议付行审查单据符合信用证条款后接受单据并付款,若单证不符,可以拒付;

⑧ 议付行将单据寄送开证行指定的付款行,向其索偿;

⑨ 开证行收到单据后,应核对单据是否符合信用证,如正确无误,即应偿付议付行代垫款项,同时通知开证申请人备款赎单;

⑩ 进口方付款赎单,如发现不符,可拒付款项并退单。进口人发现单证不符,也可拒绝赎单;

⑪ 开证行将单据交予进口商;

⑫ 进口商凭单据提货。

(二) 新型跨境电商支付与结算方式

1. PayPal

(1) PayPal 介绍①。

---

① 资料来源:"Who We Are",PayPal 官网。

PayPal(在中国大陆称为贝宝),是美国 eBay 公司的全资子公司,1998 年 12 月由 Peter Thiel 及 Max Levchin 建立,是一个总部在美国加利福尼亚州圣荷西市的因特网服务商,允许在使用电子邮件标识身份的用户之间转移资金,避免了传统的邮寄支票或者汇款。PayPal 也和一些电子商务网站合作,成为它们的货款支付方式之一;但是用这种支付方式转账时,PayPal 会收取一定数额的手续费。

(2) PayPal 账户类型。

PayPal 的账户类型分类如图 1-9 所示。

图 1-9　PayPal 账户类型

(3) PayPal 与 PayPal 贝宝的区别。

PayPal 和 PayPal 贝宝是两个独立运作的网站。PayPal 贝宝是由上海网付易信息技术有限公司与 PayPal 公司合作为中国市场量身定做的网络支付服务。由于中国现行的外汇管制等政策因素,PayPal 贝宝仅在中国地区受理人民币业务。

(4) PayPal 的支付流程。

付款人欲通过 PayPal 支付一笔资金给商家或者收款人时,可以分为以下几个步骤。

① 只要有一个电子邮件地址,付款人就可以登录开设 PayPal 账户,通过验证成为其用户,并提供信用卡或者相关银行资料,增加账户金额,将一定数额的款项从其开户时登记的账户(例如信用卡)转移至 PayPal 账户下。

② 当付款人启动向第三人付款程序时,必须先进入 PayPal 账户,指定特定的汇出金额,并提供收款人的电子邮件账号给 PayPal。

③ 接着 PayPal 向商家或者收款人发出电子邮件,通知其有等待领取或转账的款项。

④ 如商家或者收款人也是 PayPal 用户,其决定接受后,付款人所指定之款项即移转至收款人。

⑤ 若商家或者收款人没有 PayPal 账户,收款人得依 PayPal 电子邮件内容指示连线站进入网页注册取得一个 PayPal 账户,收款人可以选择将取得的款项转换成支票寄到指定的处所、转入其个人的信用卡账户或者转入另一个银行账户。

从以上流程可以看出,如果收款人已经是 PayPal 的用户,那么该笔款项就汇入他拥有的 PayPal 账户,若收款人没有 PayPal 账户,网站就会发出一封通知电子邮件,引导收款者至 PayPal 网站注册一个新的账户。

(5) PayPal 收款。

集全球流行的各种信用卡、借记卡、电子支票于一身,不采用传统的邮寄支票或汇票方式,而采用电子邮件为用户身份标志来转移资金。

当有人通过 PayPal 付款的时候,卖家会收到 PayPal 发来提醒邮件,对于中国用户来说,第一笔收款需要到 PayPal 网站上进行手动确认接受,以便寄来的款项记入用户的 PayPal 账户。

(6) PayPal 提现方式。

用户可以将资金从其 PayPal 账户提取到用户的本地银行账户、香港地区银行账户以及美国银行账户,还可以向 PayPal 申请支票。

① 本地银行账户(电汇银行)。提现周期短,固定费用;一般建议用户在有较多余额时,一次性大额提取,可降低提现成本。

② 香港地区银行账户。需要到香港地区办理银行账户,提现周期短,费用低;但对于客户群不是香港地区的卖家而言,会有较高的汇率转换损失。

③ 美国银行账户。需要到美国办理银行账户,提现周期短,每笔交易将收取 35 美金的手续费;不适合中国大陆用户,因无法办理美国银行账户。

④ 向 PayPal 申请支票。费用较低,但是提现周期很长,支票可能在邮寄过程中丢失;适合小额提现且资金周转不紧张的人群。

(7) PayPal 的优势。

PayPal 的优势体现如表 1-1 所示。

表 1-1 PayPal 的优势

PayPal 对买家的优势	PayPal 对卖家的优势
安全: 付款时无需向商家提供任何敏感金融信息,享有 PayPal 买家保护政策	高效: 实现网上自动化支付清算,可有效提高运营效率,拥有多种功能强大的商家工具
简单: 集多种支付途径于一体,无需任何服务费,两分钟即可完成账户注册,具备多国语言操作界面	保障: PayPal 成熟的风险控制体系,内置有防欺诈模式,个人财务资料不会被披露
便捷: 支持包括国际信用卡在内的多种付款方式,数万网站支持 PayPal,一个账户买遍全球	节省: 只有产生交易才需付费,没有任何开户费及年费,集成 PayPal 即集成所有常见国际支付网关

① 全球用户广。PayPal 服务范围超过 200 个市场,支持的币种超过 100 个。在跨国交

易中,将近70%的在线跨境买家更喜欢用PayPal支付海外购物款项。

② 品牌效应强。PayPal在欧美普及率极高,是全球在线支付的代名词,强大的品牌优势,能让卖家轻松吸引众多海外客户。

③ 资金周转快。PayPal独有的即时支付、即时到账的特点,让卖家能够实时收到海外客户发送的款项。同时最短仅需3天,即可将账户内款项转账至国内的银行账户,及时高效地帮助卖家开拓海外市场。

④ 安全保障高。当客户注册或登录PayPal的站点时,PayPal会验证客户的网络浏览器是否正在运行安全套接字层3.0(SSL)或更高版本。传送过程中,信息受到加密密钥长度达168位(市场上的最高级别)的SSL保护。用户信息存储在PayPal的服务器上,无论是服务器本身还是电子数据都受到严密保护。为了进一步保护信用卡和银行账号,PayPal不会将受到防火墙保护的服务器直接连接到网络。

PayPal完善的安全保障体系,丰富的防欺诈经验,业界最低风险损失率(仅0.27%),不到使用传统交易方式的六分之一。确保交易顺利进行。

⑤ 使用成本低。PayPal无注册费用、无年费,手续费仅为传统收款方式的二分之一。

2. Western Union

(1) 西联汇款的定义。

西联汇款是国际汇款公司(Western Union)的简称,是世界上领先的特快汇款公司,迄今已有150年的历史,它拥有全球最大最先进的电子汇兑金融网络,代理网点遍布全球近200个国家和地区。西联公司是美国财富五百强之一的第一数据公司(FDC)的子公司。西联汇款分为现金即时汇款和直接到账汇款两类。现金即时汇款有三种方式:西联网点、网上银行和银联在线。

(2) 西联汇款的付款流程[①]。

① 在网点填妥"西联汇款申请书"和"境外汇款申请书"。

② 递交填妥的表格、汇款本金、汇款手续费及个人有效身份证件,可以持外币汇款也可以以人民币购汇汇款。

③ 汇款完成后,汇款人会收到一张印有汇款监控号码(MTCN)的收据,汇款人须准确通知收款人有关汇款人姓名、汇款金额、汇款监控号码及发出汇款国家等信息,为确保汇款安全,勿将监控号码泄露给除收款人之外的其他人。

④ 数分钟后,收款人可于收款国家的代理西联汇款业务网店提取汇款。

⑤ 每笔汇出汇款都要填写"境外汇款申请书"进行国际收支申报。

(3) 西联汇款的收款流程。

① 确保汇款由境外已获授权的代理西联网点发出,并与汇款人核实汇款人姓名、汇款

---

① 资料来源:西联汇款,www.westernunion.com。

金额、汇款监控号码及发出汇款国家。

② 收到汇款人通知后,到就近代理西联汇款业务的银行网点兑付汇款。

③ 提交填妥的"收汇申请书",出示有效身份证件。

④ 提取汇款及取回收据。

⑤ 境外个人的每笔汇款及境内个人等值2 000美元以上(不含)的汇款,还需填写"涉外收入申报单"进行国际收支申报。

(4) 签名并接收收据。

在确认收据上的所有信息均无误之后,收款人需要签收一张收据。收据所打印的内容之一是汇款监控号码(MTCN),以及可使用MTCN联机(在网上)跟踪汇款的状态。确认汇款已经到位后,收款人随时可以取款。在前往西联合作网点之前,收款人应确保汇款已经可以提取,可以直接联系汇款人确认,也可在网上跟踪汇款状态,还可以拨打中国地区热线进行咨询。

(5) 西联汇款的优缺点。

① 优点。西联汇款安全,先收钱后发货,对商家最有利。

② 缺点。西联汇款手续费按笔收取,对于小额收款手续费高;对买方而言,先付款再收货容易造成损失;属于传统型的交易模式,不能很好地适应新型的国际市场。

3. 国际支付宝

(1) 国际支付宝介绍[①]。

阿里巴巴国际支付宝(Escrow)由阿里巴巴与支付宝联合开发,是旨在保护国际在线交易中买卖双方的交易安全所设的一种第三方支付担保服务,全称为Escrow Service。

国际支付宝的服务模式与国内支付宝类似:交易过程中先由买家将货款打到国际支付宝账户中,然后国际支付宝通知卖家发货,买家收到商品后做确认,之后国际支付宝将货款放给卖家,至此完成一笔网络交易。

(2) 国际支付宝账号申请。

如果卖家已经拥有了国内支付宝账号,无须再另外申请国际支付宝账户。只要卖家是全球速卖通的用户,就可以直接登录"My Alibaba"后台(中国供应商会员)或"我的速卖通"后台(普通会员),管理收款账户,绑定国内的支付宝账户即可。如果卖家还没有国内支付宝账号,可以先登录支付宝网站申请国内的支付宝账号,再绑定即可。

绑定国内支付宝账户后,卖家就可以通过支付宝账户收取人民币。国际支付宝会按照买家支付当天的汇率将美金转换成人民币支付到卖家的国内支付宝或银行账户中。卖家还可以通过设置美金收款账户的方式来直接收取美金。

---

① 资料来源:国际支付宝,https://global.alipay.com/index.htm。

(3) 支付宝国际账户使用。

支付宝国际账户 alipay account 是支付宝为从事跨境交易的国内卖家建立的资金账户管理平台,包括对交易的收款、退款、提现等主要功能。支付宝国际账户是多币种账户,包含美元账户和人民币账户。目前只有 AliExpress(速卖通)与阿里巴巴国际站会员才能使用。

支付宝系统上线后,提现功能较之前有了一些改变,用户提现不再限制在 100 笔交易金额之内,而是可根据自身需要对账户中"可提现金额"做全部或者部分提现,大大降低了用户的提现成本。

(4) 国际支付宝支持的产品交易类型以及产品运输方式。

目前,国际支付宝(Escrow)支持部分产品的小额批发、样品、小单、试单交易,每笔订单金额小于 10 000 美元(产品总价加上运费的总额)。

国际支付宝(Escrow)支持 EMS、DHL、UPS、FedEx、TNT、SF、邮政航空包裹这 7 种国际运输方式,只要能够通过这 7 种运输方式发货的产品,都可以使用国际支付宝(Escrow)进行交易,暂时不支持海运。

(5) 国际支付宝(Escrow)与国内支付宝(Alipay)的区别。

国际支付宝(Escrow)的第三方担保服务是由阿里巴巴国际站同国内支付宝(Alipay)联合支持提供的。全球速卖通平台只是在买家端将国内支付宝(Alipay)改名为国际支付宝(Escrow)。在卖家端,全球速卖通平台依然沿用国际支付宝一词,只是国际支付宝相应的英文变成了"Escrow"。

在使用上,只要卖家有国内支付宝账号,无须再另外申请国际支付宝(Escrow)账号。登录到"My Alibaba"后台(中国供应商会员)或"我的速卖通"后台(普通会员),卖家可以绑定国内支付宝账号来收取货款。

(6) 国际支付宝与 PayPal 的区别。

国际支付宝与 PayPal 的区别比较如表 1-2 所示。

表 1-2 国际支付宝与 PayPal 的区别比较

对比项目	PayPal	国际支付宝
通用币种	具有全球性,通用货币有美元、加元、英镑、欧元、日元、澳大利亚元等,不收人民币	只能用人民币结算
买家或卖家保障	偏向于保护卖家,一旦买家付款款项就能马上到卖家账户上	偏向于保护买家,只有买家点击"已收到货物"后款项才会到卖家账户,以此抑制卖家的欺诈行为
会员设置	会员有不同的等级,根据等级享受不同的利益保障	会员没有等级划分
账号保护	账户投诉率过高会被永久性关闭	一般不会被轻易关闭账户
提现费用	账户上的资金在中国可以电汇到银行,但需要支付手续费	不收取转账手续费

(7) 使用国际支付宝(Escrow)的优势。

使用国际支付宝(Escrow)有很多显而易见的优势，具体如下。

① 多种支付方式：支持信用卡、银行汇款多种支付方式。目前我们的国际支付宝(Escrow)支持的支付方式有信用卡，T/T银行汇款。后续将会有更多的支付方式接入进来。

② 安全保障：先收款，后发货，全面保障卖家的交易安全。国际支付宝(Escrow)是一种第三方支付担保服务，而不是一种支付工具。它的风控体系可以保护买家在交易中免受信用卡盗卡的欺骗，而且当且仅当国际支付宝(Escrow)收到了买家的货款，才会通知卖家发货，这样可以避免在交易中使用其他支付方式导致的交易欺诈。

③ 方便快捷：线上支付，直接到账，足不出户即可完成交易。使用国际支付宝(Escrow)收款无需预存任何款项，速卖通会员只需绑定国内支付宝账号和美金银行账户就可以分别进行人民币和美金的收款。

④ 品牌优势：背靠阿里巴巴和支付宝两大品牌，海外潜力巨大。

4. 连连支付

(1) 连连支付介绍①。

连连银通电子支付有限公司(简称"连连支付")是专业的第三方支付机构，是中国领先的行业支付解决方案提供商。连连在欧洲、美洲、亚洲等多个国家地区设立海外持牌金融公司，与全球众多知名金融机构及电商平台达成合作，成功对接国内11个电子口岸，支持全球16个主流结算币种，全球跨境支付服务网络逐步成型。

连连跨境支付致力于创建"更简单的跨境支付"事业。凭借强大的合规安全实力与高效、灵活的全球支付网络，目前已支持全球数十家电商平台、覆盖全球超过100个国家和地区，成为50万+跨境卖家信任的一站式跨境支付平台。

(2) 连连跨境收款。

连连跨境收款是连连支付针对中国跨境电商卖家量身打造的一款创新型支付解决方案，旨在解决跨境电商用户境外收款账户获取难、多主体多店铺资金管理复杂、提现到账速度慢等问题，帮助卖家高效、灵活、便捷地管理平台销售回款。

(3) 连连跨境支付的优点。

① 急速提现，高效的全球资金网络，提现实时到账。

② 汇率无损，锁定中行实时汇率，真正的零汇损。

③ 资金安全，银行级别的安全，为资金保驾护航。

---

① 资料来源：连连支付，https://global.lianlianpay.com/。

 知识拓展

热门跨境支付方式优劣解析[①]

如果是做国内电商,收款方式不外乎支付宝、财付通等,而且不用担心手续费、安全性、即时性等。但是把国内电商范围扩大至跨境电商,收汇款方式一下就变得不那么简单了,需要考虑很多问题,不同收汇款方式差别还很大,它们都有各自的优缺点、适用范围,那么哪种支付方式最适合你呢?

1. 电汇

- 费用:各自承担所在地的银行费用。买家银行会收取一道手续费,由买家承担;卖家公司的银行有的也会收取一道手续费,就由卖家来承担。根据银行的实际费率计算。
- 优点:收款迅速,几分钟到账;先付款后发货,保证商家利益不受损失。
- 缺点:先付款后发货,海外用户容易产生不信任;客户群体小,限制商家的交易量;数额比较大的,手续费高。
- 适用范围:电汇是传统的B2B付款模式,适合大额的交易付款。

2. 西联

西联汇款是西联国际汇款公司的简称,是世界上领先的特快汇款公司,可以在全球大多数国家的西联代理所在地汇出和提款。西联手续费由买家承担。需要买卖双方到当地银行实地操作。西联在卖家未领取款项前,买家随时可以将支付的资金撤销回去。

- 费用:西联手续费由买家承担;需要买卖双方到当地银行实地操作;西联在卖家未领取钱款时,买家可以将支付的资金撤销回去。
- 优点:手续费由买家承担;对于卖家来说最划算,可先提钱再发货,安全性好;到账速度快。
- 缺点:由于对买家来说风险极高,买家不易接受;买家和卖家需要去西联线下柜台操作;手续费较高。
- 适用范围:1万美金以下的小额支付。

3. Money Gram

速汇金汇款是Money Gram公司推出的一种快捷、简单、可靠及方便的国际汇款方式,目前公司在全球150个国家和地区拥有总数超过50 000个的代理网点。收款人凭汇款人提供的编号即可收款。

(1)费率。单笔速汇金最高汇款金额不得超过10 000美元(不含),每天每个汇款人的

[①] 资料来源:https://www.cifnews.com/Article/15719。

速汇金累计汇出最高限额为20 000美元(不含),具体费率见表1-3。

表1-3 Money Gram费率

汇率金额	手续费
400美金以下	10美金
400—500美金	12美金
500—2 000美金	15美金
2 000—5 000美金	25美金
5 000—10 000美金	33美金

(2)优势。速汇金汇款在汇出后十几分钟即可到达收款人手中;在一定的汇款金额内,汇款的费用相对较低,无中间行费,无电报费;手续简单,汇款人无需选择复杂的汇款路径,收款人无须预先开立银行账户,即可实现资金划转。

(3)缺点。汇款人及收款人均必须为个人;必须为境外汇款;通过速汇金进行境外汇款的,必须符合国家外汇管理局对于个人外汇汇款的相关规定;客户如持现钞账户汇款,还需交纳一定的钞变汇的手续费,国内目前有工行、交行、中信银行三家代理了速汇金收付款服务。

4. PayPal

(1)费率:2.9%—3.9%。

(2)费用:无开户费及使用费;每笔收取0.3美元银行系统占用费;提现每笔收取35美元;如果跨境每笔收取0.5%的跨境费。

(3)优点:国际付款通道满足了部分地区客户付款习惯;账户与账户之间产生交易的方式,可以买可以卖,双方都拥有;美国eBay旗下,国际知名度较高,尤其受美国用户信赖。

(4)缺点:PayPal用户消费者(买家)利益大于PayPal用户卖家(商户)的利益,双方权利不平衡;电汇费用,每笔交易除手续费外还需要支付交易处理费;账户容易被冻结,商家利益受损失,很多做外贸的朋友都遇到过。

(5)适用范围:跨境电商零售行业,几十到几百美金的小额交易更划算。

5. Cashpay

(1)费率:2.5%。

(2)费用:无开户费及使用费;无提现手续费及附加费。

(3)优点:加快偿付速度(2—3天),结算快;支持商城购物车通道集成;提供更多支付网关的选择,支持用户喜欢的币种提现。

(4)缺点:刚进入中国市场,国内知名度不高。

(5)安全性:有专门的风险控制防欺诈系统Cashshield,并且一旦出现欺诈100%赔付。降低退款率,专注客户盈利、资料数据更安全。

(6)特点:安全,快速,费率合理,PCIDSS规范,是一种多渠道集成的支付网关。

6. Moneybookers

(1) 费用：从银行上载资金免费；从信用卡上载资金：3%；发钱：1%（直到0.50）；取钱到银行：固定费用1.80美元；通过支票取钱：固定费用3.50美元。

(2) 优点：安全，因为是以E-Mail为支付标识，付款人将不再需要暴露信用卡等个人信息；客户必须激活认证才可以进行交易；你只需要收款人的电子邮箱地址就可以发钱给他；可以通过网络实时进行收付费。

(3) 缺点：不允许客户多账户，一个客户只能注册一个账户；目前不支持未成年人注册，需年满18岁才可以。

(4) 安全性：登录时以变形的数字作为登录手续，以防止自动化登录程序对用户账户的攻击；只支持高的安全——128位加密的行业标准。

7. Payoneer

Payoneer是一家总部位于纽约的在线支付公司，主要业务是帮助其合作伙伴将资金下发到全球，同时也为全球客户提供美国银行/欧洲银行收款账户用于接收欧美电商平台和企业的贸易款项。

(1) 优点：①便捷，中国身份证即可完成Payoneer账户在线注册，并自动绑定美国银行账户和欧洲银行账户。②合规，像欧美企业一样接收欧美公司的汇款，并通过Payoneer和中国支付公司的合作完成线上的外汇申报和结汇。③便宜，电汇设置单笔封顶价，人民币结汇最多不超过2%。

(2) 适用人群：单笔资金额度小但是客户群分布广的跨境电商网站或卖家。

8. 信用卡收款

跨境电商网站可通过与Visa、MasterCard等国际信用卡组织合作，或直接与海外银行合作，开通接收海外银行信用卡支付的端口。

(1) 优点：欧美最流行的支付方式，信用卡的用户人群非常庞大。

(2) 缺点：接入方式麻烦、需预存保证金、收费高昂、付款额度偏小。黑卡蔓延，存在拒付风险。

(3) 适用范围：从事跨境电商零售的平台和独立B2C。目前国际上五大信用卡品牌Visa，MasterCard，AmericaExpress，Jcb，Diners Club，其中前两家使用最广泛。

9. 香港地区离岸公司银行账户

卖家通过在香港地区开设离岸银行账户，接收海外买家的汇款，再从香港地区账户汇往大陆账户。

(1) 优点：接收电汇无额度限制，不需要像大陆银行一样受5万美元的年汇额度限制。不同货币直接可随意自由兑换。

(2) 缺点：香港地区银行账户的钱还需要转到大陆账户，这其中存在一些限制，比如转账时需向银行提供劳务或佣金合同；转账金额一般建议在一万美金以下，否则须向外管局申报，因此较为麻烦。

（3）适用范围：传统外贸及跨境电商都适用，适合已有一定交易规模的卖家。

第三节　跨境支付与结算的现状及前景

在经济全球化、信息共享型大背景下，跨境电子商务更是在全球化进程下迅猛发展，中国在这一领域的发展也不例外。为了满足不断发展壮大的跨境电商市场，多种支付方式开始出现，但同时也带来了许多的问题，其中以第三方支付为主。

一、我国跨境支付与结算的现状

1. 跨境电商应用平台发展飞速

据不完全统计，我国现阶段大约有 5 000 家电子商务平台企业，还有超过 20 万家的外贸企业凭借这些电子商务平台发展自己的外贸交易。电子商务平台让中间贸易环节大大减少，进而也降低了国内跨境企业与国外合作商的交易成本，并且大幅缩短了交易流程和运营周期，使得资金流转速度大大加快。通过借鉴亚马逊和 eBay 这两个世界最大交易平台的发展经验，我国国内的一些电子商务平台如：兰亭集势、敦煌网、阿里速卖通这些跨境电子商务企业也得到了迅速的发展①。

2. 跨境支付规模高速增长

随着监管层在 2013 年对国内第三方支付机构放开，以支付宝为代表的支付机构开始发展跨境购物、汇款以及境外移动支付，国内第三方支付机构的跨境互联网支付交易规模迅速增长，2013—2017 年复合增长率达到 127.5%，2018 年交易规模已逼近 5 000 亿元。

3. 第三方支付机构加速布局

截至 2019 年 5 月，支付宝已与全球 250 多个金融机构建立合作，一方面为海外商家和用户提供在线收付款服务，另一方面在全球 54 个国家和地区为中国消费者提供境外线下支付的服务。财付通的微信支付接入的国家和地区已增至 40 个、支持 13 种外币直接结算，有 8 亿用户绑定自己的银行卡账户，目前在全球范围拥有大约 10 亿的用户。2019 年 6 月 5 日，连连支付跨境收款产品全面接入 Shopee 六大站点，帮助中国跨境电商卖家淘金东南亚市场。

---

① 搜狐网，2019 年中国跨境支付行业市场分析：万亿市场规模静启第三方支付机构加速布局，https://www.sohu.com。

4. 跨境支付市场竞争加剧

跨境支付市场竞争加剧,合规和服务能力或成为市场竞争门槛。随着跨境支付牌照数量的逐渐稳定和监管条款的逐渐清晰,跨境支付牌照的价值不断凸显,无牌照机构只能从跨境聚合支付等领域寻找对应的市场机会。合规性也将成为跨境支付行业重要的竞争门槛之一。随着市场竞争的逐渐激烈,跨境支付的手续费率呈现出走低的趋势,支付也将逐渐成为基础性的底层服务。而如何能够为用户创造更多的价值,提供更加完善的服务开始成为支付企业的关注焦点。

二、跨境电商支付存在的问题

虽然跨境电商在我国已经取得了突飞猛进的发展,但同时也暴露出了许多的问题,尤其是在支付问题方面所遭遇到的阻碍重重。由于国家法律的不健全,以及互联网监管的不到位,导致一些不法分子钻空,为我国跨境电子商务蒙上了一层阴影[①]。

1. 监管力度不够

目前在我国的跨境零售模式下,一般是由电商平台来替代个人向通关服务平台发起报关数据,导致电商平台代替个人,这就会出现海关的监管制度体系不明确的现象。此外,还出现报关数据和实际物品不一致的情况,这就充分说明了我国跨境电商的监管制定体系主体的不明确,从而会给海关的监管及推动发展带来很大的阻力。对于我国在跨境电商退换货环节会遭遇跨境通关和跨区域物流难题,使得退换货难有一个顺畅的通道返回,甚至会导致各种成本增长。

绝大部分的跨境支付的过程是通过网络来进行的,但是由于网络的虚拟性并不能产生纸质合同资料等等,所以交易记录可以伪造,会造成证据的失真。相应的监管部门想要进行账单查询,在审核过程中很难发现问题或者是真相。由于进出口贸易数据比较大,配送的方式也各有不同,交易方式并不统一,所以会难以统计。

2. 支付系统不完善

由于我国外汇监管、税收等配套制度的不完善,从而造成我国跨境电商缺乏健全的网上支付系统。目前我国跨境电商一般都通过第三方支付行业来实现结算。比如说支付宝和易宝支付以及京东网银等。但是由于第三方支付存在通关、退税等复杂的跨境业务问题,从而制约了相关企业跨境支付的开展。目前,我国国内金融机构以及支付企业,国际化程度均较低,国际影响力小,服务能力不足,尚未被海外电子商务企业、买家普遍接受。

3. 法律体系不完善

虽然我国已经在跨境行业有了比较明确的法律法规支撑,但是在很多细节之处还是未

---

① 胡银船、陈钢、刘销,我国跨境电商发展现状及支付问题探讨,商情,2019 年第 14 期。

能顾及,特别是在跨境支付方面缺少相关的规定。从当前跨境电商的法律问题看,最突出的是涉及商品质量的监督和维权问题,由于法律体系不健全往往导致跨境消费者权益保护不足,一些网络欺诈、假冒伪劣的交易行为极大损害了消费者的跨境消费权益,严重影响了我国跨境电商的声誉。

4. 平台支付安全问题

跨境电商的网站很多,如有不慎会遇到某些钓鱼网站,消费者付了款却收不到货这是其一;银行卡被盗刷、个人信息被盗用是其二。跨境电商的环节要比传统的电子商务更复杂一些,各国有关支付的法律都是不同的,所以卖家一定要对当地国的法律法规有充分了解。

三、完善我国跨境电商支付的建议

针对上述跨境电商在线支付中出现的风险问题,提出如下具有针对性的风险应对措施和建议[①]。

1. 建立跨境支付的合作与联合监管机制

由于跨境电子商务涉及多个部门,主要包括海关、工商、税务等机构,而跨境支付机构管理又打破了外汇支付地域的限制。因此,在跨境交易中一定要加强各部门之间的合作,完善全方位的监管体系。尤其是要加强国内外的监管合作,推动建立合作监管机制和信息共享机制。同时,对于结合个人结售汇"关注名单"和货物贸易企业等管理,也需要进行分类。通过信息共享机制,建立好公共监管平台,确保所有信息的真实可靠。

2. 加快建设安全可信的第三方支付体系

优化第三方支付环境,首先需要完善支付风险的相关监管法律规范,可以从外汇业务经营资格以及外汇业务的范围和监督等方面来制定严格的跨境支付业务准入标准,使得跨境支付服务市场更加规范化;其次,需要建立健全中国跨境电子商务风险的控制制度和内部监督制度。完善第三方支付检测体系,以避免偷税漏税等行为的发生。

3. 建立健全支付结算法律法规

明确人民银行作为支付体系监管主体的法律与核心地位。尤其是国务院机构改革后,人行主抓宏观审慎职能和监管政策制定,跨境支付结算作为宏观审慎的重要环节,对于维护国内金融稳定、防范外部风险传染而言至关重要。因此,"一行两会"及相关法律制定部门应当加强监管合力,及时制定和完善相关法律法规,落实法律责任,要尽快出台针对新业务模式和先进科技的法律法规,消除监管错配,合理界定跨境支付结算监管范围,在有效监管的同时释放创新发展活力,力争在全球支付结算体系中后来居上,占有一席之地。

---

① 胡银船、陈钢、刘销,我国跨境电商发展现状及支付问题探讨,商情,2019 年第 14 期。

4. 进一步完善平台支付软件

在为客户提供外汇结算等相关性服务时，第三方支付必须采取实名认证的手段，以此来确保客户身份的真实性，实时保存所有客户的交易记录。同时，需要与国家公安联网，加强与银行之间的合作，以便防止黑客的入侵，真正做到保障消费者的权益。

四、跨境电商支付前景

有专家指出：无论 2019 年全球经济是否下滑、电商出海是否"遇冷"，整个支付行业的业务还是会稳步向上。跨境支付行业和跨境电商一样都在不断趋于合规，同时新技术的出现给新兴支付行业带来更大的生存空间。未来新兴支付行业或将呈现以下四大趋势[①]。

1. 更趋于合规、安全

无论是中国境内还是海外各国政府对于跨境支付行业的监管都会更趋合规，为了以不变应万变，出口电商也会偏向于找到有当地执照的支付机构合作，以此保证自身的业务及资金安全。

2. 利用新技术提升效率

正如跨境电商行业的发展离不开互联网技术的发展，新技术在支付领域的应用也促成跨境支付手段的更迭。尽管人工智能目前的创造力还是有限的，但是它在处理重复性工作上的能力是可以无限放大的。

今后跨境支付行业也将依托区块链、人工智能等新技术的应用大大提升效率，进而将整个跨境交易的底层结构打造得更快速、更稳定。

3. 控制成本，扩充业务量

尽管近两年国内涌现不少跨境第三方支付公司，但由于跨境交易的复杂性，支付企业在处理包括合规、产品、技术、营销等运营问题时，会造成整个公司运营成本非常庞大。

因此，若想要把市场做大，跨境支付企业需要努力降低运营成本，提升客户体验感。当成本控制在有限范围之内，公司的业务规模或可以达到成倍数扩大。

4. 顺势而为，不断创新

第三方支付企业为何近些年来会如此快速增加，正是因为传统银行在处理跨境业务上存在繁琐的程序，才让第三方支付察觉到了巨大的市场需求。

---

① 跨境支付行业调查：2019 年三大关键词——合规、竞争、机遇，www.cifnews.com。

关 键 词

支付与结算　　　第三方支付　　　跨境支付与结算　　　汇付　　　　托收
信用证　　　　　PayPal　　　　　Western Union　　　　国际支付宝　连连支付

本章小结

　　支付结算是指单位、个人在社会经济活动中使用现金，票据（包括支票、本票、汇票），银行卡，汇兑，托收承付，委托收款等结算方式进行货币给付以及资金清算的行为，其主要功能是完成资金从一方当事人向另一方当事人的转移。

　　第三方支付是指具备一定实力和信誉保障的独立机构，通过与银联或网联对接而促成交易双方进行交易的网络支付模式。以"支付宝"为代表的第三方支付是在银行监管下保障交易双方利益的独立机构，是买卖双方在交易过程中的资金"中间平台"。

　　跨境支付与结算指两个或两个以上国家或者地区之间因国际贸易、国际投资及其他方面所发生的国际间债权债务借助一定的结算工具和支付系统实现资金跨国和跨地区转移的行为。

　　跨境电子支付业务发生的外汇资金流动，必然涉及资金结售汇与收付汇。我国跨境电子支付结算的模式主要有跨境支付购汇和跨境收入结汇两种方式。跨境支付购汇包括第三方购汇支付、境外电商接受人民币支付、通过国内银行购汇汇出等。跨境收入结汇包括第三方收结汇、通过国内银行汇款、以结汇或个人名义拆分结汇流入、通过地下钱庄实现资金跨境收结汇等。

　　跨境支付与结算方式可以分为：传统跨境电商支付与结算方式和新型跨境电商支付与结算方式。传统跨境电商支付与结算方式主要包括：汇付、托收、信用证。新型跨境电商支付与结算方式主要包括：PayPal、Western Union、国际支付宝、连连支付等。

　　虽然跨境电商在我国已经取得了突飞猛进的发展，但同时也暴露出了许多的问题，尤其是在支付问题方面所遭遇到的阻碍重重。由于国家法律的不完善，以及互联网监管的不到位，导致一些不法分子钻空，为我国跨境电子商务蒙上了一层阴影。

习　题

1. 什么是支付与结算？支付与结算的特征有哪些？
2. 简述第三方支付定义，第三方支付流程，第三方支付的优缺点。
3. 常用的汇款方式有哪些？它们之间有何区别？

4. 信用证有哪些特点？
5. 简述 PayPal 的优势。
6. 简述国际支付宝与 PayPal 的区别。
7. 目前我国跨境电商支付存在哪些问题？

第二章 信用卡支付

📙 学习目标 »

1. 了解信用卡的概念和分类,信用卡支付的优势和劣势以及信用卡支付的IT支持。
2. 熟悉信用卡卡面的构成要素,信用卡的专业术语以及信用卡常见的支付模式。
3. 掌握信用卡免息期的计算以及信用卡跨境支付风险的分析。

第一节 信用卡基础知识

一、信用卡的概念和分类

（一）信用卡的概念

信用卡（credit card），又叫信用贷记卡，是一种在商业经济中常见的由银行或其他信用卡公司向那些具有一定合格信用的商业消费者发放的一种信用凭证。它实际上是一种新型的电子消费贷款支付卡，具有商业消费支付、信用贷款、转账与结算、现金支付以及存取等全部或部分的功能。持有这种信用卡的商业消费者通常可以到专门指定的商业部门进行购物或消费，然后银行与指定的商户和其他机构进行结算。同时持卡人也可以在信用卡规定的时间和限额内进行透支。

（二）信用卡的种类

信用卡根据不同的分类方式可以分为以下几类。

（1）按发卡机构不同，可分为银行卡和非银行卡。银行卡是由一国商业银行发行的一种信用卡。其持卡人通常可在发卡的银行或其指定的大型电子商务经营场所进行购物、消费，也可随时在发卡的商业银行各城市的分行或其他设有自动柜员机的场所办理提现。在中国，大多数的信用卡都是由商业银行直接发行的。

非银行卡是由银行之外的专业发卡组织发行的信用卡。国外很多信用卡都是由专业的发卡机构发行，并可以在世界范围内使用。

知识链接

世界五大信用卡发卡机构[①]

世界上有五大信用卡品牌，分别是维萨国际组织（VISA International）、万事达卡国际组织（MasterCard International）、美国运通国际股份有限公司（American Express）、大莱信用卡有限公司（Diners Club）、JCB日本国际信用卡公司（JCB）。此外，在不同的地区还有一

---

① 资料来源：融360，https://www.rong360.com/gl/2013/05/27/19917.html。

些区域性的信用卡组织,如欧洲的 EUROPAY、中国的银联、中国台湾地区的联合信用卡中心等。

(1) 广泛使用的维萨卡(VISA)。维萨是世界上最著名的支付品牌之一。维萨与世界各地的维萨特约电商、自动取款机和会员金融机构合作。维萨的全球电子支付网络——维萨网是世界上使用最广泛、功能最强、最先进的消费者支付处理系统,并一直在履行让维萨卡通走向全球的承诺。目前,全球有2 000多万家特约电商和84万多台自动取款机接受维萨卡。

维萨国际本身并不直接发卡。在亚太地区,维萨国际有超过700家成员金融机构发行各种维萨支付工具,包括信用卡、借记卡、公司卡、名片和购物卡。维萨分别于1993年和1996年在北京和上海设立了代表处。维萨有17家中资会员金融机构和5家外资成员银行。截至2005年3月底,维萨在中国共发行了约540万张维萨卡和设立了1.7万台自动取款机,维萨在中国的交易额达到32亿美元。

(2) 欧洲常用的万事达卡(MasterCard)。从20世纪50年代末到60年代初,万事达卡国际建立了一个国际接受的信用卡系统,并立即在世界各地流行起来。1966年,银行同业卡协会成立。1969年,银行卡协会购买了Master Charge专利权,统一了所有发卡机构的信用卡名称和设计。在接下来的十年里,Master Charge的最初名称被更改为MasterCard。万事达卡国际组织是一个非营利性协会,包括来自世界各地的金融机构。其成员包括商业银行、储蓄贷款协会和信用合作社。其基本目标是沟通国内外会员之间银行卡信息的交流,方便不同规模的发卡机构进入银行卡和旅行支票市场发展。

(3) 信用卡鼻祖大莱卡(Diners Club)。大莱卡是由企业家弗兰克·麦克·马马卡(Frank MC Mamaca)于1950年创立的,它是第一张塑料支付卡,最终发展成为一种国际信用卡。1981年,美国最大的零售银行花旗银行的控股公司——花旗公司接受了大都会国际信用卡(Diners Club International 卡)。大莱卡公司的主要优势在于它增加了在不发达地区的销售额,巩固了其在信用卡市场的强势地位。通过大莱的现金交易网络和自动柜员机网络之间形成的互惠协议,该公司加强了其在国际市场上的地位。

(4) 日本普遍使用的JCB(Japan Credit Bureau)。1961年,日本第一家专业信用卡公司JCB成立。从那时起,它一直是最大的公司。它是名副其实的日本信用卡公司。在亚洲,它的商标是独一无二的。业务范围遍及全球100多个国家和地区。JCB信用卡在世界上有5 000多种。JCB的国际战略主要针对在国外工作和生活的日本实业家和女性。为了确立自己的国际地位,JCB还对日本、美国、欧洲等电子商务公司实施了优先服务计划,纳入JCB持卡人的旅游指南中。前所未有的优质服务是JCB成功的秘诀。

(5) 猫王代言的美国运通卡。自1958年第一张美国运通卡发行以来,美国运通卡已经在68个国家和地区发行了49种货币的卡。凭借美国运通卡,全球最大的自成体系的特约电商网络已经建成,拥有6 000多万高品质持卡人。美国运通公司成立于1850年,最初的业务是提供快递服务。随着业务的不断发展,美国运通在1891年率先推出旅行支票,主要面向经常旅行的高端客户。可以说,运通服务高端客户的历史长达百年,积累了丰富的服务经验和庞大的优质客户群体。

美国运通在1958年推出了它的第一张签账卡。凭借其百年的声誉和世界知名的品牌,当时著名的"猫王"成为第一批持卡人之一,许多商务旅行者成为新美国运通卡的积极申请人。当美国运通开张时,有超过17 000家电子商务公司注册了这种信用卡。特别值得一提的是,美国旅馆联盟的15万名客户和4 500家会员旅馆的加入,标志着这种信用卡在美国主流商界的普及。

(2) 按照其使用的对象不同,信用卡的种类可以再细分为公司信用卡和个人信用卡。公司卡是由国家发卡主管机构批准发行的以提供商业服务为主要核心的综合性信用卡,专门针对员工和公司的商务需求,引入了差异化员工信用额度、综合信用对账单、商务旅行优惠计划等专业的服务,供应给公司员工用于短期的商务旅行和各种商务休闲娱乐。同时公司可以轻松地使用信用卡享受免息的还款期,这种方式有助于减轻公司流动性的压力;此外,还有一个专门的公司在线的财务报表管理和数据分析管理平台,可以实时提供各种公司财务报表,充分反映公司的业务和费用的来源和流向,使得公司对财务的管理和对流程的控制更加清晰有效。

个人卡是发卡机构向具有完全民事行为能力,具有稳定的工作和收入的个人发放的信用卡。

(3) 根据持卡人的信用状况,可分为无限卡、白金卡、金卡、普通卡。信用卡的发行机构一般来说都会根据其申请人的自身职业、社会地位、经济实力、购买力、信用度等几个标准向不同持卡人发放不同资质等级的银行信用卡。一般来说,普通银行卡的信用额度应该是最低等级的,高级别信用卡的信用额度远远高于低级别的普通信用卡。

① 无限卡。无限信用卡(有时也被称为"黑卡")主要是由发卡金融机构在其竞争日益激烈的互联网金融环境中发行的,目的是锁定在金字塔顶端的信用卡消费市场,是信用卡的最高层次,通常比白金卡具有更高的声望和更大的利益。无限信用卡目前是维萨国际组织的一个高端信用卡消费品牌,目前仅在9个国家和地区提供,包括美国、巴西、墨西哥、哥斯达黎加、科威特、多米尼克、冰岛、意大利和中国台湾,总共在全球发行了3万张无限卡。因为无限信用卡并不是一种国际通用的银行卡消费产品,而且重点不仅仅在于其发卡量,而是在于持卡人的利益贡献程度,到目前为止,全球发行的无限信用卡数量非常有限。而万事达国际组织相同等级的无限信用卡品牌则被统称为万事达世界无限卡。

② 白金卡。白金卡是由发卡机构自主制定发行的一种商业信用卡,以区别于传统的金卡,并为其客户提供比传统的金卡更高端的一种信用卡支付服务和其他权利,一般采用会员制、客户服务电话专线服务和其他增值服务。它通常具有包括全球领先的机场贵宾休息

室礼遇、年度的个人消费分析报告、高成本的运输保险、全球紧急救援支持服务(GCAS)、24小时服务和全球专属的白金热线服务等一系列的服务和功能。

③ 金卡。金卡与其他银行普通卡的最大区别之处就在于具有申请资格和信用额度的严格限制。一般来说,普通卡只要年收入超过22万元即可,而金卡的年收入要求就可能超过40万元,银行每年给予金卡的信用额度将远远高于普通卡。虽然金卡的年手续费通常可能是普通卡的两倍,但它让持卡人可以同时享受比普通卡更多的海外会员服务和权益,如海外紧急医疗救援、高额海外旅游医疗保险、免费的道路救援等,从而为其持卡人提供更尊贵的产品和服务。

④ 普通卡。普通卡是发卡机构发行的最低级别的信用卡。过去,有其他发卡机构发行银卡。现在,一般取消银卡级别设置,将银卡与普通卡归为一类,简称普卡。事实上,普卡有优点也有缺点,主要反映在为持卡人批准的信用额度上。

(4) 按照信用卡流通的范围,银行卡还可以细分为国际信用卡和地区信用卡。国际信用卡是指由发卡国家的机构和网点发行的、可被来自世界各地的机构和网点接受的具有国际信用卡组织指定品牌的国际货币信用卡。无论是国际信用卡是哪个国家发行的,信用卡的结算货币必须是一种可自由兑换的国际货币。发行国际信用卡必须同时具备两个基本的条件:一是国际信用卡组织的品牌,二是结算的货币必须是自由兑换的货币。由五个海外信用卡集团(包括万事达卡国际组织、维萨国际组织、美国运通公司、JCB信用卡公司和大莱信用卡有限公司)分别发行的国际万事达卡(MasterCard)、维萨卡(VISA Card)、美国运通卡(American Express Card)、JCB卡(JCB Card)和大莱卡(Diners Club Card)多数属于国际信用卡。

地区性信用卡是由某个区域性的信用卡组织发行或某个在特定的国家及其他地区发行的,仅可以在某个特定区域、国家或其他地区使用的一种信用卡。目前我国商业银行所发行的各类地区性信用卡大多数都属于地区信用卡。

(5) 按照信用卡从属关系,可以分为主卡和附属卡。主卡是发卡机构对于达到一定的年龄,具有完全的民事行为能力,具有稳定的工作和稳定收入的个人客户所发行的一种信用卡。

附属卡信用是指由发卡机构自行签发的,由主持卡人为其父母、配偶、子女或直系亲友等个人办理的一种信用卡。主卡和其附属卡可以共享账号和信用额度,主卡人也可以独立使用或者限制其附属卡的账号和信用卡额度。主信用卡的持卡人必须负责自行还清主信用卡和其附属卡的所有债务。

在国外,主卡人不仅可以为亲朋好友申请附属卡,还可以为商业伙伴申请附属卡。但是,主卡和附属卡的持卡人需要偿还对方信用卡下的债务,也就是说,附属卡的持卡人同时也要偿还主卡的债务。

二、信用卡卡面构成要素

我国银行发行的信用卡卡面上有一些统一的构成要素是必须具备的,下面我们分信用卡正面要素和信用卡背面要素给大家介绍。

(一) 我国信用卡正面的基本要素

(1) 发卡银行中英文名称及行徽号。

(2) 信用卡卡号:凸印的数字代表此信用卡卡号,一般是分为每几个数字为一组的几段。国内大多为16位、四段。

(3) 持卡人姓名:必须是持卡人在信用卡申请表上填写的拼音/英文姓名,并且必须与持卡人身份证姓名的中文拼音或持卡人护照上的英文姓名一致。

(4) 信用卡有效截止日期:是卡片有效使用的截止时间。按国际惯例使用 mm/yy 格式,即前面为月份,后面为年份后两位。

(5) 信用卡银联标识:标有"银联"标志的信用卡是经中国人民银行批准的信用卡,由国内发卡金融机构发行,采用统一的业务规范和技术标准,可跨银行、跨地区使用。根据该银联标识,持卡人消费时可以在其他具有银联或相应信用卡标志的特约商户进行消费,也可以在其他具有银联或相应信用卡标志的银行自动柜员机中进行预借现金。如果一张信用卡同时拥有多个信用卡组织的标识,则多个标识都会出现在信用卡卡面上。如示例信用卡中万事达卡国际组织为主要的标识,其上方还另外标识了其属于中国银联(见图 2-1)。

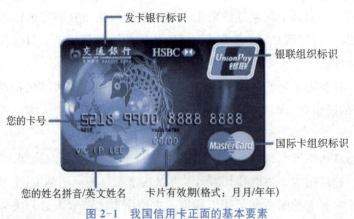

图 2-1 我国信用卡正面的基本要素

(二) 我国信用卡背面的基本要素

(1) 境外服务热线:一般是全球服务热线,对于国内的国际卡来说,一般是海外热线。

(2) 信用卡网站:银行信用卡网站地址。服务热线和信用卡网站这两部分并无硬性规定,由发卡银行自行设计。

(3) 磁条：这是最重要的卡片信息存储单元，磁条上主要记录和储存着与持卡人相关的一切信息和资料。

(4) 个人签名栏：持卡人的签名，要符合持卡人的身份证明和日常习惯的写法。

(5) 卡号末四位号码：信用卡卡号的末四位，与正面凸印的卡号末四位号码一致。

(6) 安全验证码：紧跟在卡号末四位号码的 3 位数字，用作安全管理。

(7) 信用卡客户服务热线：一般是国内的热线（见图 2-2）。

图 2-2　我国信用卡背面的基本要素

(8) 全息防伪标识：主要位于银联卡签名标志栏左侧，部分国内发行的银联卡正面"银联"标识的图案上方，贴有统一的全息防伪标识。"银联"的全息防伪标识，主要的场景图案为立体的天坛图案，背景为一个水平排列的双色简体汉字"银行卡联合"，右上方图案为中国银联公司印章（见图 2-3）。

图 2-3　"银联"的全息防伪标识

（三）国际信用卡的识别要素

1. VISA 国际信用卡的识别要素

(1) 维萨国际信用卡的主要标识是蓝、白、金三色的长方形，中间的白色长方形上印有一个大写的维萨字母。信用卡的标志由微型的蓝色框架包围，这些框架由特定的字母和其他数字符号组成，而不是简单的线条，特定的字母和其他数字符号可以用光学放大镜进行观察。

（2）VISA公司的激光防伪标识是一只飞鸽，经过激光立体图像处理后，可以根据不同角度折射不同的光线。

（3）卡号起始号码为"4"，16位卡号，其排列方式为：4-4-4-4。卡号前四位以印刷字体形式显示在第一组凸印卡号上或下方。

（4）VISA标识左方有特殊的"V"凸印防伪标识。

（5）持卡人的英文姓名凸印于左下角（见图2-4）。

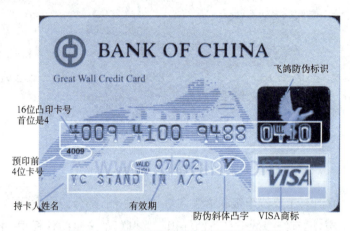

图 2-4　VISA 国际信用卡的正面识别要素

（6）信用卡背面的签名条印有45度VISA斜体字样，一经书写即不得涂改。

（7）签名条印有一排号码，前几位与卡号一致，后三位供人工授权时核对使用，又可以叫做CVV2号码。CVV2号码是VISA提供的一种防伪措施，每张VISA信用卡都有自己独有的CVV2号码。在收银员向发卡行索要人工授权时，发卡行会要求提供持卡人的CVV2号码并对其进行号码核对，以证实是否是持卡人本人在使用（见图2-5）。

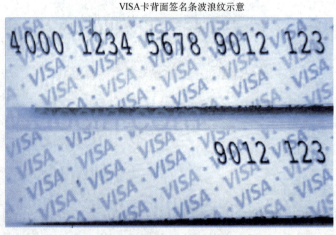

图 2-5　VISA 国际信用卡的背面识别要素

2. MasterCard 国际信用卡的识别要素

（1）MasterCard 国际信用卡用红色和黄色圆圈标记，中间印有白色立体 MasterCard 英文字母。

（2）万事达卡的激光防伪标识是地球的双连图像，地球的外环由微型 MC 代替简单的线条组成。在不同的光线下，变化中的万事达卡字符出现在地球的外环。

（3）卡号以"5"开头，共 16 位，其排列方式为 4-4-4-4。卡号前 4 位以印刷字体形式显示在第一组凸印卡号左下方。

（4）MasterCard 标识的左方印有特殊的"MC"凸印防伪标识。该 MC 连写在一起看上去像一个字母。

（5）持卡人的英文名字凸印于左下角。

（6）背面签名条印有 45 度 MasterCard 斜体字样，一经书写即不得涂改。

（7）签名条印有一排号码，前四位与卡号一致，后三位（CVC2）供电话授权时核对使用。CVC2 是一组类似于 VISA 的 CVV2 的号码，是 MasterCard 提供的一种防伪措施，每张 MasterCard 都有自己独有的 CVC2 号码（见图 2-6）。

图 2-6　MasterCard 国际信用卡的识别要素

3. 国际 JCB 卡的识别要素

（1）国际 JCB 卡的主要标识由绿色、红色和蓝色三种颜色组成，每种颜色上印有白色的"J""C"和"B"三个字母中的一个，下方印有黑色的 JCB CARDS 字样。

（2）JCB 的防伪标识经过激光立体图像处理后，可以根据不同的角度分别反射"太阳与地球""JCB"和"月亮与星星"三组图像。

（3）卡号的起始号码一般是"35"，一共 16 个，排列的顺序一般是 4-4-4。每个卡号的前四位数字以印刷字符形式显示在第一组凸印卡号的上方或下方。

（4）该卡的有效期前面有单引号，以区分 2000 年以后的月份。

（5）凸印的持卡人姓名。

（6）印有特殊的"J""JCB"或"JCBG"凸印防伪标识。2007 年开始只有"J"凸印防伪标识。

（7）卡背面签名条印有 JCB 斜体字样，为单一蓝色；2007 年开始，字体颜色变为蓝色和绿色两种颜色或者单一蓝色(见图 2-7)。

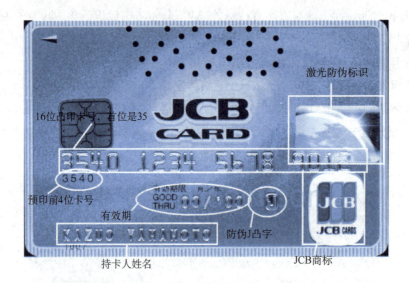

图 2-7　国际 JCB 卡的识别要素

4．运通国际卡的识别要素

（1）美国运通国际卡的标识是古罗马百夫长战士的头像。

（2）卡面背景在紫光灯照射下，有"AMEX"字样的荧光暗记。

（3）卡号起首数为"34"或"37"，共 15 位。其排列方式为：4-6-5。

（4）凸印的防伪"AX"或"OC"字符位于卡面右下方。

（5）平面印刷的 4 位防伪号码位于卡面凸印卡号的左上角或右上角。

（6）成为运通持卡人的起始年份位于凸印的"AX"的右侧。

（7）该张卡的生效期和有效期(月/年)位于卡号的左下方。

（8）持卡人英文姓名凸印于卡面左下角(见图 2-8)。

（9）卡背的签名条印有指纹图案。

（10）签名条下方印有 15 位卡号。

（11）运通公司商标位于签名条的右侧(见图 2-9)。

图 2-8　运通国际卡的正面识别要素

图 2-9　运通国际卡的背面识别要素

5. 大莱国际卡的识别要素

（1）大莱卡无金卡、银卡之分，统一都是银色的。

（2）大莱国际卡的标识由两部分组成，带有蓝色阴影的蓝白色的圆环和大莱国际信用卡商标的黑色英文字样 Diners Club。

（3）所有全球通行的大莱信用卡必有注明"International"字样。

（4）大莱卡的正面背景是制作精美的世界地图和水平波浪线。

（5）大莱卡的卡号以"3"开头，有 14 位数字。排列方式为 4-6-4。

（6）持卡人的英文名凸印于左下角，而且前面没有性别代码。

（7）卡面右下方为信用卡的有效期，有起始期和终止期两个日期。

（8）卡面左下方的日期是指持卡人首次成为大莱会员的日期。

(9)凸印的"DC"是大莱国际组织英文"Diners Club"的简称。

(10)在"DC"后面的两个凸印大写英文字母表示发卡国家或地区,如"RH"指香港地区。

(11)位于有效期右上方的两位英文大写字母是安全代码,表明打卡机构(见图2-10)。

图2-10　大莱国际卡的正面识别要素

(12)卡背面的右上方注明全球通行字样,表明该卡可在全球通用。

(13)签名条上印有一排号码,前几位与卡号一致,后三位保安密码(PIN Number)供电话授权时核对使用。

(14)大莱卡的英文版激光防伪标识位于卡背面的左下方,由三部分组成,位于正中间的是制作精细的世界地图背景、横向条纹、位于正中间的由蓝白色圆环和印有大莱国际信用卡组织图标的简体英文字样组成的激光防伪标识(见图2-11)。

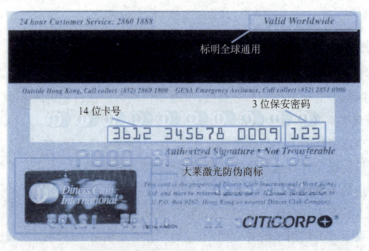

图2-11　大莱国际卡的背面识别要素

第二节　信用卡结算的专业术语及优劣势

一、信用卡结算的专业术语

想要正确使用信用卡，必须掌握好以下几个概念。

1. 交易日

交易日指持卡人实际购买或使用该卡进行消费、存取大额现金、转账交易或实际与信用卡相关的机构直接发生信用卡交易的截止日期。

2. 记账日

记账日指发卡机构将交易金额在交易完成后存入持卡人信用卡账户的日期，或者按照规定将手续费和利息存入信用卡账户的日期。在很多情况下，交易日和记账日期是不一样的，因为信用卡信息传输到银行时会有时差，有些是当日记账，有的是次日记账，还有的可能3天后才入账。

3. 账单日

账单日指发卡人或金融机构每月对作为持卡人的当期累计未还消费交易的本金、取现交易的本金、费用等相关数据进行了分析汇总，结计未还款消费金额的利息，并准确进行计算后得出持卡人当月累计应还款额的日期。

4. 到期还款日

到期还款日指发卡机构规定的持卡人应该偿还其全部应还款额或最低还款额的最后日期。

5. 免息还款期

由于商业银行信用卡的持卡人在进行非现金的交易（例如刷卡消费）中可以按银行规定享受信用卡免息的还款期，所以从商业银行信用卡记账日算起到发卡银行规定的信用卡到期还款日之间的这一段时间称为信用卡的免息还款期。商业银行信用卡的持卡人在交易中可以按规定享受信用卡的免息还款期，即在规定的到期还款日前向银行偿还所有使用的银行资金，就无需向银行支付所有非现金交易的利息。

为了帮助大家理解上面几个概念之间的关系，我们举个例子。

张小姐持有工商银行的一张信用卡，该卡的账单日期一般为每月18日，到期还款日为每月8日，如果张小姐在8月19日刷卡进行消费，该消费在9月18日记录在工商银行账单上，则10月8日可在到期还款日全额还款，可以享受最长50天的免息期（8月19日—10月

8日),如图2-12所示。

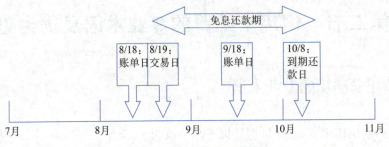

图2-12 50天免息还款期

如她在8月18日消费,当天是账单日,在9月8日到期还款日全额还款,即享受了最短20天的免息期,如图2-13所示。

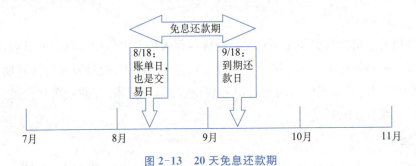

图2-13 20天免息还款期

6. 信用额度

根据个人的申请,银行可以为申请人的信用卡核定一定的限额,即该卡可以刷卡消费的金额。

7. 可用额度

可用额度指持卡人持有的尚未使用的信用卡的信用额度。

计算公式为

可用额度＝信用额度－未还清的已出账金额－已使用未入账的累计金额。

8. 最低还款额

银行信用卡规定的持卡人当期账单应该偿还的最低金额,一般的情况下为累计未还交易消费款总本金的一定比例、所有的费用、利息、超过银行信用额度的前期欠款未还金额、预借现金交易本金,以及除上期账单最低还款额之外未还部分的利息总和。

计算公式为

最低还款额＝信用额度内消费款×银行规定比例＋预借现金交易款的100%＋前期最低还款额之外未还部分的100%＋超过信用额度消费款的100%＋所有费用和欠款利息的100%。

9. 循环信用余额

循环贷款是一种小额的无担保贷款,按日计息。借款人可在每月到期还款日前根据自己的实际经济能力状况自行决定还款金额(但不低于最低还款金额)。当借款人的还款金额等于或高于当期账单的最低还款金额,但低于当期应还金额时,剩余的延期还款金额为循环信贷余额。

二、信用卡结算的优势与劣势

(一)信用卡结算的优势

信用卡的出现彻底改变了我们的支付方式,使人类社会向"无现金"时代又迈进了一步,具体地说,信用卡支付有以下优势。

(1)与普通的银行储蓄卡相比,使用信用卡最方便的就是不用卡里的现金直接进行消费。持卡人可以进行无存款透支消费,享受20—56天的免息期。按时还款不收任何利息,相当于银行向持卡人发放短期信用贷款。对许多人来说,免费使用银行资金是一个巨大的诱惑。

(2)很多国际信用卡通行全球无障碍,出国消费直接刷卡,免去了兑换外汇的麻烦,境外消费的账单可以在境内用本币还款。

(3)很多信用卡刷卡消费有积分礼品赠送,持卡在银行的特约电商网站消费,可以同时享受一定的折扣积分优惠,让持卡人只要用卡就能时刻感到惊喜。

(4)信用卡发卡行每月免费邮寄对账单,使持卡人能够清楚地掌握每次信用卡消费的支出,更好地安排日常生活;独特的附属卡功能,适合夫妻共同理财或掌握子女财务支出。

(二)信用卡结算的劣势

信用卡的推广应用就好像一把无形中的双刃剑,为我们的工作和日常生活带来了巨大的便利的同时,也不难发现其中仍然隐藏着一些潜在的安全隐患和巨大风险。

(1)容易导致盲目消费。刷卡消费用数字的方式记录消费者的支付,不像付现金那样一张一张把钞票花出去,容易使消费者产生错觉,导致不考虑自身偿还能力的盲目消费。

(2)费用较高。与银行信用卡息息相关的费用主要有利息费用、提现手续费、年费等。如果持卡人不能协助银行合理安排利息的收支,导致最后的还款日之前持卡人不能全额还款,银行就可能会向持卡人分期收取高额的利息。所有的信用卡虽然基本上都有一定的免息期,但只针对刷卡消费的用户,套现没有免息期,而且银行还要向持卡人收取不低于1‰的手续费。而且所有的信用卡基本上都需要收取一定的年费,如果持卡人没有完全符合发卡行或金融机构的免年费优惠政策,就可能需要缴纳信用卡的年费。

(3) 信用卡失信后果严重。对于恶意逾期的持卡人,最轻的可能后果是发生逾期利息和滞纳金;持卡人在中央银行的征信中留下不良信用记录,以后再办卡、贷款都会受阻;持卡人还会遭受来自相关银行的各种电话催收、短信催收、外包业务催收、法院起诉等。此外,持卡人还有可能被银行列入"失信被执行人名单"(俗称"老赖"黑名单),各种个人资产和银行账户将被查封、冻结或拍卖,这将严重阻碍持卡人陆海空旅行,限制持卡人消费。最严重的将直接触犯我国刑法,如果恶意透支的数额超过了我国刑法规定的限额或者期限,且在被发卡人两次催收后连续超过3个月仍未及时归还的,将被相关银行定性为持卡人恶意透支。持卡人恶意透支1万至10万元,数额较大的,处5年以下有期徒刑或者拘役;10万至100万,数额巨大的,处5年以上10年以下有期徒刑。

(4) 持卡人信息泄露。截至2019年我国已发行7.46亿张信用卡,每年通过信用卡交易的资金总额超过13万亿元。在大多数的持卡人和消费者看来,与"钱袋"息息相关的银行信用卡象征着安全和个人隐私,用户的所有私人数据和信息也在法律上应该都受到严格的保护。然而,由于目前我国的银行缺乏降低持卡人信息的泄露风险的有效管理和控制措施,信用卡的处理和使用不得不由商业银行内部的许多其他个人或者组织来完成,而对于持卡人信息的泄露缺乏法律责任和经济惩罚,因此目前我国的银行信用卡客户的私人数据和信息泄露相当严重。

信用卡纸质对账单成"泄密单"别人能偷窥财务秘密[①]

很多人会觉得信用卡对账单没用处,也懒得定期查收。一些单位的办公区角落里,常常躺着落满灰尘的信用卡对账单。可是,正是这些看似不起眼的信用卡对账单,很可能在人们不知不觉时泄露个人隐私,一些不法分子能通过这些对账单,偷窥到人们的财务秘密。

以某商业银行信用卡对账单为例,里面详细写明了信用额度、本期还款金额、上期账单金额、在一个交易周期内的交易明细,包括每一笔交易的时间和具体交易说明等。"通过这些基本信息,不法分子很容易了解到你的工作单位、收入情况、个人喜好、消费水平及常去的购物场所等,个人信息全暴露在外,你很容易成为被诈骗的人选。"市民陈先生有3张信用卡,早在几年前就手动取消了所有纸质对账单。"纸质对账单不仅容易泄密,还很不环保。"他说,"现在我只保留每月发到我邮箱的电子对账单。"

一位银行工作人员提醒,看似没用的对账单和信用卡一样重要,需要谨慎保管。银行

---

① 资料来源:中国新闻网,http://www.chinanews.com/fortune/2014/09-02/6553394.shtml。

之所以愿意花大量费用，每次都以挂号信方式为客户寄送对账单，就是担心客户信息泄露。可有的客户对信用卡对账单不在意，自己的工作单位或联系方式发生了变更也不及时与银行联系更新。如果用户的寄信地址变更，应及时与银行联系更改，以免泄露个人信息。

据了解，从 2014 年 7 月份起，以工商银行为首的各家商业银行纷纷取消了纸质对账单，信用卡用户可以申请办理短信对账单或邮箱对账单服务，而且这些业务都是免费提供的。

第三节　信用卡跨境支付的 IT 支持与支付模式

一、信用卡跨境支付的 IT 支持

(一) 支付网关和支付通道

1. 支付网关概念和功能

支付网关是介于银行内部金融网络管理系统和互联网之间的一个接口。它主要是由银行支付机构操作的一组服务器和设备，用于将互联网上传输的支付数据直接转换为金融机构的内部支付数据，或者由其指定的第三方机构处理商户的银行支付相关信息和客户的其他支付相关指令。它使用户可以直接完成银行与互联网之间的数据通信、协议的转换和对数据的加密以及解密，将其银行支付系统与互联网公共支付服务网络之间隔离了开来，保护了银行内部金融网络的安全。

在跨境电子商务支付结算中，支付网关主要扮演着支付数据协议转换和支付信息处理中心的重要角色，支付网关能够对通过互联网直接发送的支付数据包格式进行解密，并根据银行信息系统内部的通信协议对发送的数据格式进行重新打包；通过接收银行信息系统内部反馈的响应通信消息，再将发送的数据格式转换为通过互联网能直接传输的格式，并进行加密。也就是说，支付网关主要是完成了通信、协议转换和支付数据加解密三个功能，以有效保护银行内部的网络。一旦离开了现有的支付网关，网络银行的跨境电子商务支付处理功能也就基本无法真正实现。

具体地说，银行使用支付网关可以实现以下功能：
(1) 配置和安装 Internet 支付能力；
(2) 避免对现有主机系统的修改；
(3) 使用直观的用户图形界面对复杂的文件进行系统管理；
(4) 适应扣账卡、电子支票、电子现金、微电子支付等多种电子支付方式；
(5) 提供完整的电子商务支付处理功能，包括授权、数据采集、结算、对账等；

(6) 通过报告和跟踪网上交易，监测网上活动；

(7) 采用先进的 RSA 公钥加密和 SET 安全协议，保证网络交易的安全性；

(8) 使互联网上的电子商务支付信息系统处理的流程与支付商目前的业务处理模式基本保持一致，保证了电子商务支付信息系统管理的一致性，为更多支付商进入互联网平台进行电子商务交易以及处理业务提供了机会；

(9) 可以进行冲正引擎设置。

2. 支付通道概念和分类

支付通道是指支付受理能力的具体提供方或者三方跳转的通道方，也是收单方，清算方。比如工行直连通道、银联通道。目前，国际信用卡的收付是基于第三方信用卡支付公司提供的支付渠道，这是一种支付网关到支付网关的模式。

按通道的用途、通道支持的对象、通道支持的形式、是否需要验证、是否有人工审核可以对支付通道做如下归类划分。

(1) 根据通道的用途，分为出款通道、入款通道、鉴权通道。出款通道就是能够实现自己把钱付给别人的通道，有代发（代付）类、转账类通道。主要应用于提现、发工资、退款等场景。

收款通道就是能够实现别人把钱付给自己的通道，如代扣、Moto、无磁无密、网银、快捷、转账、POS 支付、扫码支付、账户支付、近场支付等。应用场景很多，网上支付、扣款、信用卡代扣、水电煤代缴等都是。

鉴权通道就是和支付无关，只验证信息是否正确的通道。比如卡信息验证、身份信息认证的通道等。像账户的一些实名认证以及银行卡的绑定都需要用到鉴权通道。

(2) 根据通道支持对象，分为对公账户支付通道、对私账户支付通道。对公账户支付通道主要用于企业账户的支付，包括企业网银、企业账户代扣、企业转账，等等。对私账户支付通道主要用于个人账户的支付，包括对银行卡的支付、微信、支付宝等三方平台对个人账户的支付。

(3) 根据通道支持形式，分为卡基支付通道、账基支付通道。卡基支付通道是以卡片作为支付工具，通过各种媒介提供并验证卡信息进行支付的。卡基支付通道的核心是卡号；资产存储在卡号；其支付媒介不仅是刷卡，包括 POS、闪付、电话支付、网银支付、线上无磁无密支付等通过卡信息进行支付的媒介。

账基支付通道是以账户作为支付工具，提供并验证账户信息进行支付的。账基支付通道的核心是实名认证加密码验证，密码可以是密钥，可以是数字，可以是指纹，可以是短信；资产存储在账户里；账基支付通道里可以使用余额，可以使用银行卡等各种资产，常见的有微信、支付宝支付。

(4) 按照通道是否需要验证措施，可以分为 3D 通道和非 3D 通道。3D 支付通道是一种主要集中在东南亚的支付系统验证通道，VISA 和 Master 信用卡组织通过在这一支付通道中建立信用卡验证措施来有效保护其持卡人的合法利益。使用 3D 支付通道时,个人密码和个人确认信息只为持卡人所知,防止电商恶意盗取信用卡。然而,由于 VISA 和 MasterCard 主要受欢迎的国家都采取强制措施要求注册,因此在线 3D 验证系统阻碍了大约 90% 的有效交易。

非 3D 支付通道主要集中在欧洲和美洲,是指没有 3D 密码验证的信用卡支付通道,该支付通道的应用使得信用卡在线支付的成功率大大提高,因此这一支付通道很好地满足了来自世界大部分国家和地区的信用卡持卡人的在线支付业务需求,也有效地弥补了目前中国的信用卡在线收款工具的不足。但是非 3D 支付通道的风险要比 3D 支付通道大一点。

(5)根据通道是否有人工审核,分为实时通道与延时通道。实时通道将预先自动设定风险控制的容许阈值。当交易进入实时通道时,系统将自动对其进行风险评估。如果实时通道检测到的交易风险高于系统自动设置的风险控制容许阈值,订单将自动确认交易失败。如果实时通道检测到的交易风险低于风险控制容许阈值,则可以成功完成支付。除了风险控制系统的评估外,延时通道还特别增加了专业的人工审核。如果延时通道检测到的订单异常且存在一定风险,则被归类为高风险交易,交易结果显示为待确认。延迟通道系统将阻止高风险交易,然后联系电商公司确认交易是否放行。如果电商所确认的交易结果可以通过联系交易的买方来确认执行,则交易可以正常支付。这样,就严格控制了使用黑卡或其他被盗信用卡的交易,控制和有效降低了交易的拒绝率,最终维护了电商的安全和利益。此外,延迟通道系统还需要在 24 小时内自动显示电商确认交易的结果。

3. 国际信用卡收付通道的选择

跨境电商在选择国际信用卡收付通道的时候应该注意以下几个要点。

(1)成功率。对于电商来说,无论选择哪家信用卡收款通道,第一个问题就是成功率;因为成功率不仅是信用卡收款通道的重中之重,更是关乎电商的核心利益。国际信用卡收款是支付网关对支付网关的在线收款模式,如果成功率低,不但影响到订单的成功、还会引起消费者的不满、失去生意发展的空间,更重要的是电商选择成本也在不断增加。

(2)安全性。一个好的第三方互联网支付服务公司应该高度重视其交易的安全性,通过对技术的监控、制度管理的规范和交易安全预警风险防控机制,严格监控和防范互联网电商在支付交易过程中所可能面临的交易安全风险,为互联网电商经营者提供低风险、低交易成本、高质量的产品和服务。

(3)费用。开通信用卡收付款通道需要支付一定费用,然而每个国际信用卡收款公司收取的费用也有所不同。一个好的收款通道难免运营成本较高,服务方面也会投入更多的资金;更重要的是能否杜绝一些诈骗电商进入,对通道造成不良影响,影响到其他电商的正常收款。

(4)结算周期和月结次数。结算的周期和每月资金结算的次数直接影响到电商平台结算资金的正常周转。各大电商平台需要根据自身的结算资金的数额自行选择最合适的结算通道。

(5) 接入网站个数。要开通收取信用卡的通道,你需要接入电商网站。一些电商网站数量众多,而一般支付公司以个人名义开设的网站数量有限。许多电商公司可能会选择做跳转。一方面,跳转会降低支付的成功率;另一方面,它可能会降低网站的信任度,从而失去一些客户。因此,电商在选择通道时也要考虑接入网站的数量。

(6) 支付限额。为了资金安全和对风险的控制,很多支付通道都会明确规定其用户对应的银行通道支付的各种方式和限额。因此在选择支付通道时,支付方式较多和限额相对较高的支付通道相对比较方便,在更多的用户通过银行支付大额的订单时不会轻易使用户受到其限制。

(7) 付款保证金。多数国际信用卡具有180天的拒付期,因为这个特性,所以银行会暂时收取每一笔成功订单的10%作为付款保证金,180天之后再返还给电商。付款保证金的存在无疑大大地增加了电商的总成本。

(8) 拒付。拒付在收款通道中是不可避免的,所以付款公司能做的就是尽量降低拒绝率。支付公司不想看到消费者拒绝支付。如果支付通道拒绝率高,银行将对支付公司处以罚款,如果超过一定比例,银行将关闭所有收款通道。此外,消费者也不想拒绝支付,这将对他们的信用卡声誉产生很大影响。

(二) 信用卡跨境支付的收单系统

收单管理系统是信用卡最核心系统之一,负责处理信用卡的资金收单和结算业务,即电商通过签约银行向信用卡客户提供本外币信用卡资金的结算处理服务。现如今,信用卡收单管理系统已经完全演变成一个全面的、多币种的后台电商管理和服务系统。它将所有电商的账户和它们的历史记录都在收单管理系统中进行存储和管理,以确保有效地控制电商的后台清算人员管理账户和对清算数据的处理。

收单系统的架构如图2-14所示。

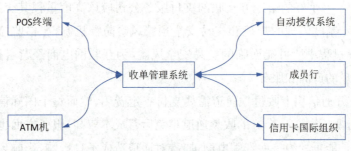

图2-14 收单系统的架构图

收单系统的功能如下。

(1) 电商申请与管理。收单系统可以通过创建申请并加以验证向系统添加电商。在录入基本信息后创建一个申请，并为其指定唯一的 ID，进而可以继续添加更多信息，将其关联到相应的协议模式，并设置费用、卡接收范围和处理频率等。

（2）电商协议模型。电商协议模型定义了处理参数的方法，决定了佣金计算、服务费计算、清算和欺诈限制检查等功能的实现。

（3）商户服务。收单系统提供标准的图形用户界面为不同的电商服务。下面列出了一些使用 GUI 标准实现不同服务的例子：联系地址和首选的联系方式、服务费用明细、结构账户选项、清算、欺诈控制、费用计算、通知和账单选项、交易明细、账单和通知合计/明细、账单重印请求。

（4）多币种交易。跨境电商大多会在多币种的环境下运作，因此收单系统需要定义不同的币种，以满足电商在交易、清算和记账中使用一种或多种货币的需求。

（5）结构商户。收单系统允许账户以等级结构连接，从而表示出电商的商业组织形式。在结构商户里，只有最低级的账户可以接收并处理持卡者交易。这些最低级的账户不能成为其他账户的上级账户，但通常在结构上都有自己的上级账户。

（6）商户定价。收单系统可以按照以下要素进行定价：服务（根据服务领域的不同而变化，比如交易类型、卡类型、交易录入方式、货币、数量等）、事件（比如打印支付通知、账单）、项目（比如 POS 机、线路的租金等）。

（7）账单与记账。如果用户选择接收账单，则将在他们的账单参数中指明。记账组的处理通常会产生一个电商需要向收单银行支付的数目，当清分和记账时将可产生净额。

（8）清算处理。交易组设置了清算、记账和支付的大多数特性，信用卡机构可以根据需要生成足够多的组，这组必须指派清算或者记账来反映是向电商支付还是从电商收单支付，同样每项交易也必须为清算或者是记账，并与相同类型的组对应。一个组不能同时有清算交易和记账交易。

（9）欺诈监控与管理。信用卡收单系统定义了交易额的下限和上限，如果超出了这些限制，交易将被拒绝。对于授权下限，收单系统不需要检查交易的授权代码。信用卡收单系统还定义了每天最大的交易额和交易次数，这些值随着交易类别的不同而变化，从而使得高风险的交易受到更严格的检查。

（10）报表管理。收单系统提供一套基础的运行、联结、系统余额和审计跟踪报表。

二、信用卡跨境交易的支付模式

（一）信用卡跨境交易的支付模式

基于信用卡的网上交易支付方式大致有四种，即无安全防护措施的信用卡在线支付方式、通过第三方支付代理直接进行交易的在线支付方式、简单的信用卡加密支付交易方式、基于SET的信用卡在线支付交易方式。

无安全防护措施的信用卡支付方式的支付基本原则是买家可以通过线上或线下与第三方支付代理合作开立一个支付账户,第三方代理持有买家的信用卡号和账号。买方可以使用账号从卖方网上下单,即将账号信息传递给卖方。由于电商没有得到买家的签字,如果买家拒绝付款或拒绝购买,电商将承担一定的责任和风险。信用卡账户信息在网上进行直接传输,但没有采取安全防护措施。买方(持卡人)将承担信用卡信息在传输过程中被盗取的风险和卖方获取信用卡账户信息的风险。

通过第三方代理的信用卡支付交易方式是指在买卖双方之间启用第三方代理,使卖方在网络上看不到任何买方的信用卡账户信息,避免因信息在互联网上多次公开传输而直接导致信用卡的信息丢失或者被盗的不良后果。这种信用卡支付交易方式的主要特点是通过买卖双方都信任的第三方代理进行支付;信用卡信息不会在开放网络上多次公开传输;而且卖方信任第三方,因此一般没有任何支付风险。

简单的信用卡加密交易模式在客户、商家和银行卡机构之间使用特殊的加密协议(如SHTTP、SSL等)。用户只需在银行开立一个普通的信用卡账户。付款时,用户只需提供一个信用卡卡号。当信用卡账户信息被买方输入到浏览器窗口或其他电子商务设备中时,信用卡账户信息被简单地加密,并作为加密信息通过网络从买方安全快捷地直接传输到卖方。

安全电子交易SET信用卡支付模式的主要目的是确保持卡人订单和其他个人账号信息在国际互联网上的安全和方便传输;将持卡人的订单信息和其他个人账号信息进行隔离;保证持卡人和商家相互进行信息认证;要求软件遵循相同协议和相同的消息格式。SET的安全措施主要有对称密钥系统、公钥系统、消息摘要、数字签名、数字信封、双重签名、认证等安全技术。消息摘要主要解决信息的完整性问题,即是否是原消息,是否被修改过。数字信封是用来给数据加密和解密的。双重签名是将持卡人的订单信息和其他个人账号信息分别进行数字签名,以保证商家只看到订货信息而看不到持卡人账户信息,并且银行只能看到账户信息,而看不到持卡人订货的信息。

(二) 信用卡跨境交易的支付模式案例①

1. 通过 First Virtual 支付的模式

First Virtual Internet 是使用最早的信用卡支付系统之一,由美国人博伦斯坦经营的 First Virtual Holding 公司公布,从1994年5月开始试运行,经过5个月的试验后,从10月开始正式营业。

First Virtual 支付系统的主要用途是在 Internet 上销售低价的数字产品,并提供客户

---

① 资料来源:商仲玉、李田,电子商务信用卡网上支付实例,华南金融电脑,2001,12(5):20−22.

在购买前的浏览和试用机会。在该系统中，First Virtual 只提供服务给注册了的客户和商家。

要想成为 First Virtual 的客户，首先要满足以下基本条件，要有自己的电子信箱，并持有有效的 Visa 卡或 Master 卡，然后将自己的信用卡卡号和电子邮箱地址等私人信息用电话、传真或邮寄方式通知 First Virtual 并登录注册。First Virtual 受理后，分配给客户一个称为"虚拟个人识别码"的 ID 号及口令。

要想成为 First Virtual 的商户，需要有自己的电子信箱，并持有美国的银行存款账户，其后，向 First Virtual 支付手续费并注册即可。

First Virtual 在客户与商家的交易活动中相当于一个中介。客户购物时，只需提供自己的 ID 号，FV 通过商家受理该 ID 号，检索已登录的顾客个人信息，再对该顾客是否真正打算购物的确认电文用电子邮件授信，顾客接收到该电子邮件后，回信表示打算购物时，FV 利用普通的信用卡支付网络，用与 Internet 无关的完全独立的形式向顾客的信用卡公司请求支付必要的金额，将资金从客户的信用卡划转到商家的银行账户。

First Virtual 的具体业务流程如图 2-15 所示。

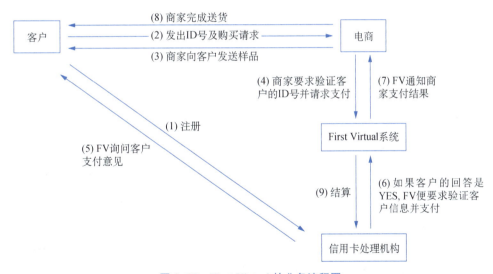

图 2-15　First Virtual 的业务流程图

（1）客户与商家分别到 FV 注册，留下信用卡及银行账户信息，客户取得属于自己的 ID 号及口令。

（2）客户为了购买网上商店（显示 FV 标志）所提供的文章、产品及其他信息，向商家发出购买请求并发送其 ID 号，FV 支付系统即自动执行授权，使商家可通过浏览器进入客户的 ID 号。

（3）商家向客户发送所请求的文件，可能是其中一部分或试用版。

（4）商家传送客户的 ID 号到 FV 支付系统服务器，要求验证并请求支付。

（5）FV 询问客户支付意见，客户可以回答 YES（我愿意支付），NO（我不愿意支付）和 Fraud（我从来没要过）。如果客户认为所下载的文件不是其所要的，可以选 NO。

（6）如果客户的回答是 YES，FV 便向信用卡公司验证客户信息并要求支付，否则不会有进一步的行动。

（7）FV 通知商家支付结果。

（8）商家完成送货。

（9）FV 与信用卡公司通过金融专用网结算，从商家的销售金额中，扣除属于自己的手续费和转账手续费，再将余额存入该商家的银行账户。

（10）如果 FV 没有收到客户的任何响应，它会再试着与其联系。但是如果尝试多次之后，FV 可能会取消该客户的 ID 号，因为 FV 要求客户定期检查 E-mail。如果客户总是说 NO，FV 也可能会终止其 ID 号。

First Virtual 采用将有关客户信用卡和商家开户行等敏感信息不在 Internet 上传递，而通过电话、传真、E-mail 等方式传递给 FV 支付系统的方法解决安全问题。该系统没有使用特定用途的客户软件和硬件，也没有采取特别的加密技术。虽然降低了交易成本，但是缺少加密，会给攻击者提供钻空子的机会。此外，在业务过程中使用 E-mail 反复传递信息以及对客户意愿的确认，严重妨碍了系统效率，因此 FV 系统不能满足实时购物的要求。

2. 简单加密支付模式——Cyber Cash

Cyber Cash 公司成立于 1994 年 8 月，主要为因特网上的安全金融交易提供软件和服务解决方案，其开发的支付系统于 1995 年 4 月开始运行，并且 1996 年中期，超过 50 万份电子钱包软件在流通中。Cyber Cash 系统与传统信用卡交易模式相似，只不过在中间增加了一个网络验证机制。使用 Cyber Cash 支付系统，客户端必须下载 Cyber Cash 软件，用于对信用卡信息加密，用户在 HTML 页面上以明文方式输入其信用卡号，该卡号将使用已加密的 SSL 会话发送给商家的服务器。这种加密的信息只有业务供应商或第三方付费处理系统能够识别。加密技术使用 56 位 DES 和 768—1 024 位 RSA 公钥对产生数字签名。交易过程中每进一步，交易各方都以数字签名来确认身份，签名是买方、卖方在注册系统时产生的，且本身不能修改。由于交易的各方都采用数字签名来验证自己的身份，所以抗伪造信函和抗业务否定性比较好。交易整个过程历时 15—20 秒，如果网络拥挤则时间会更长。客户的购买支付过程只需输入一个信用卡号，给用户带来了方便。而后台的第三方和银行以及商家之间信息的交换则需一系列的加密、授权和认证。Cyber Cash 信用卡服务不向买卖双方额外收费，所有 Cyber Cash 费用都通过信用卡处理系统支付。但一系列的加密、授权、认证及相关信息传送大大提高了交易成本，所以不适合小额交易。

Cyber Cash 支付流程如图 2-16 所示。

（1）Cyber Cash 顾客从 Cyber Cash 商家订货后，电子钱包将信用卡信息加密后传送给 Cyber Cash 商家服务器。

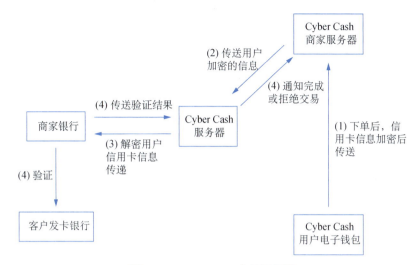

图 2-16 Cyber Cash 支付流程图

（2）商家服务器验证接收到的信息的有效性后，将用户加密的信息传送给 Cyber Cash 服务器，商家看不到用户的信用卡细节。

（3）Cyber Cash 服务器验证商家身份后，将用户加密的信用卡信息转移到非 Internet 的安全的地方解密信用卡信息，并将其通过安全网路传送到商家银行。

（4）商家银行通过银行间的电子通道到顾客的信用卡发行银行去证实，并将结果发回 Cyber Cash 服务器，Cyber Cash 服务器通知商家服务器完成或拒绝交易，商家通知用户。

可以看出，Cyber Cash 在支付过程中只是提供网关服务，它为因特网和银行网之间信息安全传输提供工具。

3. 基于 SET 支付模式

SET，英文全称为 secure electronic transaction，即安全电子交易协议。是由 Visa 和 MasterCard 公司牵头，联合多家机构共同推出的基于 Internet 的卡基支付系统，亦是一种授权业务信息传输的安全标准。SET 支付系统规范了使用信用卡的购物流程，也定义了每一步骤使用的通信协议、信息格式和数据类型。

基于 SET 的信用卡支付系统主要由持卡用户、商家、发卡银行、收单银行、支付网关及认证中心（CA）等部分组成，各部分在支付过程中起到不同的作用。商家由 web 站点或电子邮件为持卡用户提供货物与服务的相关信息。发卡银行向其客户提供支付卡，并负责持卡用户的消费债务支付。收单银行是商家的金融机构，确保商家接受可信的支付卡，并把得到的支付款项转发给商家。通常收单银行可以接受多种信用卡，并为商家核准卡账号的合法性和信用信息。收单银行还负责将支付款项传输到商家账户。支付网关具有收单银行或指定的第三方实施的处理商业支付报文的功能。支付网关为了实现核准和支付功能，与 SET 和已有的银行卡支付网络相连接。商家在因特网上与支付网关交换 SET 报文，而支付网关与收单银行的金融处理系统有直接或间接的网络连接。认证中心是向持卡用户、商家和支付网关发行 X.500 公钥证书的一个可信任实体。

基于 SET 的银行卡支付系统的工作流程和现实的购物流程特别相似。从持卡用户由浏览器进到在线商店算起，直至货物送货上门或服务完成，之后账户上的钱转移，这些全都是借助公共网络完成的。具体的工作流程如图 2-17 所示。

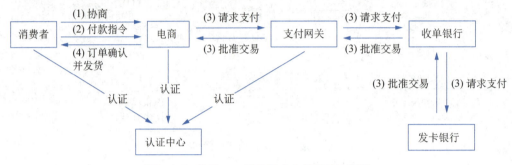

图 2-17 基于 SET 的信用卡支付系统流程图

（1）消费者利用自己的 PC 机通过互联网选定所要购买的物品，并在计算机上输入订货单，在线商家做出应答，双方进行协商。

（2）消费者选择付款方式，签发付款指令，此时 SET 开始介入。在 SET 中，消费者必须对订单和付款指令进行数字签名。同时利用双重签名技术保证商家看不到消费者的账号信息。

（3）在线商店接受订单后，向消费者所在银行请求支付认可。信息通过支付网关到收单银行，再到发卡银行确认。批准交易后，返回确认信息给在线商店。

（4）在线商店发送订单确认信息给消费者。消费者端软件可以记录交易日志，以备将来查询。

（5）在线商店发送货物，或提供服务；并通知收单银行将钱从消费者账号转移到商店账号，或通知发卡银行请求支付。

第四节　信用卡跨境支付常见风险

信用卡在跨境支付中常见的风险来自两个方面，一是来自持卡人风险，二是来自电商的风险。

一、来自持卡人风险

信用卡跨境支付时来自持卡人的风险主要是恶意透支和拒付风险。

(一) 恶意透支风险

1. 概念

信用卡透支是银行业务中的一个术语,是指持卡人在发卡银行设立的信用卡账户剩余资金不足或无剩余资金时,经发卡银行的批准,允许持卡人使用信用卡消费超过其信用卡预留资金的款项,并获得短期小额消费贷款的行为。这实质上是一项合法行为。然而,恶意透支是常见的信用卡诈骗罪的一种表现形式,是一种严重侵害发卡银行的权益、破坏国家金融秩序的一种违法行为。

2. 表现形式

信用卡恶意透支的表现形式多种多样。大致有以下几种。

(1) 频繁透支。持卡人以非法占有为主要目的,经常在比较短时间内将信用卡花在不同的电子商务公司,每次的金额都在银行设定的信用卡限额之内,这就造成了大量的信用卡透支,使银行无法收回透支。

(2) 多卡透支。持卡人向多家商业银行提出开户申请,多头开户,持卡人往往以新账户的巨额透支来偿还旧账户的巨额透支,出现多重的银行债务,导致持卡人往往无力及时实现足额本息偿还。

(3) 骗领信用卡透支。申请信用卡时,持卡人往往通过恶意作弊、伪造银行持卡人身份证、私印企业公章、伪造贷款担保书等,骗取发卡银行的信任,申请成功信用卡,进而实施各种恶意透支的违法行为。

(4) 勾结透支。第一,持卡人相互交叉,相互担保,在不同的银行申请信用卡透支。第二,持卡人与商户员工串通,通过虚假消费获取银行资金。第三,持卡人与银行工作人员串通使用信用卡透支。

恶意透支会给信用卡持卡人自身带来不良的信用记录,甚至可能会涉嫌构成严重的信用卡诈骗罪,面临刑事诉讼。在持卡人恶意透支的过程中,电商如果违规操作,参与到恶意透支活动中来,也可能使自己面临承担法律责任的风险。

(二) 拒付风险

1. 概念

信用卡拒付主要原因是由于买方付款后未能及时准确地收到卖方的货物,或对其所购货物和服务不是非常满意,因此,他向开户行提出申请信用卡拒付并要求卖方支付全额退款。在信用卡支付后的一定有效期限内(目前国际通行的信用卡一般有效期为180天,有些信用卡支付服务机构甚至可能会规定一个更长的退款期限),持卡人就可以向银行申请拒绝支付某笔网上交易的银行账单。由于网上交易和传统的面对面交易不同,无论卖家选择使用什么样的电子商务平台,这样的风险都无法得到完全避免。

拒付被设计出来的初衷是为了保护消费者权益,消费者可以合法使用拒付申请,例如消费者身份被盗用,被进行欺诈购买的受害者有权提出拒付。但是行业法规没有跟上技术和支付方式的快速变化,使得拒付成为消费者可以用来对付商家的武器,因而使电商面临恶意拒付的风险。

2. 拒付的常见类型

常见的拒付(chargeback)有以下几种情况,见表 2-1。

表 2-1 拒付类型

拒付类型	拒付原因	定义
盗卡类	未经授权的信用卡使用	持卡人的信用卡被盗用或受欺使用
货物类	未收到货物	持卡人没有收到货物或者未在约定时间内收到货物
	货不对版	持卡人收到的物品与卖家的产品描述不符
	未收到退款	持卡人未收到退款或者曾取消订单
其他	重复扣账	持卡人对同一产品付了两次款项
	金额不符	持卡人的付款金额与产品实际金额有出入

其中货物类拒付,与卖家的发货时间以及其产品和服务品质有直接关系,故货物类拒付风险由商品卖家自行单独承担。

3. 拒付的处理

买方拒绝付款后,如果银行接受,将买方持卡人扣除的一部分款项退还给买方持卡人;如果电商不同意,将有一个交易调单需要处理,银行将直接要求电商提交交易证据,交易证据将被转发给买方持卡人。如果买方持卡人不同意,他仍将拒绝付款。这时,如果电商拒绝接受,他可以申请第三方仲裁,仲裁机构将决定谁是合理的。如果第三方的仲裁结果是买方持卡人败诉,在此仲裁过程中产生的所有费用将由买方持卡人自行承担。同时银行还将在买方持卡人的信用记录上留下污点记录,这将对买方持卡人未来的贷款、购房、购车、医疗保健和工作产生直接和终身影响。

但是如果商品被拒付的原因是未经持卡人授权的一方使用持卡人信用卡对商品进行了消费,比如盗刷或者同一商户、同一支付终端、同一商品进行了多次同卡支付,发卡行有权对该交易进行拒付,相关的损失将由商户自行承担,所以商户在信用卡收款时一定要特别注意验证持卡人是否使用的是本人的信用卡,并且要仔细验明银行卡个人信息的真伪。如果电商发现信用卡的消费者使用的信用卡上没有本人签名,或者对信用卡有任何疑问,可以电话咨询发卡行或者要求信用卡的消费者换一张本人银行卡,避免给商户造成损失。

另外,电商的收款小票一定要保管 180 天以上,避免银行调单。如果在银行调单时商户未能提供有效交易凭证,没有签购单或签购单上没有签名、签名不符;或商户超过规定期限未能提供有效凭证;发卡行也有权对该交易进行拒付,相关损失同样将由电商承担。

二、来自电商的风险

(一) 刷单走私

"刷单",常见的行为模式是跨境电商企业通过购买、非法收集等手段获取客户信息,制造虚假的交易链,包括虚构订单、支付信息以及物流数据,合并后同步推送给海关,再以保税跨境贸易或者直邮进口方式申报进口货物,之后再销售给非跨境电商平台下单的真实客户。

根据规定,消费者通过跨境电商平台购买的"商品"必须是自用的最终物品,然而有些企业看到了跨境电子商务零售进口商品免征关税的巨大盈利空间,通过以上"刷单"方式,使得进口货物享受到了免征关税,同时适用了更低的增值税的税收优惠,在境内进行二次销售,以此非法获利数额巨大,这实际上已经构成了刑事犯罪中的走私罪。

以一个发生在广东的"刷单走私"个案为例①,李某系××公司的实际负责人,该公司申报了跨境电子商务企业资格。为同步开展跨境电商业务,李某委托软件公司开发正路货网,并向广州海关申请跨境电子商务企业备案,作为××公司的跨境电商平台用于生产订单。

××公司与梁某商议,由梁某负责揽货,××公司负责将货物以跨境电商贸易形式伪报进口。李某作为实际负责人,指使公司相关同案人员制作虚假个人订单、虚假快递单以及虚假支付信息后合并推送给海关,利用行邮物品免税或者低税率的监管规定,伪报贸易形式进口货物。经海关关税部门核定,自2015年9月11日,××公司利用上述方式走私进口货物共19 085票,偷逃税款达到2 070 384.36元。由于"刷单"行为是将一般贸易进口伪装成跨境电商零售进口进行申报纳税,以逃避海关监管,偷逃应缴税额,犯罪对象是一般货物物品,故构成走私普通货物、物品罪。根据《中华人民共和国刑法》第153条以及《最高人民法院、最高人民检察院关于办理走私刑事案件适用法律若干问题的解释》第16条、第24条,分成以下几种量刑幅度。

(1) 自然人犯罪。

① 偷逃应缴税额在十万元以上不满五十万元的或者一年内曾因走私被给予二次行政处罚后又走私的,处三年以下有期徒刑或者拘役;

② 偷逃应缴税额在五十万元以上不满二百五十万元的,处三年以上十年以下有期徒刑;

---

① 资料来源:搜狐网,https://www.sohu.com/a/308916980_806432。

③ 偷逃应缴税额在二百五十万元以上的,处十年以上有期徒刑或者无期徒刑。

(2) 单位犯罪:对直接负责的主管人员和其他责任人员。

① 偷逃应缴税额在二十万元以上不满一百万元的,处三年以下有期徒刑或者拘役;

② 偷逃应缴税额在一百万元以上不满五百万元的,处三年以上十年以下有期徒刑;

③ 偷逃应缴税额在五百万元以上的,处十年以上有期徒刑或者无期徒刑。

由此可见,自然人犯罪和单位犯罪的入刑、量刑标准是不一样的。就罚金的处罚而言,对自然人处以一倍至五倍的罚金,情节特别严重时可以没收财产,而单位犯罪,只对单位处以罚金,直接负责的主管人员不适用罚金刑。

知识链接

跨境电子商务零售进口税收优惠①

我国为了大力扶持跨境电子商务企业,先后出台了一系列利好的政策,同时也进一步规范了这个新型电子商务行业。

最典型的税收优惠政策,根据《关于跨境电子商务零售进口税收政策的通知》(财关税〔2016〕18号文件),从其他国家或地区进口的属于《跨境电子商务零售进口商品清单》,且能够实现交易、支付、物流电子信息三单比对的跨境电子商务零售进口商品享受关税税率为0,进口环节增值税、消费税暂按法定应纳税额的70%征收。而针对不属于跨境电商零售进口的个人物品(比如"海淘"商品)以及无法提供"三单"电子数据的跨境电商零售进口商品,将仍按个人物品征收行邮税。

2018年11月29日发布的《关于完善跨境电子商务零售进口税收政策的通知》将跨境电子商务零售进口商品的单次交易限值由人民币2 000元提高至5 000元,年度交易限值由人民币20 000元提高至26 000元。其他税收优惠政策仍然保持不变。

(二) 信息泄露

在跨境电子商务迅速发展的同时,买家信息泄露的问题也愈发突出。由买家信息泄露引发的一系列安全问题,愈发引起人们的关注。具体地说买家息泄露的来源如下。

(1) 电商网站内部人员。由于买家的信息有着巨大的经济价值,在利益驱动下,不少不法电商交易网站的内部员工铤而走险,盗窃并复制出售消费者的个人信息。

(2) 消费者本身。网络购物时,每个购物网站都会要求顾客留下自己的信息,而消费者

---

① 资料来源:搜狐网,https://m.sohu.com/a/308916980_806432。

缺乏保护个人信息的意识，很随便地就在各个购物网站填写了自己信息。由于购物网站数量多，又缺乏相应的监管，就使得消费者的信息极易外泄。

（3）发货渠道。跨境电商的物流平台参差不齐，有些跨境电商为了节约物流成本，会选择不规范的物流快递服务平台作为发货的渠道。为了获取不正当的经济利益，这些平台的物流快递员及相关人员经常利用职务之便，向所谓的"买家"出售客户的个人信息，甚至还因此形成了一条黑色的"产业链"。

（4）ERP 软件。为了节省时间，提高日常运营效率，有些电商在日常运营中通过各种 ERP 软件来对自己的主要产品、库存和订单等数据进行管理。但是当 API 数据对接完成时，其实也就意味着电商在 ERP 系统里已经是完全透明的了，其产品信息、客户服务信息、交易信息等都完全暴露在别人面前，很容易被别有用心的企业或者第三人非法获取利用。

关键词

信用卡　免息还款期　支付网关　支付通道　收单系统　SET　拒付　刷单走私

本章小结

本章主要介绍了跨境电商交易中，信用卡作为一种支付工具，其概念、种类、优劣和风险等。第一节介绍信用卡的基础知识，包括信用卡概念、分类、国内卡和国际卡的卡面识别要素。第二节主要介绍信用卡支付结算中几个重要的术语，以及选择信用卡作为支付工具的优劣。第三节介绍信用卡在跨境支付中，需要哪些 IT 技术的支持，以及目前常见的信用卡支付模式。最后一节从买家和电商两个维度剖析了跨境电商使用信用卡支付过程中可能遇到的风险。

习题

1. 什么是信用卡？有哪些分类？
2. 你的信用卡账单日是每月 25 日，还款日是次月 10 日，假如你在 10 月 3 日刷卡消费了 500 元。那么这笔交易的免息期是多久？这张信用卡你能享受的最长免息期和最短免息期分别是多久？
3. 信用卡基于 SET 支付模式是怎样的？
4. 什么叫拒付？拒付的种类有哪些？

第三章

Western Union 支付

> **学习目标** >>
>
> 1. 了解西联公司和西联汇款的发展历程;西联公司的中国合作银行。
> 2. 掌握西联汇款的含义,西联汇款的特点和优势;银行发汇业务、收汇业务和委托收汇业务的含义及内容;单边账的含义及处理情况;补交易操作流程;发汇错误和收汇错误处理流程。
> 3. 熟悉银行代理西联汇款业务发汇业务和收汇业务的具体流程;银行特殊业务处理及差错处理的流程;西联汇款客户发汇业务和收汇业务的具体操作流程。

 引言

什么是西联汇款？如何开通西联汇款？办理西联汇款的手续费是多少？办理西联汇款和收款的流程如何？跨境电商贸易中，国外客户如何将款项通过西联汇款方式汇入？国内收款人进行西联收款应该选择哪些银行以及提供哪些资料？国内客户如何将款通过农行西联汇款方式汇出？汇出时应填写哪些资料？以下我们就来学习西联汇款并解决这些问题。

第一节　Western Union 的含义及发展历程

一、Western Union 含义

西联、西联汇款都是国际汇款公司 Western Union 的简称，是世界上领先的特快汇款公司。

西联汇款（Western Union）是美国财富 500 强之一的第一资讯集团（First Data Corp.，简称 FDC）下属子公司——美国西方联合公司（以下简称西联公司）开办的一种可在全球范围内 200 多个国家和地区实现个人外汇实时汇兑的外汇汇款业务。

西联公司是一家金融服务公司，结合其旗下的 Vigo、Orlandi Valuta、Pago Facil 与西联汇款商务解决方案的品牌支付服务，西联汇款为消费者与企业提供快速、可靠与便捷的全球汇款、取款、账单支付及购买现金支票等服务。西联汇款、Vigo 与 Orlandi Valuta 通过遍布 200 多个国家和地区逾 50 万个合作网点和逾 10 万台 ATM 机以及自助服务终端向客户提供品牌服务，拥有向数百万银行账户汇款的能力。

西联汇款拥有全球最大最先进的电子汇兑金融网络，代理网点遍布全球 200 多个国家和地区，可以在全球大多数国家的西联代理所在地汇出和提款。西联中国简介见 Tips1①。

> **Tips1：西联中国**
>
> 　　西联汇款迄今为广大用户提供国际汇款服务已超过 145 年。以先进、完备的电子汇兑金融网络为支持，西联汇款业务涵盖全球 200 多个国家和地区，拥有超过 500 000 个合作网点。
>
> 　　西联汇款业务于上世纪九十年代进入中国市场。目前西联汇款在中国的合作网点逾 28 000 个，服务覆盖全国 31 个省、自治区和直辖市。
>
> **快速汇款服务**
>
> 　　西联汇款与国内众多银行合作提供数分钟即可供提取款项的快速汇款服务。

---

① 资料来源：西联汇款，www.westernunion.com。

您可通过西联合作银行网点、电子渠道(网上银行和手机银行)收发汇款。

直接到账汇款服务

西联汇款与中国银联子公司——银联电子支付合作,提供可靠的直接到账汇款服务,汇款可直达中国主要商业银行的有效银行账户。

√ 快捷。在中国的银行处理时间内,数分钟款项即可汇达中国主要商业银行的有效银行账户。

√ 费用透明。人民币收汇、发汇时即知收汇金额,收款人免付手续费。

√ 方便。款项直接入账至收款人有效银行账户,无需前往代理网点。

注释:① 网点资料以2017年9月30日为准。部分国家/地区不设发汇服务,客户只可于合作网点收取汇款。

② 基于特定交易条件,可能造成汇款延迟或服务不可用,包括汇款金额、收汇国家/地区、货币供应、法规及外币兑换事宜、要求收款人完成的步骤、身份证明文件要求。视乎各合作网点营业时间、当地时差及延迟选项选择。

③ 西联还通过货币兑换获取盈利。在选择汇款商时,请仔细比较手续费和汇率。其有可能根据品牌、经营渠道和汇款位置等许多因素而有所不同。因此所需之手续费和汇率如有变动,恕不另行通知。受限于适用的税务条款。

二、发展历程

西联公司成立于1851年,那时名为纽约和密西西比流域印刷电报公司。1856年,正式更名为西联电报公司。1871年,引入Western Union Money Transfer服务,并从此成为公司的主要业务。

在1982年成为全球唯一一家拥有5颗在轨卫星的公司。

在1992年,启动了Money Order服务,能够让客户快捷方便地获得资金。

到1996年,在科罗拉多州的英格伍德成立了北美总部,并在巴黎、维也纳和香港地区设立了新办事处。随后事业飞速发展,1998年已发展到在全世界拥有50 000个合作网点。

2006年,终止了在历史上非常重要的电报服务,并成功地完成了转型。

2015年,西联汇款公司在世界范围内完成了2.62亿笔消费者对消费者交易以及5.08亿笔商业支付,在消费者之间实现的转账额达820亿美元。

2018年,西联公司汇兑总额超过3 000亿美元,交易币种接近130种,平均每秒钟完成交易34笔①。

---

① 资料来源:西联汇款,www.westernunion.com。

三、西联汇款的特点和优势

（1）快捷。西联汇款使用西联公司专用汇款软件，利用全球最先进的电子金融网络，及时处理每笔汇款。在全球两百多个国家和地区，收款人只需几分钟便可收到汇款。而传统的个人外汇汇款业务通常需要2—3天，有时因汇路不畅，甚至6—7天才能收到。

（2）安全。西联全球安全电子汇款系统确保每笔汇款的安全。

（3）可靠。西联汇款是全球专业汇款行业的领先者。西联公司汇款服务经验丰富，兼备先进科技及环球电脑网络。

（4）简单。使用西联汇款不必设立银行账户。汇款人在任何一家代理机构的网点填写汇款单据后，只需提供身份证明和支付汇款费用，即可将款项汇出。

（5）方便。汇款人与收款人可以到西联公司任何一家代理机构的网点办理汇款、取款业务。西联公司在全球200多个国家和地区共拥有合作网点总数超过50万个，在中国的合作网点近4万个（截至2019年初）。而传统的个人外汇汇款业务，由于国内外汇指定银行在海外的分支机构较少，甚至因没有海外分行而要通过其他中间银行转汇，造成收款人无法就近及时取款，延长了资金在途时间。

（6）收款人免付手续费。汇款手续费由汇款人支付，收款人收取汇款时无须缴付任何额外费用。

（7）小额汇款费用相对合算。经银行工作人员测算，当汇款金额在500—2 000美元之间，西联汇款的手续费比银行汇款的手续费便宜。因此，当汇款金额在这一范围时，西联汇款既快捷又省钱。

四、国内的合作银行

中国邮政储蓄银行、中国银行、中国农业银行、中国光大银行、浙江稠州商业银行、吉林银行、哈尔滨银行、福建海峡银行、烟台银行、龙江银行、温州银行、徽商银行、上海浦东发展银行、中国建设银行等多家银行是西联汇款中国合作伙伴。目前中国光大银行、邮政储蓄银行已率先开通西联汇款网上结汇业务。其中，光大银行可直接结汇美元。部分银行如中国银行，目前可受理西联汇款境外汇入汇款业务，暂未开办汇出汇款业务。

中国银行是西联汇款在中国网点最多的银行合作伙伴。西联汇款与中国银行的合作始于2014年，并成功实现了快速的扩展和深化。现在，中国银行用户不仅能够在10 000多家中行网点收取西联汇款，更能通过其电子银行或自助终端享受7天24小时全方位、无间断的服务。但中国银行目前仅能收汇，不能发汇。

中国邮政储蓄银行是西联公司在中国业务量最多的合作伙伴，中国邮政储蓄银行在各大城市设立了专门的西联业务旗舰店，这是国内其他西联合作银行所不具备的优势。

第二节　Western Union 汇款银行业务流程

一、发汇业务

西联汇款业务是全球快速汇款的一种,汇款人在西联代理机构汇款后取得"汇款监控号码(简称 MTCN)"。款项汇出后,收款人无需开户,10 分钟后即可在西联汇款公司全球任一代理网点凭身份证件和监控号码等汇款信息领取汇款。银行代理西联汇款业务,是指银行作为西联汇款业务代理机构,与西联公司合作开展的包含发汇和收汇的个人外汇实时汇款业务。

银行代理西联汇款业务包括:发汇业务和收汇业务。

发汇业务是指银行接受客户的委托,将外汇款项通过银行西联汇款系统汇出境外的汇款业务。

收汇业务是指银行接受客户的委托,通过银行西联汇款系统将汇入境内的外汇款项解付给客户的汇款业务。

发汇和收汇的币种均为美元。

发汇业务包括普通发汇和快捷汇款。

(1)普通发汇的发汇人和收款人均为个人;

(2)快捷汇款的发汇人为个人,收款人为与西联公司签订快捷汇款协议的机构或公司。

西联汇款关于商业银行的规定见 Tips2。

> **Tips2:西联汇款关于商业银行的规定**
>
> 　　西联汇款与中国银联子公司——银联电子支付合作,提供可靠的直接到账汇款服务,汇款可直达中国主要商业银行的有效银行账户。
>
> 　　发汇人须提供由支持此产品服务的收款银行签发的以"62"开头的银联借记卡卡号。主要商业银行以中国银行业监督管理委员会 2014 年年度报告定义为准。发汇至特定账户可能仅限在中国的银行处理时间(北京时间)上午 7:30 至下午 9:45 内完成。收款人首次使用本服务时收款可能有所延迟,直至收款人向西联汇款提供所需的其他资料。基于特定条件,可能造成服务和汇款不可用,包括汇款金额、货币供应、法规及消费者保护事宜、要求收款人完成的步骤、身份证明文件要求、交易限制、各合作网点营业时间、当地时差(统称"限制条件")等。

银行代理西联汇款业务发汇业务流程(以中国光大银行为例)[①]如下。

(一) 经办

1. 审核

(1) 经办审核。

审核发汇单是否为大写英文或拼音填写(柜员可代客户填表,但填写内容须由客户本人签字确认。客户已在银行网站填写发汇信息的,应提供预处理编号,柜员使用"4420预处理登记簿单笔查询"交易打印《发汇单》,交客户核对并签字确认,如客户需要修改发汇信息,柜员应使用"4422预处理业务登记簿修改"交易修改后,再使用"4420预处理登记簿单笔查询"交易打印《发汇单》);各要素是否填写正确、完整(西联老客户只需填写必填项,其余信息系统自动回显并打印发汇单,客户无需填写,核对确认即可);提示客户认真阅读《客户须知》并签字确认;外管局规定的相关证明材料是否提供齐全;申请人所持身份证件是否真实、有效,是否为本人。柜员还须请客户同时填写《境外汇款申请书》,据以进行国际收支申报。

(2) 快捷汇款业务《发汇单》填写要求。

申请人若申请使用快捷汇款支付缴纳赴美留学生/交换学者(签证类型为F/M/J VISA)审核服务费(SEVIS I-901),需填写《发汇单》收汇人栏中汇款至公司的相关内容,公司名称填写"U S BANK DHS",公司代码填写"FMSEVISFEE MO 或 JSEVISFEE MO",账号填写I-20表格(F/M签证类型)或DS-2019表格(J签证类型)右上角的服务号码+"-"+生日,参考号填写I-20表格上的学校代码或DS-2019表格上的课程项目号码。

(3) 发汇资金。

发汇业务的资金来源可以为现汇或现钞,使用现钞汇款免收钞转汇手续费。如客户汇款资金非美元,须按银行当时外汇牌价换成美元后汇出。

(4) 发汇限额控制。

① 普通发汇单笔汇款限额为9 000美元。

② 快捷汇款单笔汇款限额为5 000美元。

③ 网点单日累计发汇限额为10万美元,如网点当日累计发汇金额超限额时,可向西联客服中心申请临时调增发汇限额。

(5) 客户手持外币现钞或转账汇款金额超过规定限额时需根据《个人外汇业务管理办法实施细则》中相关规定提供证明材料。

(6) 办理发汇业务前,柜员须先通过"8597/8579国家信息查询"交易查询收汇国的相关规定并告知客户。

---

① 资料来源:中国光大银行,http://www.cebbank.com/。

2. 点钞、录入、打印

（1）现钞汇款业务应按规定清点。

（2）调用"5566单笔核对身份证信息附照片"交易核查客户身份信息，打印内部通用凭证。

（3）普通发汇：经办柜员调用"8560西联普通发汇经办"交易，录入交易信息。

根据相关法律规定，对于在联合国被制裁人员或组织名单上的人员，银行应拒绝为其办理西联发汇和收汇业务。若在银行汇款后，代理解付网点发现收汇人为被制裁人员或组织名单上的人员，代理解付网点可拒绝解付款项。对于此类情况，银行不承担任何责任。为防范洗钱风险，银行对于西联发汇业务增加"OFAC名单"及"EU名单"（以下称"风险控制名单"）的监控，营业机构发现或者有合理理由怀疑客户（含其交易对手）为风险控制名单人员/机构的，应拒绝办理相关业务。

柜员录入收汇人信息后，反洗钱监控名单系统对"8560西联普通发汇经办"交易进行实时监控：

① 如系统发现疑似监控名单人员信息，将自动提示待认定疑似记录。柜员选定记录后联动"0594实时单笔道琼斯ID查询道琼斯数据"交易查看辅助判别信息，经与客户身份信息比对后，判断客户是否属于监控名单所涉人员，联动"0596登记人工记录"交易登记认定结果，根据认定情况分别进行以下处理。

a. 认定为"非监控名单人员/机构"，继续交易。

b. 认定为"是监控名单人员/机构"，退出交易。

c. 经对现有客户资料中的身份信息核实后仍不能认定的，要求其补充提供身份信息。客户不予或无法按要求提供补充身份信息，或提供补充身份信息再次比对后仍无法排除其为监控名单人员的，认定为"无法排除其为监控名单人员/机构"，退出交易。

d. 经对现有客户资料中的身份信息核实后仍不能认定，要求其补充提供身份信息的，认定为"需客户补充信息后认定"，退出交易。日后，客户携资料办理业务时，柜员使用"8560西联普通发汇经办"交易，系统返回疑似记录并提示该客户存在历史认定记录。柜员选定历史记录后，点击"修改"按钮联动"0598修改人工认定记录"交易对历史记录认定结果进行修改，并根据认定情况进行后续处理（如系统提示历史认定记录，经确认为同名异人，柜员应点击"忽略"按钮，系统将开启新认定记录界面，供柜员重新认定，下同）。

e. 柜员在监控名单核实和认定过程中遇到疑难问题或者客户提出异议和投诉，经支行行长（或支行主管行长）同意需请示分行法律合规部的，认定为"需提交法律合规部审核后认定"，退出交易。分行法律合规部答复后，柜员使用"8560西联普通发汇经办"交易，系统返回疑似记录并提示该客户存在历史认定记录。柜员选定历史记录后，点击"修改"按钮联动"0598修改人工认定记录"交易对历史记录认定结果进行修改，并根据认定情况进行后续处理。

当客户疑似多个监控名单人员时，柜员应对多条疑似记录逐一核实认定。疑似记录全部认定完成后，系统将根据认定情况继续或退出交易。

② 如系统发现收汇人国家为反洗钱高风险国家,将进行提示。柜员应按照《银行反洗钱管理办法》相关规定采取强化的客户尽职调查措施,审查交易目的、交易性质和交易背景情况,如发现可疑情况,应按照规定提交可疑交易报告。

　　a. 快捷汇款:经办柜员调用"8573 快捷汇款公司信息查询"交易查询到收汇公司相关信息后,系统联动到"8563 快捷汇款经办"交易录入相关交易信息。

　　b. 录入时操作要点:发汇信息各字段栏仅限录入大写英文或拼音,不得录入中文或其他文字。

　　(4) 交易提交后,系统自动扣收手续费,打印双联内部通用凭证。

3. 核对、盖章及凭证传递

(1) 核对打印内容是否正确,在复核柜员复核之前,该交易信息可以修改。

(2) 其中内部通用凭证第一联加盖"业务讫章"作为传票,同时在发汇单经办处签章,将发汇单、内部通用凭证第二联、客户身份证件以及相关证明资料交复核人员。

(二) 复核

1. 审核

复核柜员对客户身份证件、相关证明资料、发汇单内容和联网核查结果复审。审核要点比照本节 P66 的"(1)经办审核"。

2. 录入、打印

(1) 使用"8561 西联普通发汇复核"或"8564 快捷汇款复核"交易进行复核。核对不符时,复核柜员须退出复核交易,交经办柜员修改交易信息。复核成功后,打印内部通用凭证第二联和《发汇单》。复核确认后交易不能删除,为了避免纠纷,复核员必须严格审核,确保准确无误。若复核确认后发现发汇信息有误,需参照本节 P74 的"(一)特殊业务处理"中相关规定办理退汇。

(2) 通过"8542 国际收支数据维护——付款"交易录入申报信息,打印境外汇款申请书。

3. 核对、盖章

(1) 复核柜员核对内部通用凭证、发汇单、境外汇款申请书打印内容是否正确。

(2) 在内部通用凭证上加盖"业务讫章"、在发汇单复核处签章并加盖"柜台业务专用章(对私)"。

(3) 在《境外汇款申请书》复核栏签章,并加盖"柜台业务专用章(对私)"。

4. 凭证传递

(1) 将发汇单第二联、境外汇款申请书申报主体联交客户,提示客户将打印在《发汇单》上的西联汇款监控号码、测试问题及答案(如有)告知收款人以办理收汇;

(2) 内部通用凭证第二联、发汇单第一联作为当日传票，境外汇款申请书银行留存联和银行记账联及相关证明材料（如有）作为传票附件（当地外汇局对代理西联汇款相关资料保管另有规定的，从其规定）。

其他银行发汇业务操作大同小异，如中国农业银行发汇查询系统如图 3-1 所示。

图 3-1　中国农业银行发汇查询系统

> **Tips3**：办理发汇时还有哪些注意事项？
>
> 办理发汇时的注意事项有如下几项。
>
> （1）办理发汇业务时，要先通过"8597/8579 国家信息查询"查看收汇国家的单笔收汇限额、收汇人证件要求等相关规定，避免在操作时出现问题。
>
> （2）发汇人信息录入时，西联卡的操作标志，目前系统默认为"A"，不能手工修改。
>
> （3）发汇信息的日期录入格式均为：YYYY/MM/DD。
>
> **案例分析：**
>
> 北京某支行办理一笔发汇业务，在收汇人信息录入时选择"收汇人无有效身份证件"，该笔业务在复核提交时一直不能通过系统校验，导致交易不能成功。
>
> **点评：** 经查国家信息，该收汇国家规定收汇人一定要提供有效身份证件，由于支行的交易操作不符合该国家规定，导致业务办理不成功。

二、收汇业务

银行代理西联汇款业务收汇业务流程（以光大银行为例）[①]如下。

---

① 资料来源：中国光大银行，http://www.cebbank.com/。

（一）审核

（1）审核收汇单是否为大写英文或拼音填写（柜员可代客户填表，但填写内容须由客户本人签字确认）。客户已在银行网站填写收汇信息的，应提供预处理编号，柜员使用"4420预处理登记簿单笔查询"交易打印《收汇单》，交客户核对并填写西联汇款监控号，如果有"测试问题"，应一并将答案填写在《收汇单》上，核对无误后签字确认，如客户需要修改收汇信息，柜员应使用"4422预处理业务登记簿修改"交易修改后，再使用"4420预处理登记簿单笔查询"交易打印《收汇单》；各要素是否填写正确、完整（西联老客户只需填写必填项，其余信息系统自动回显并打印收汇单，客户无需填写，核对确认即可）；提示客户认真阅读《客户须知》并签字确认；外管局规定的相关证明材料是否提供齐全；申请人所持身份证件是否真实、有效，是否为本人。柜员还须请客户同时填写《涉外收入申报单》，据以进行国际收支申报。西联汇款收汇业务风险点见Tips4。

（2）单笔收汇限额为20 000美元。客户若要支取现钞，且单笔金额在外币等值1万美元以上的，收汇人需凭本人有效身份证件和经外管局签章的《提取外币现钞备案表》办理。收汇的资金属性见Tips5。

> **Tips4：如何把握收汇业务的风险点？**
>
> 按照银行西联汇款业务规定，在办理收汇业务时必须核对以下五项要素。
> （1）西联监控号（MTCN）；
> （2）收汇人姓名；
> （3）发汇人姓名；
> （4）发汇国家；
> （5）金额（误差控制在10%）。
> 客户填写《收汇单》中以上五项与银行核心系统显示内容一致方可确认解付。如果交易还有测试问题，则还必须回答出正确的问题答案。

> **Tips5：收汇的资金属性是现汇还是现钞？（以光大银行为例）**
>
> 西联收汇的资金属性是现汇，若客户在银行开有卡/折，柜员在资金去向处选择"转账"，若客户未在银行开有账户，但要求将收汇资金直接结汇，柜员在资金去向处须选择"待销账"，完成收汇后再为客户办理结汇，若客户明确提出要提取现钞，柜员须向客户提示收汇资金将转为现钞，若客户同意，柜员在资金去向处选择"现金"为客户办理收汇业务（注：选择"现金"前，柜员须确保现金尾箱足额）。

（二）录入、打印

（1）调用"5566单笔核对身份证信息附照片"交易核查客户身份信息，打印内部通用凭证。

（2）柜员调用"8565西联汇款收汇查找"交易，录入监控号码查找汇款记录。柜员将系统返回的汇款信息与客户填写的《收汇单》进行核对，审核内容包括：西联汇款监控号、收汇人姓名及有效证件号码、收汇金额（误差允许在±10%以内）、发汇人姓名、发汇国家。此五项信息必须严格相符方可为客户办理资金解付。如果有测试问题，收汇人必须知道答案，并将其内容填写在收汇单上。

注意：核对时柜员不得向客户提示任何汇款信息，发现可疑情况或不确定解付交易应及时向主管请示，发现伪冒、欺诈情况时还应及时向西联客服中心反馈。

（3）汇款信息核对无误后，系统联动进入"8567收汇解付"交易，该交易需柜台经理授权。交易提交后，打印收汇单和内部通用凭证。

柜员录入发汇人信息后，反洗钱监控名单系统对"8567收汇解付"交易进行实时监控：

① 如系统发现疑似监控名单人员信息，将自动提示待认定疑似记录。柜员选定记录后联动"0594实时单笔道琼斯ID查询道琼斯数据"交易查看辅助判别信息，经与客户身份信息比对后，判断客户是否属于监控名单所涉人员，联动"0596登记人工记录"交易登记认定结果，根据认定情况分别进行以下处理。

a. 认定为"非监控名单人员/机构"，继续交易。

b. 认定为"是监控名单人员/机构"，退出交易。

c. 经对现有客户资料中的身份信息核实后仍不能认定的，要求其补充提供身份信息。客户不予或无法按要求提供补充身份信息，或提供补充身份信息再次比对后仍无法排除其为监控名单人员的，认定为"无法排除其为监控名单人员/机构"，退出交易。

d. 经对现有客户资料中的身份信息核实后仍不能认定，要求其补充提供身份信息的，认定为"需客户补充信息后认定"，退出交易。日后，客户携资料办理业务时，柜员使用"8567收汇解付"交易，系统返回疑似记录并提示该客户存在历史认定记录。柜员选定历史记录后，点击"修改"按钮联动"0598修改人工认定记录"交易对历史记录认定结果进行修改，并根据认定情况进行后续处理。

e. 柜员在监控名单核实和认定过程中遇到疑难问题或者客户提出异议和投诉，经支行行长（或支行主管行长）同意需请示分行法律合规部的，认定为"需提交法律合规部审核后认定"，退出交易。分行法律合规部答复后，柜员使用"8567收汇解付"交易，系统返回疑似记录并提示该客户存在历史认定记录。柜员选定历史记录后，点击"修改"按钮联动"0598修改人工认定记录"交易对历史记录认定结果进行修改，并根据认定情况进行后续处理。

当客户疑似多个监控名单人员时,柜员应对多条疑似记录逐一核实认定。疑似记录全部认定完成后,系统将根据认定情况继续或退出交易。

② 如系统发现发汇国家为反洗钱高风险国家,将进行提示。柜员应按照《银行反洗钱管理办法》相关规定采取强化的客户尽职调查措施,审查交易目的、交易性质和交易背景情况,如发现可疑情况,应按照规定提交可疑交易报告。

(4) 调用"8541 国际收支申报数据维护——收款"交易录入申报信息,打印《涉外收入申报单》。其他收汇业务注意事项见 Tips6。

> **Tips6:办理收汇业务时还有哪些注意事项?**
>
> 办理收汇业务时其他需要注意的事项如下。
>
> (1) 办理收汇业务时,不要将核心系统界面长久停留在"8567 解付确认"交易界面不做任何处理。发送"8567 解付确认交易"如不成功,则应进行"8577 汇款状态"查询,然后重新进行"8565 收汇查找"操作。
>
> (2) 办理业务时,在银行核心系统中只能录入英文/拼音字母或数字,不能录入汉字。
>
> 如客户因英文水平较低等问题可用中文填表,由银行工作人员帮其翻译并用英文录入系统。
>
> 银行经办人员可以为需要得到帮助的客户代填业务单据,但是在签名处必须由客户本人签字确认。

(三) 核对、盖章

(1) 核对内部通用凭证、《收汇单》《涉外收入申报单》打印内容是否正确。

(2) 在《收汇单》和《涉外收入申报单》经办处签章并加盖"柜台业务专用章(对私)",内部通用凭证加盖"业务讫章",柜台经理在《收汇单》复核处签章。

(四) 凭证传递

(1) 将《收汇单》第二联、《涉外收入申报单》申报主体联与收汇现金交客户;

(2) 内部通用凭证、《收汇单》第一联作为当日传票,涉外收入申报单银行留存联、《提取外币现钞备案表》(如有)作为传票附件。收汇交易成功后发现错误的业务处理见 Tips7。

> **Tips7:收汇交易成功后发现错误的的业务处理**
>
> 柜员在收汇交易成功后发现收汇错误时,若款项尚未支付给客户:
>
> (1) 柜员需立即调用"9038 当日抹账/隔日冲账"交易抹账;

(2) 抹账成功后,立即联系西联客服中心,填写并传真《西联汇款特殊业务处理申请单》,要求西联客服中心在其系统内恢复该笔汇款;

(3) 西联成功恢复该笔汇款后,将处理结果填写在《特殊业务处理申请单》中传真回收汇网点;

(4) 柜员重新为客户办理收汇交易。

三、委托收汇业务

西联汇款委托收汇业务是指收款人(委托人)可预先指定一名代理人代为办理西联收汇业务,所收汇资金直接存入收款人(委托人)指定借记卡账户。委托收汇业务包括委托收汇签约和代理收汇两个环节,具体规定如下。

(一) 委托收汇签约及变更

(1) 委托收汇须由委托人本人事先到网点签约,提供材料包括:①委托人及代理人有效身份证件;②委托人本行借记卡;③填写《中国 XX 银行西联汇款委托收汇业务申请书》(以下简称《委托收汇申请书》)。

(2) 柜员审核委托人及代理人的身份证件是否真实、有效,使用"5566 单笔核对身份证信息附照片"对委托人及代理人的身份信息进行联网核查,使用"0300 对私客户信息查询"通过卡号查询申请书中所填的客户信息是否与系统中一致,阳光卡是否为委托人本人所有。

(3) 审核无误后,柜员在《委托收汇申请书》"经办"处签章,将申请书与其他申请资料一并交柜台经理审批。柜台经理审核无误后,在《委托收汇申请书》"主管"处签章。

(4) 柜员调用"8548 委托收汇签约"交易,录入收汇委托人姓名、身份证件种类及号码、借记卡卡号和代理收汇人姓名、身份证件种类及号码、联系电话等信息。交易提交后,打印《委托收汇申请书》。

(5) 柜员在《委托收汇申请书》上加盖"柜台业务专用章(对私)",申请书第一联作为当日传票,第二联交委托人。柜员应告知委托人,单笔收汇金额在 1 万美元以上的,代理人办理收汇时应同时出示代理人和委托人的有效身份证件。

(6) 如需变更代理人或委托人因损坏、挂失等原因换卡,须由委托人本人持有效身份证件到原签约网点解除委托后重新签约。

(二) 代理收汇流程

(1) 代理人收汇时须持本人有效身份证件到网点办理,填写《西联汇款收汇单》并签字确认(客户已在银行网站填写收汇信息的,应提供预处理编号,柜员使用"4420 预处理登记簿单笔查询"交易打印《收汇单》,交客户核对并填写西联汇款监控号,如果有"测试问题",应一并将答案填写在《收汇单》上,核对无误后签字确认,如客户需要修改收汇信息,柜员应使用"4422 预处理业务登记簿修改"交易修改后,再使用"4420 预处理登记簿单笔查询"交易打印《收汇单》。单笔收汇金额在 1 万美元以上的,代理人应同时出示委托人的有效身份证件。

(2)柜台人员审核代理人、委托人(单笔收汇金额在 1 万美元以上的)的身份证件是否真实有效,使用"5566 单笔核对身份证信息附照片"对身份信息进行联网核查。

(3)审核无误后,柜员调用"8565 西联汇款收汇查找"交易,根据《收汇单》信息录入监控号码查找汇款记录。

(4)收汇信息核对无误后(核对要点同普通收汇业务),系统联动进入"8567 收汇解付"交易,柜员在"兑付信息"栏内选择"委托收汇",柜员须将代理人的有效身份证件与系统回显的身份信息进行核对,核对无误后由柜台经理审核、授权。

(5)交易提交后,收汇资金直接转入委托人预先指定的阳光借记卡美元汇户。

(6)收汇成功后,柜员须要求代理人填写《涉外收入申报单》代为进行国际收支申报。柜员通过"8541 国际收支申报数据维护-收款"交易录入收入申报信息,打印《涉外收入申报单》。

(7)委托收汇业务凭证管理同普通收汇业务。

(8)代理人不能代为办理后续结汇业务,结汇业务代理须按照国家外汇管理局相关规定执行。

四、特殊业务处理及差错处理

(一)特殊业务处理

1. 特殊业务操作规定

(1)在办理特殊业务时,柜员须使用备案的电话或传真与西联客服中心联系,并提供经办支行西联代理机构号及柜员姓名。西联客服人员根据各网点备案信息对银行柜员的身份进行核实确认。

(2)特殊业务办理中,柜员必须记录西联客服人员的工号,并录入核心系统。

(3)办理特殊业务使用《特殊业务处理申请单》,由柜员填写相关交易信息并签字确认后,交柜台经理审核并在《特殊业务处理申请单》代理机构授权人处签字。

(4)若发现"单边账"情况(交易在银行核心系统或西联系统中一方记账成功),必须于当日内完成补交易等业务处理,不得隔日处理。

什么是单边账?由于西联汇款业务在办理中需要通过银行核心和西联公司主机两个

系统实时完成信息交换并自动进行记账,故将业务办理中出现一个系统记账成功而另一个系统记账不成功的情况称之为单边账。

在银行核心系统中,通常用"他有我无"和"我有他无"来形容单边账,顾名思义,"他有我无"是指该交易在西联系统中已经记账成功,而我方银行核心系统没有成功;"我有他无"则是指我方银行核心系统中记账成功而西联系统却不成功。

办理收汇业务时"单边账"的发生原因是什么?在业务办理时,通常会因为下列人为操作不规范等原因产生"单边账":

① 办理业务时,如资金去向选择"现金",但柜员美元现钞尾箱不足。

② 办理业务时,如资金去向选择"转账",但转入的账户的开户证件与收汇人的证件不一致。

③ 没有为收汇人建立客户号。

为了及时发现单边账,凡系统出现错误提示后,一定要致电西联客服确认该笔交易在对方系统中的状态,并采取正确的方法处理。事后及时发现未处理的"单边账"业务操作方式见 Tips8。

(5)若因超过营业时间或不能正常登录核心系统等原因造成当日无法完成补交易处理,须由柜员在《特殊业务处理申请单》中填写未能当日处理的情况说明,经柜台经理签字并加盖"柜台业务专用章(对私)",作为次日补交易处理的传票附件。

> **Tips8**:如何事后及时发现未处理的"单边账"业务?(以光大银行为例)
>
> 按照银行业务操作规程要求,各业务办理支行要在业务办理后的下一个工作日调用核心系统"8558 对账结果查询交易"和"8598 清算结果查询交易"打印业务发生日的对账、清算处理情况,如对账及清算结果为"他有我无"或"我有他无"的交易,需要严格按照银行业务操作规程进行处理。
>
> 注:支行打印业务对账及清算结果需在总行提交对账、清算交易后才可以进行,一般情况下,总行一般在每个工作日上午 10 点前完成前日业务的对账、清算交易操作。周五的业务在下周一提交对账和清算,周六、周日和周一连续三天的业务在周二统一提交。

2. 补交易操作流程

(1)补普通发汇和补快捷汇款。

柜员在操作普通发汇/快捷汇款复核交易时,若发生银行系统不能正常返回成功信息或系统出现错误提示等异常情况时,柜员必须立即联系西联客服中心。如核实确认该笔交易已在西联系统中记账成功,在银行核心系统中未记账,则需进行补交易录入。具体流程如下。

① 与西联客服核实确认交易已在西联系统中记账成功并为该网点办理的交易。

② 柜员将《特殊业务处理申请单》传真至西联客服中心,西联客服中心根据业务类型在

《特殊业务处理申请单》上填写相关信息并传真回网点。

③ 柜员收到西联客服中心传真后,调用"8568 补交易"录入相关汇款信息并手工录入西联汇款监控号、打印《发汇单》,以保证银行系统西联汇款业务数据与西联系统相一致。《特殊业务处理申请单》西联传真件应作为发汇单第一联的附件随传票装订。

(2) 补收汇。

柜员在操作收汇交易时,若发生银行系统不能正常返回交易成功信息或系统出现错误提示等异常情况时,柜员须先调用"8577 汇款状态查询"交易查询该笔汇款状态。核实确认该笔汇款在西联系统已兑付成功但在银行核心系统中未记账后,进行补交易录入。具体流程如下。

① 柜员需调用"8577 汇款状态查询"交易查询该笔汇款的状态。

② 如该笔汇款状态为"已兑",经办机构必须立即联系西联客服中心查询该笔汇款是否为本机构解付、收汇金额等信息,银行柜员收到西联客户服务中心确认电话和传真,确认该笔汇款为本机构解付且收汇金额无误后,调用"8568 补交易"录入相关汇款信息,并向客户解付资金。

③ 如该笔汇款状态为"待兑",经办机构可再次调用"8567 收汇解付"交易。

④《特殊业务处理申请单》西联传真件应作为收汇单第一联的附件随传票装订。

> **Tips9**:《收汇单》上填写的收发汇人姓名拼写与银行核心系统查询结果不完全一致时,能解付吗?
>
> 　　如《收汇单》上填写的收发汇人姓名拼写出现 1—2 个字母与银行系统中信息不符、姓和名顺序颠倒或遇到其他不确定的情况时,经办人员须致电西联上海客服中心 800-820-3323 咨询,由西联上海客服中心人员确认是否能够解付,若确认可以解付,须向银行传真同意解付通知书。

(3) 补打回单交易操作流程。

柜员因系统故障或打印机故障等原因,需补打《收汇单》《发汇单》时,可调用"8569 补打回单"交易经授权后补打单据。

(4) 退汇业务操作流程。

退汇业务分为"退回本金"和"退回本金及手续费"两种,一般情况客户在办理退汇业务时只能退回本金,除非因西联系统不能正常解付汇款等非客户原因所致并必须经西联确认后才能退回手续费。

退汇资金属性必须与原发汇资金一致,现钞发汇的应退回客户现钞账户或现钞(柜员可通过查看原发汇单或"8575 我方发汇查询"交易查询原发汇资金属性)。

补交易操作案例见 Tips10。

Tips10：补交易操作案例（以光大银行为例）

收汇时产生了"单边账"应如何处理？办理收汇业务时，如一旦确认发生单边账，经办网点必须于业务发生当日进行处理。目前处理单边账的方式是通过银行核心系统"8568补交易"做补收汇业务的手工录入。

在操作补收汇交易前，一定要通过"8577汇款状态查询"交易查询或与西联上海客服中心电话核实该笔交易是否解付、是否为本机构解付、收汇金额等信息，确认后即可调用银行核心系统"8568补交易"进行交易和账务信息补录。补交易的作用是在银行核心系统登记簿中补录收汇交易信息并记账。

银行核心系统"8568补交易"采用经办加柜台经理授权制，柜台经理在授权时一定要对系统回显的各项汇款信息进行严格审核，审核要点如下。

* 交易类型是否选择"补收汇"；
* 录入的西联监控号是否正确；
* 系统回显的收、发汇人姓名是否正确；
* 如有附言及测试问题，系统是否正确回显；
* 系统回显的收汇金额是否正确。

以上信息审核无误并在核心系统授权完成交易后，经办柜员为客户打印《收汇单》。

业务操作点评：此种处理方式，能够节省业务的处理时间和客户的等待时间。操作时一定要注意核对各项汇款信息的准确性。

（二）差错处理

1. 发汇错误

（1）发汇交易复核前发现错误。

柜员在发汇信息录入完毕后、复核完成前发现有错误的，可调用"8560西联普通发汇经办"交易修改，但仅限修改收发汇人姓名、地址、邮编、电话等不涉及资金变动的内容。如需要删除，可调用"9038当日抹账/隔日冲账"交易抹账。

注意：交易复核成功后，无法抹账，只能联系西联客服中心进行处理，处理时间较长且流程复杂，因此复核柜员要确保汇款金额无误后方可提交交易。

在办理发汇业务时，若把收汇人姓名、收汇国家、发汇金额录错的处理方式见Tips11。

Tips11：在办理发汇业务时，如果把收汇人姓名、收汇国家、发汇金额录错了该怎么处理？

（1）如把收汇人姓名录错，则需要与西联上海客服中心联系并填写《西联汇款特殊业务申请书》传真至指定电话，由西联工作人员进行修改。不需在银行系统中做任何交易。

(2) 如把收汇国家录错，分以下两种情况处理：

① 如改变收汇国家后不影响发汇手续费，则填写《西联汇款特殊业务申请书》传真至西联上海客服中心进行修改。

② 如改变收汇国家后需要调整发汇手续费，则需要按照以下流程处理：给西联客服打电话要求退回本金＋手续费→经办行通过收汇办理"本开本兑"（退回本金）→重新为客户办理发汇（由客户支付第二笔发汇手续费）→待西联将第一笔发汇手续费（西联分成部分）退还银行→经办行调用"8570退手续费"交易将第一笔发汇手续费退还客户（西联分成＋银行分成）。由于西联退回银行发汇手续费需要7个工作日左右的处理时间，经办行应明确告知客户手续费退回需等待西联退回银行后再向客户退还手续费。

(3) 如果发汇复核交易成功后发现发汇金额录入错误时，则需要按照以下流程处理：联系西联上海客服中心查询汇款是否解付→若未解付，要求西联客服退回本金＋手续费→经办行通过收汇办理"本开本兑"（退回本金）→重新为客户办理发汇（由客户支付第二笔发汇手续费）→待西联将第一笔发汇手续费（西联分成部分）退还银行→经办行调用"8570退手续费"交易将第一笔发汇手续费退还客户（西联分成＋银行分成）。由于西联退回银行发汇手续费需要7个工作日左右的处理时间，经办行应明确告知客户手续费退回需等待西联退回银行后再向客户退还手续费。

(2) 发汇交易复核成功后发现错误。

① 发汇金额错误。若复核成功后发现发汇金额错误，需先查询汇款是否解付，分别按照以下流程处理。

a. 如汇款尚未解付，立即电话通知西联客服中心发汇金额错误，随后参照"本开本兑"业务流程处理。

＊ 柜员通过收汇交易收回汇款本金。

＊ 为客户重新办理发汇，告知客户新的西联汇款监控号码。

＊ 第二笔发汇业务的手续费由客户先行支付，待西联退回第一笔发汇业务手续费后，调用"8570退手续费"交易将手续费退还客户。能为客户办理退手续费的情况见Tips12。

b. 如汇款已解付，须立即联系客户追款，若无法追回，相关损失由经办行承担。

Tips12：什么情况下才能为客户办理退手续费？

按照银行业务规定，一旦发汇交易完成，如因客户原因要求取消发汇的，不予办理退手续费。

若因银行工作人员失误、西联系统故障或其他非客户原因导致收汇人无法正常办理收汇业务时，银行可向西联公司申请为客户退回手续费。具体流程如下。

(1) 由银行工作人员填写《西联汇款特殊业务申请书》报西联审核确认。

(2) 西联公司确认将该笔手续费(西联分成部分)退回银行后,经办支行柜员调用"8598清算结果查询"交易查询是否有西联退手续费的清算记录。

(3) 若查询到西联退手续费的清算记录,经办支行柜员调用"8570退手续费"交易为客户办理全额退回手续费。交易成功后,后台由系统自动记账[退回手续费的75%借记总行2115-7西联手续费科目,退回手续费的25%冲减经办支行国际结算手续费收入(对私)科目],支行不需进行账务处理。

② 其他汇款信息错误。发汇交易可以修改的信息有:收汇人/发汇人名字(只能修改其中的一两个字母),地址,收汇国家/地区(手续费收费标准不同的国家/地区不能修改),测试问题/答案。

复核成功后发现其他发汇信息有误或发汇人要求修改发汇信息时,按照以下流程办理。

a. 柜员联系西联客服中心并传真《特殊业务处理申请表》,业务类型选择"修改发汇信息",将该笔汇款的监控号码和需要修改的信息通知西联。

b. 西联收到传真后,确认款项未解付后在西联系统内修改该笔汇款信息,将处理结果填写在《特殊业务处理申请单》中传真回网点。

c. 柜员应将《特殊业务处理申请单》传真件作为发汇单第一联的附件随传票装订。

发汇错误处理案例分析见 Tips13。

Tips13:发汇错误处理业务案例分析

案例1:

上海某支行办理一笔发汇到肯尼亚的业务时,操作人员误将"肯尼亚"输入为"美国肯尼亚州",次日客户发现后告知经办支行,该支行与西联上海客户服务中心联系时要求将该笔发汇的本金和手续费退回,但是未通过退汇业务流程进行操作,并拆借资金重新为客户做了一笔发汇到肯尼亚的汇款。

点评:由于改变收汇国家后,需变更发汇手续费,故需要按照银行业务规定中"本开本兑"和"退手续费"的流程办理。但该支行未按照银行业务规定,而是要求西联直接进行调账,并拆借资金后重新办理发汇,导致总行与西联对账时出现不符,拆借资金一直处于挂账状态。

案例2:

合肥某支行办理一笔发汇时,发汇交易提交后发现发汇金额录入错误,该支行与西联上海客服中心联系时要求将该笔发汇的本金和手续费退回,但是未通过退汇业务流程进行操作,而是直接拆借资金重新为客户做了一笔正确金额的发汇。

> 点评:发汇复核交易成功后发现发汇金额录入错误时,需要按照银行退汇业务规定中"本开本兑"和"退手续费"的流程办理。但该支行未按照银行业务规定,而是由西联直接进行调账,并拆借资金后重新办理发汇,导致总行与西联对账时出现不符,拆借资金一直处于挂账状态。

2. 收汇错误

(1) 误收汇后款项尚未解付给客户。柜员误操作收汇交易,款项尚未解付给客户,按照以下流程办理。

① 柜员调用"9038当日抹账/隔日冲账"交易抹账。

② 抹账成功后,柜员应立即联系西联客服中心,填写并传真《特殊业务处理申请单》(业务类型选择"收汇错误但款项尚未支付给客户")。

③ 西联若在日终资金清算前收到传真,将立即在西联系统内恢复该笔汇款为"待兑"状态,进行调账处理,操作完成后将处理结果填写在《特殊业务处理申请单》中传真回网点。

④ 柜员收到传真后,将《特殊业务处理申请单》传真件作为传票附件。

(2) 误收汇后款项已解付给客户。如误收汇后款项已经解付给客户,按照以下流程办理。

① 柜员应立即联系西联客服中心,填写并传真《特殊业务处理申请单》(业务类型选择"收汇错误但款项已支付给客户"),由其在西联系统中冻结正确的收汇信息。

② 银行应立即联系客户进行追款,将追款结果告知总行及西联客服中心。若款项追回,经办行须将收回的款项划付至总行,若无法追回,相关损失由经办行承担。

收汇错误处理案例分析见Tips14。

> **Tips14:收汇错误处理业务案例分析**
>
> 案例1:
>
> 广州某支行于3月13日办理收汇业务时发生"单边账",该行经办人员经与西联上海客服中心人员核实后,填写《西联汇款特殊业务申请书》传真至西联要求恢复该笔交易的状态为"待兑",然后该行经办人员采用"8568补交易"进行交易信息的录入。
>
> 点评:将两种处理方式混淆,存在严重的资金损失风险(此种情况导致该笔业务在西联系统中仍为"待兑"状态,因此西联公司不会将交易资金清算给银行,如客户再去其他代理解付该笔汇款资金,则该交易在西联系统中仍能成功,并最终导致银行损失该笔交易资金)。
>
> 案例2:
>
> 福州某支行于2月份在办理一笔收汇金额为800美元的业务时发生"单边账",该行经办人员在与西联核实汇款信息后,采用"8568补交易"进行处理,但由于工作人员操

作失误,误将收汇金额录入成 200 美元,柜台经理未审核就进行了授权。情况发生后,该支行又做了一笔"8568 补交易",将收汇金额录入为 600 美元。

点评: 未按照业务规程要求办理业务,柜台经理未履行业务审核职责,并自行将一笔交易拆分成两笔交易,导致总行对账、清算失败。

案例 3:

青岛某支行于 3 月份办理一笔 8 820 美元的收汇业务时发生"单边账",该行在与西联上海核实信息后,被西联告知当日已不能进行交易状态恢复,只能第二天才能恢复交易状态,故该支行当日未进行"8568 补交易"处理,导致当日与西联对账时出现"单边账"。

点评: 支行未按照银行当日业务必须当日处理的原则办理业务,对银行业务操作规程不清楚。另每天下午 6 点后,西联上海将不能进行交易状态的恢复,本案例中西联上海客服存在误导支行的问题,但关键在于支行对银行业务规定不熟悉。

(三) 后督处理

为了进一步简化处理流程,在风险可控的前提下,银行对西联汇款业务后督内容与环节规定如下。

(1) 将"8561 发汇复核""8567 收汇解付确认"和"8564 快捷汇款复核"纳入全面监督范围;

(2) 将"8568 补交易"纳入参数重点监督范围,每日进行监督;

(3) 取消对网点留存凭证的后督;

(4) 日处理后督中所督的单据,单独打码、单独码放,作为其他单据随传票送至后督,后督监督完毕后随传票返回至网点。

> **Tips15:** 客户在我行系统里登记的身份证件为 15 位,现已升为 18 位,如何办理西联业务?
>
> 办理西联汇款业务前,对于在银行系统里登记的身份证件号码为 15 位的客户,柜员须首先调用"0202 客户信息维护"交易录入客户升位后的身份证件号码,客户信息维护成功后再调用相关交易办理西联汇款业务。

> **Tips16:** 客户持有证件种类是军人证、武警证、警官证,如何办理西联汇款业务?
>
> 若客户持有证件种类是军人证、武警证、警官证,柜员在办理西联汇款业务时,在核心系统中只输入证件的数字部分即可。

日处理所督单据包括：业务笔数与业务办理单据的勾兑清单、每日通过"8598 清算结果查询"交易打印的错账信息、填写的西联汇款业务查询查复单、向西联客服中心查询的《特殊业务处理申请单》及柜员填写的情况说明书复印件（须经柜台经理签字）。

第三节　Western Union 汇款客户操作流程

一、发汇业务

客户拟将外汇款项通过银行西联汇款系统汇出境外的汇款业务即发汇业务，具体流程如下。

（1）客户填写《西联汇款发汇单》和《境外汇款申请书》。

个人客户须凭本人有效身份证件原件等材料到网点申请办理发汇，填写《西联汇款发汇单》（以下简称《发汇单》）和《境外汇款申请书》，并签名确认。

填写《发汇单》时，必须填写的信息见 Tips17。

> **Tips17**：填写《发汇单》时，哪些信息是必须填写的？
>
> 《发汇单》中，必填项用＊号标注。
> 1. 基本信息栏必须填写的要素
> ＊汇往城市/国家；
> ＊发汇金额；
> ＊收汇币种。
> 2. 收汇人信息栏必须填写的要素
> ＊收汇人名、姓；
> ＊收汇人性别。
> 以下要素在特殊情况下为必填要素：
> ＊城市、省（如果汇款到美国或墨西哥，则必须填写）；
> ＊邮编、街道、电话（如选择附加服务，则必须填写）。
> 3. 发汇人信息栏必须填写的要素
> ＊发汇人名、姓；
> ＊职业、证件号码、地址、电话号码。
> 4. 以下信息无需客户填写，但须由柜员根据客户提供身份证件上信息录入系统

> * 性别、出生日期、国籍、出生地、发证机关、证件种类、证件有效期由柜员根据客户有效身份证件上记载的信息用英文或数字录入核心系统中;
>
> * 城市、省、国家、邮编由柜员根据网点所在地信息用英文或数字录入核心系统中。

《发汇单》包括以下内容。

① 汇款基本信息:汇往城市/国家、发汇金额、收汇币种、收汇金额、汇款本金及手续费支付方式(可选现金、现金账户、现汇账户)。

② 收汇人信息:名和姓、性别、地址(街道)、城市和省、邮编、国家、电话号码、验证身份问题及答案。(不能办理缴费通业务的银行,缴费通栏不用填写)。

③ 发汇人信息:名和姓、性别、出生日期、出生国家、国籍、职业、证件类型、发证国家、证件号码、证件有效期、地址(街道)、城市和省、邮编、国家、电话号码(最后5项填写发汇人目前所在国信息)。

④ 有偿附加服务信息:按址投送、电话通知收汇人、附言。

注:a. 发汇单的填写只能使用阿拉伯数字、英文和拼音,对于确有特殊困难的客户,柜员可以代其填写,但签名必须由本人完成。

b. 汇往城市/国家、发汇金额、收汇人姓名、发汇人姓名、证件类型和号码等关键要素不得涂改。

> **Tips18**:中国农业银行西联其他项目收费标准
>
> 　　有偿服务即收汇国可以提供的需要发汇人额外付费的服务,分为按址投送(001)、电话通知(002)、电报通知(003)、附言四种,有偿服务的收费标准可通过西联方费用查询(2722)进行查询,请客户根据实际需要选择。
>
> 　　* 客户可通过西联汇款向收款人发送留言,收费标准是10个单词(含)以下收取2美元服务费。10个单词以上的,每增加5个单词,收取1美元服务费。
>
> 　　* 按址投递13美元,电话通知3美元。
>
> 　　注意:以上西联汇款发汇收费标准仅供参考,每笔发汇业务以柜员通过系统查询的收费标准为准。

(2) 支付汇款本金及手续费,即可汇款,符合国际收支申报条件的还需进行申报。

(3) 汇款完成后,发汇人将收到一张印有汇款监控号码的单据。发汇人需准确通知收款人有关汇款人姓名、汇款金额、汇款监控号码及发出汇款国家等信息。为确保汇款安全,监控号码不能泄露给除收款人之外的其他人。

(4) 数分钟后,收款人可于收款国家的代理西联汇款业务网点或ATM提取汇款。

(5) 汇款收妥后,境内发汇人将收到西联的短信提示。

发汇人也可以选择通过银行个人网银、手机银行、智能柜员机办理西联发汇。

中国农业银行西联其他项目收费标准见 Tips18[①] 所示,浦发银行西联汇款发汇单如图 3-2[②] 所示,西联发汇业务流程如图 3-3 所示。

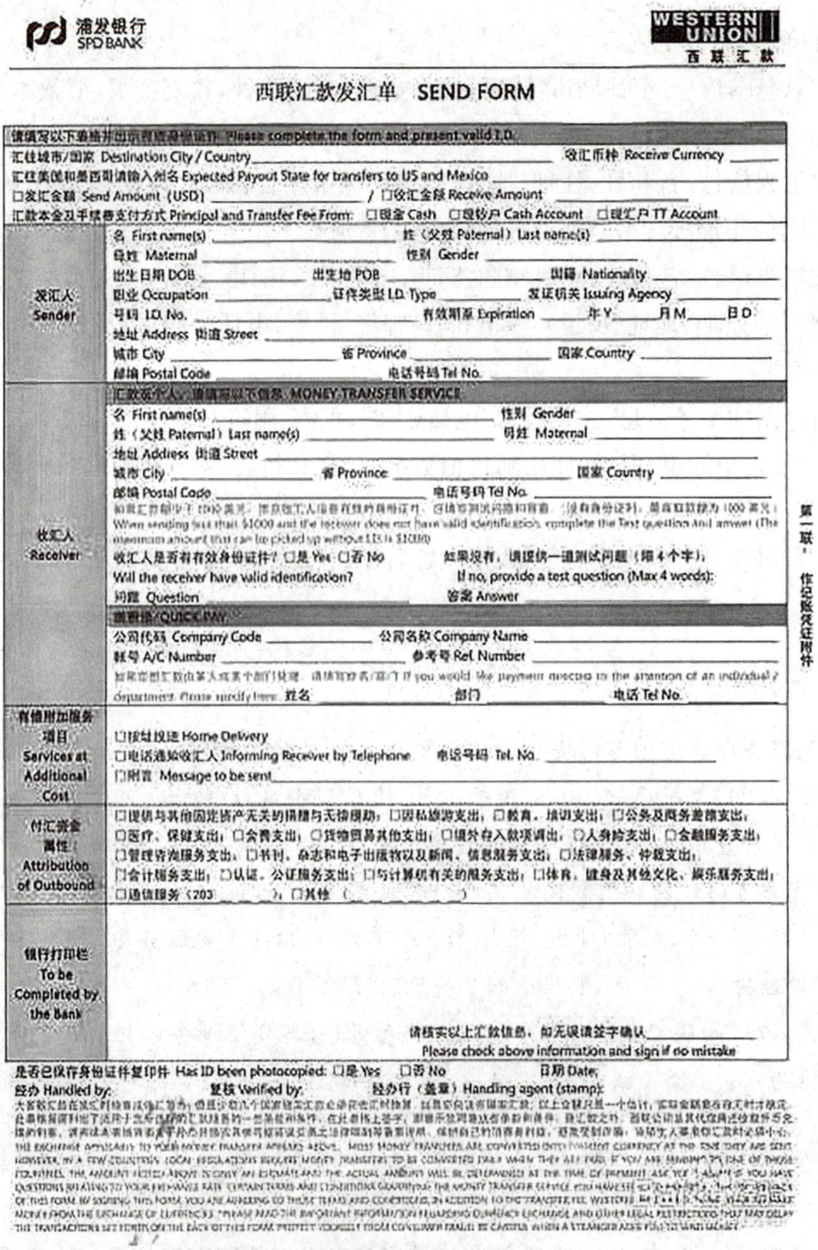

图 3-2　浦发银行西联汇款发汇单样图

---

① 资料来源:中国农业银行,http://www.abchina.com/cn/。
② 图片来源:百度图片。

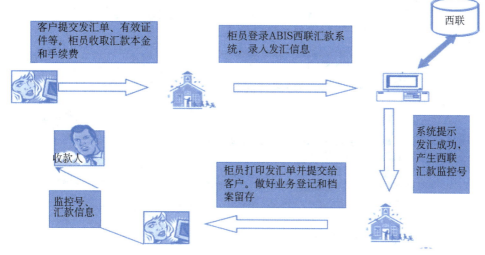

图 3-3　西联发汇业务流程

二、收汇业务

客户通过银行西联汇款系统将汇入境内的外汇款项兑付的业务即收汇业务,具体流程如下。

第一步,个人客户需确保汇款由境外已获授权的代理西联网点发出,并与发汇人核实汇款人姓名、汇款金额、汇款监控号码及发出汇款国家。凭本人有效身份证件原件等材料到西联汇款合作银行网点申请办理收汇(符合国际收支申报条件的还需进行申报),填写《西联汇款收汇单》(以下简称《收汇单》)和《涉外收入申报单》(如需),并签名确认。

(1)《收汇单》包括的内容。

① 收汇人信息:收汇人名和姓、性别、出生日期、出生地、职业、城市、地址、电话号码、证件类型、证件号码、证件签发国、证件有效日期、国籍等;

② 发汇人信息:名和姓、地址(街道)、城市和省、国家、电话号码、验证身份问题及答案(若有必填)。中国农业银行西联汇款收汇单如图 3-4 所示。

(2)《收汇单》应使用阿拉伯数字、英文和汉语拼音填写。

(3)如果发汇人有测试问题,客户必须知道答案,并将其内容填写在收汇单上。

(4)对于确有特殊困难的客户,柜员可以代其填写,但签名必须由客户本人完成。

(5)汇款来自城市/省/国家、汇款币种、收汇金额、西联监控号、收汇人姓名、证件类型和号码、发汇人姓名、测试问题答案(如有)等关键要素不得涂改。

填写《收汇单》时,必须填写的信息见 Tips19。

图 3-4 中国农业银行西联汇款收汇单

> **Tips19：填写《收汇单》时，哪些信息必须填写？**
>
> 《收汇单》中，必填项用＊号标注。
>
> 1. 基本信息栏必须填写的要素
> ＊ 汇款来自：城市/省/国家；
> ＊ 收汇金额；
> ＊ 汇款监控号码。
> 2. 收汇人信息栏必须填写的要素
> ＊ 收汇人名、姓；
> ＊ 职业、证件号码、地址、电话号码。
> 3. 发汇人信息栏必须填写的要素
> ＊ 发汇人名、姓。
> 4. 以下信息无需客户填写，但须由柜员根据客户提供身份证件上信息录入系统
> ＊ 性别、出生日期、国籍、出生地、发证机关、证件种类、证件有效期由柜员根据客户有效身份证件上记载的信息用英文或数字录入核心系统中；
> ＊ 城市、省、国家、邮编由柜员根据网点所在地信息用英文或数字录入核心系统中。

　　收汇人也可以选择通过银行个人网银、手机银行、智能柜员机办理西联收汇。邮政西

联汇款网上收汇填写如图 3-5① 所示。

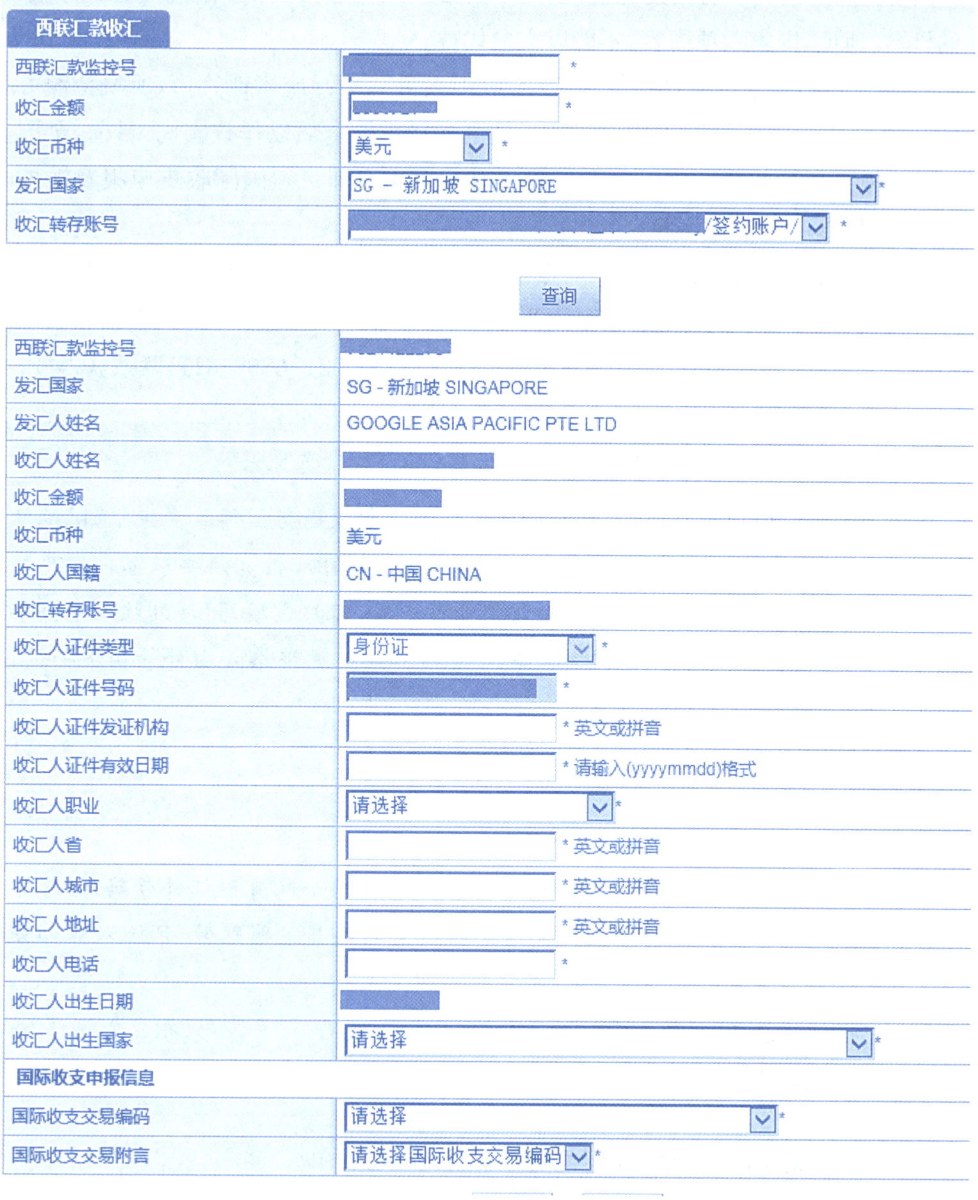

图 3-5　邮政西联汇款网上收汇填写

第二步，柜员审查《收汇单》的填写是否完整、准确。

审查内容包括：

（1）10 位数监控号码：是发汇人提供给收汇人收款的主要依据，如收汇人不能提供此号码，则不予解付。

---

① 图片来源：中国邮政储蓄银行，http://www.psbc.com/cn/index.html。

(2) 是否收汇转存,是否转成人民币,账号、账户名称都需要填写。

(3) 根据反洗钱政策的相关规定,收汇单上必须完整填写发汇人姓名、地址、国家和收汇人的姓名、地址、国家六项内容,不能以空白代替。

(4) 收汇金额:系统已自动折算为美元,收汇人可写美元或当地货币,所填金额可与系统上的金额相差±10%(系统上提供了美元及当地货币的金额以作核实)。目前,全国多家银行已开办欧元币种的西联收汇业务。收汇金额填小写即可。国际收支申报及涉外收入申报单内容见Tips20和Tips21。

注意:全能型代理西联汇款业务网点的西联收汇系统权限为美元单笔收汇金额最高20 000美元(含),欧元单笔收汇金额最高为20 000欧元(含)。网点办理单笔西联收汇超出系统权限时,应与西联客服中心(服务热线8008203323和021-68664611)联系获得授权。

> **Tips20**:西联汇款业务是否要进行国际收支申报,要填写什么凭证?
>
> 根据国家外汇管理局的规定,涉及跨境收支的业务须进行国际收支申报,同境外电汇、环球汇票业务,西联汇款业务也属于跨境收支业务范围,柜员须要求客户按照外管局的规定履行国际收支申报手续。西联收汇业务申报,客户需填写《涉外收入申报单》,西联发汇业务申报,客户需填写《境外汇款申请书》(以上凭证格式由外管局统一设计,各行按标准印制)。

> **Tips21**:涉外收入申报单包括的基本要素
>
> (1) 基础信息包括:收款人名称,收款人类型(对私),个人身份证件号码,结算方式(其他),收款币种及金额(其中结汇部分填写结汇金额及其入账账号,现汇入账部分填写现汇入账金额及其入账账号)。
>
> (2) 申报信息包括:付款人常驻国家/地区名称及代码、交易编码、相应金额、交易附言、填报人签章、填报人电话。

第三步,确认无误,即可收到银行的资金解付及交易回单。

注意:不得代领西联汇款。

根据西联公司要求,收/发汇业务必须由本人办理,如收汇人不能亲自到网点取款,操作人员可请收汇人与发汇人联系,由发汇人联系原发汇网点更改收汇人;或请收汇人与西联公司客服中心联系,由西联公司客服中心联系汇款人协商。中国光大银行西联汇款收汇单如图3-6①所示。西联收汇业务流程如图3-7所示。

---

① 图片来源:中国光大银行,http://www.cebbank.com/。

光大银行　西联汇款收汇单 Receive Form　西联汇款

请填写以下表格并出示有效身份证件

汇款来自：城市/省/国家 City, State/Province, Country money sent from USA
汇款币种 Transfer Currency USD　收汇金额 Receive Amount 150.36

汇款监控号码 Money Transfer Control Number 0001900123
是否收汇转存 Deposit After Payment: □ 是 Yes √ 否 No
帐号 Account No.　帐户名称 Account Holder Name

西联卡持有者请填写卡号 Western Union Card holders, please fill in Card No.

收汇人 Receiver
名 First Name(s) XIAOHONG　性别 Gender F
姓 Last Name(s) 父姓 Paternal XIE　母姓 Maternal
出生日期 DOB 1985.4　出生地 POB CHONGQING　国籍 Nationality CHINA
职业 Occupation　证件 I.D. Type　发证机关 Issuing Agency
号码 I.D. No. 520111198504035502　有效期至 Expiration
地址 Address 街道 Street WUSI LU 12HAO
城市 City CHONGQING　省 Province CHONGQING　国家 Country CHINA
邮编 Postal Code 400010　电话号码 Tel No. 023-66886699

发汇人 Sender
名 First Name(s)
姓 Last Name(s) 父姓 Paternal GOOGLE INC　母姓 Maternal
地址 Address 街道 Street 1600 AMPHITHE ATREPARKWAG
城市 City MOUNTAIN VIEW　省 Province CA　国家 Country USA
邮编 Postal Code: 94043　电话号码 Tel No.:

测试问题 Test Question
请填写以下内容 Following information is for WESTERN UNION MONEY TRANSFER® SERVICE (if any)
问题 Question
答案 Answer

银行打印栏 To be Completed by the Bank
填写要点：
除最后的签名外，全部用拼音或英文大写字母填写
更多关于google adsense的基础知识、经验技巧
请登陆 http://bbs.chinese-adsense.cn
或百度搜索"adsense论坛"

请核实以上汇款信息，如无误请您签字确认 谢晓虹
Please check above information and sign if no mistake is found

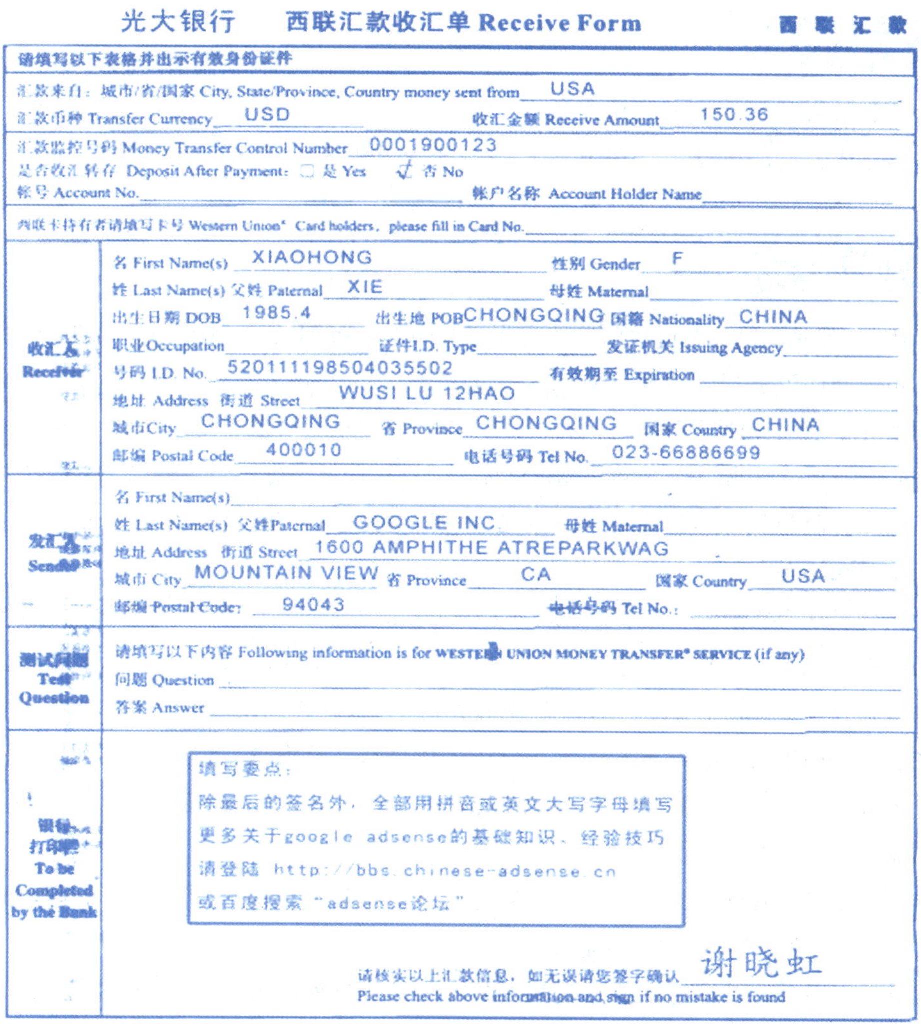

图 3-6　光大银行西联汇款收汇单

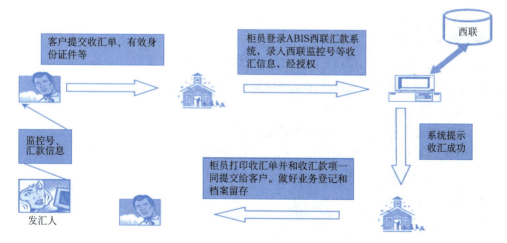

图 3-7　西联收汇业务流程

关键词

西联汇款　　银行发汇业务　　银行收汇业务　　委托收汇业务
单边账　　　客户发汇业务　　客户收汇业务

本章小结

西联、西联汇款都是国际汇款公司 Western Union 的简称,是世界上领先的特快汇款公司。西联汇款(Western Union),是美国财富 500 强之一的第一资讯集团(First Data Corp.,简称 FDC)下属子公司——美国西方联合公司(以下简称西联公司)开办的一种可在全球范围内 200 多个国家和地区实现个人外汇实时汇兑的外汇汇款业务。

西联汇款的特点和优势有:快捷;安全;可靠;简单;方便;收款人免付手续费;小额汇款费用相对合算。

银行代理西联汇款业务,是指银行作为西联汇款业务代理机构,与西联公司合作开展的包含发汇和收汇的个人外汇实时汇款业务。银行代理西联汇款业务包括:发汇业务和收汇业务。发汇业务是指银行接受客户的委托,将外汇款项通过银行西联汇款系统汇出境外的汇款业务。收汇业务是指银行接受客户的委托,通过银行西联汇款系统将汇入境内的外汇款项解付给客户的汇款业务。发汇和收汇的币种均为美元。发汇业务包括普通发汇和快捷汇款。

西联汇款委托收汇业务是指收款人(委托人)可预先指定一名代理人代为办理西联收汇业务,所收汇资金直接存入收款人(委托人)指定借记卡账户。

客户拟将外汇款项通过银行西联汇款系统汇出境外的汇款业务即客户发汇业务;客户通过银行西联汇款系统将汇入境内的外汇款项兑付的业务即客户收汇业务。

习题

1. 什么是西联汇款？西联汇款的特点和优势是什么？
2. 发汇交易复核成功后发现错误应该如何处理？
3. 收汇错误应该如何处理？
4. 在办理收汇业务时必须核对哪几项要素？
5. 什么是单边账？单边账的发生原因是什么？
6. 客户收汇业务的具体流程是什么？
7. 客户发汇业务的具体流程是什么？

第四章

PayPal 支付

学习目标 >>

1. 了解 PayPal 支付的发展过程及注册与认证。
2. 掌握 PayPal 支付形式。
3. 掌握 PayPal 支付的特点。
4. 理解 PayPal 支付与支付宝的不同。

第一节　PayPal 概述

世界第一家支付公司是 PayPal，现在也是世界上使用范围最广的第三方支付公司。PayPal 支持 200 多个国家和地区，全球活跃用户接近 2 亿，通用货币涵盖加元、欧元、英镑、美元、日元、澳元等 24 种。

1998 年在美国的斯坦福，一位叫马克斯·列夫琴（Max Rafael Levchin）的程序员被一场名为"市场全球化和政治自由之间的联系"的演讲而大为所动，演讲结束后马克斯主动找到演讲者彼得·蒂尔（Peter Thiel）交流互动。他与马克斯研讨了当时支付领域的种种痛点，尝试用一种新的技术（数字钱包）来代替现金，实现个人对个人的支付。

一家名叫康菲尼迪（Confinity）的支付公司就这样在两位年轻人此次简短交流和几次午餐的思想碰撞后诞生。产品的初衷是提供一个方便客户和商家进行网上金钱交易的工具。

2000 年，埃隆·马斯克为解决在网上快捷转账业务上的竞争，将 X.com 公司与彼得·蒂尔和马克斯·列夫琴创办的 Confinity 公司合并，这家新公司于次年 2 月更名为贝宝（PayPal）。

2002 年 10 月，全球最大拍卖网站 eBay 以 15 亿美元收购 PayPal，PayPal 便成为了 eBay 的主要付款途径之一。2005 年，PayPal 的中国大陆网站开通，名称是"贝宝"，但是 PayPal 和贝宝实际上是两个相互独立的账户，因为贝宝使用人民币作为唯一的支付货币。

一、PayPal 的定义

PayPal（纳斯达克股票代码：PYPL）于 1998 年 12 月建立，是一个总部在美国加利福尼亚州圣荷塞市的在线支付服务商。秉持着"普惠金融服务大众"的企业理念，致力于提供普惠金融服务，通过技术创新与战略合作相结合，资金管理和移动创造更好的方式，转账、付款或收款提供灵活选择，帮助个人及企业参与全球经济并获得成功。

PayPal 也和一些电子商务网站合作，成为它们的货款支付方式之一，用这种支付方式转账时，PayPal 收取一定数额的手续费。2018 年 12 月，世界品牌实验室发布《2018 世界品牌 500 强》榜单，PayPal 排名第 402。

二、PayPal 的类型

PayPal 有三种账户类型：个人账户（personal account），高级账户（premier account），企

业账户(business account)。

(一) Personal Account 个人账户

PayPal 个人账户(for individuals who shop online)的使用者主要是一些想在网上购物的人,主要的功能是付款,兼有收款的功能。主要的限制是:收款没有任何限额,对外付款的话,未认证的 PayPal 账户,付款限制为 500USD,超过这个金额后系统会提示你必须通过 PayPal 认证才可以取消付款金额限制。未认证的个人账户不能收来自信用卡的付款,只有高级 PayPal 和企业 PayPal 才可以接受来自信用卡的付款。

对已认证的 PayPal 账户,付款没有任何限制。未认证的账户不能提现,认证后的账户除了支票提现有＄2 500USD/月的限制外,其他方式没有金额限制。

以前个人账户收款和付款都是免费的,但从 2010 年 11 月 9 号起,PayPal 取消了个人付款功能,即个人账户收款取消免费,以 PayPal 的基准费率收取交易费。

特点:收款每笔手续费 1.5％＋＄0.3(仅限于付款方用 PayPal 账户余额"付款"方式,其他付款方式每笔手续费 3.4％＋＄0.3),发款免费,可以接收信用卡付款,不能使用网站收款,不能使用购物车收款,不能 Email 签名收款,不能接受捐赠。

(二) Premier Account 高级账户

PayPal 高级账户(for individuals who buy and sell online)的主要的使用者是想在网上做买卖的人,主要的功能是收款,偶尔付款。

PayPal 高级账户的收款是没有任何限制的。对于未认证的 PayPal 高级账户,付款也有＄500 USD 的限制,并且不能提现。对于已经认证过的 PayPal 高级账户,支票提现有＄2 500USD/月的限制,其他方式没有金额限制。

特点:付款免费,可以接收信用卡付款,可以使用网站收款,可以使用购物车收款,可以 Email 签名收款,可以快速批量同时向多数人付款,可以使用 eBay 拍卖物品。付款免费,收款每笔手续费 1.5％＋＄0.3(仅限于付款方用 PayPal 账户余额付款方式,其他付款方式每笔手续费 3.4％＋＄0.3)。

(三) Business Account 企业账户(商业账户)

PayPal 企业账户(for merchants who use a company or group name),也叫 PayPal 商业账户,是为了方便公司企业用户使用而开发的。具有 PayPal 高级账户的所有功能和限制,可管理多达 200 个子账户。

企业账户的开通有两种方式,一是直接开通注册的时候选择类型为企业账户,二是先注册企业法人的高级账户,认证成功之后再升级成为企业账户。

第二节　PayPal 账户的注册与认证

一、PayPal 账户注册流程

步骤一，首先打开 PayPal 网址：https://www.paypal.com/c2/home，然后点击"注册"按钮，如图 4-1 所示。

图 4-1　输入地址打开 PayPal 主页

步骤二，点击注册（选择个人账户或者企业账户）。

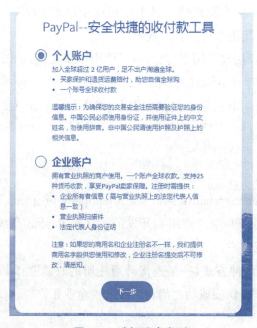

图 4-2　选择账户类型

步骤三，从下拉菜单中选择你的身份类型：线上购物者、个体卖家/自由职业者、以上都是或者我不确定。在注册时特别提示：为确保您的交易安全注册需要验证您的身份信息。中国公民必须使用身份证，并使用证件上的中文姓名，勿使用拼音。非中国公民请使用护照及护照上的相关信息（见图 4-3）。

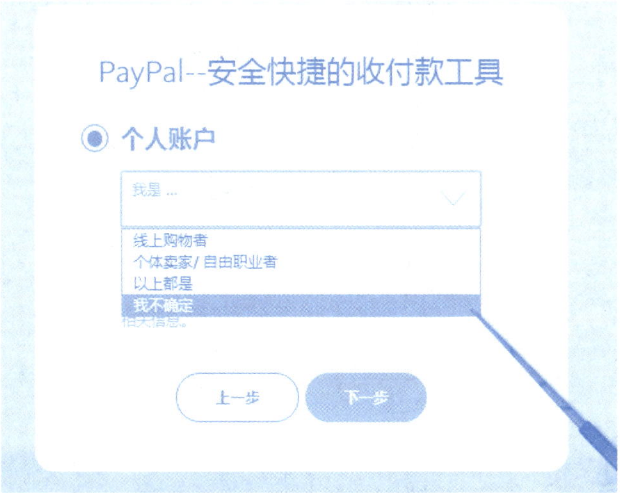

图 4-3　根据自己的角色选择

步骤四，填写真实的个人简易信息，设置并牢记密码（见图 4-4）。

图 4-4　个人简易信息输入

步骤五，填写个人详细的信息，并在下方勾选是否同意激活"One Touch"和已阅读相关协议文件，勾选后并点击"同意并创建账户"进入下一步骤（见图 4-5）。

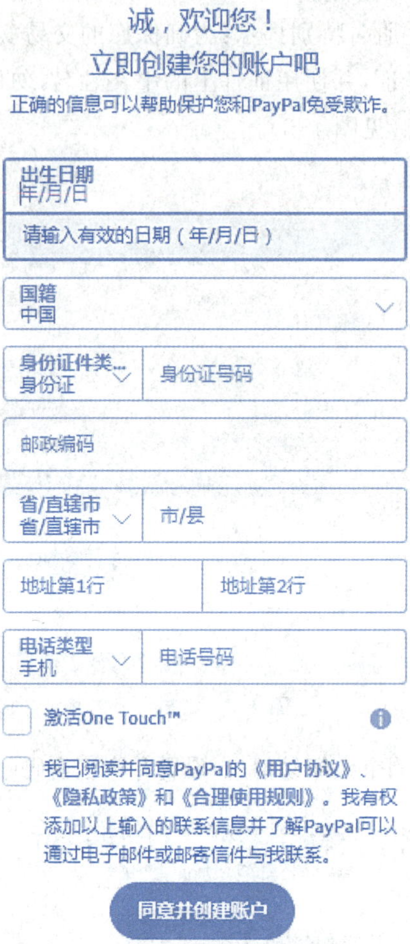

图 4-5　个人详细信息输入

One TouchTM 是 PayPal 提供的一项可选功能,在加快您购物速度的同时,该功能仍可以帮助您确保全部财务信息的安全。当您使用手机、台式电脑、平板电脑或笔记本电脑登录 PayPal 时,您可以选择保持 PayPal 的登录状态,这样您在所有符合条件的商家那里就能更轻松、更快捷地完成结账。如果您选择了保持登录状态,那么以后在相同设备上使用相同浏览用 PayPal 付款购物时,您将会跳过 PayPal 登录界面。

激活 One TouchTM 后,您在使用 PayPal 购物时可以跳过 PayPal 登录界面,直接来到付款页面并轻松完成结账。此外,您也不必再记住和输入密码。为安全起见,如果您的操作涉及更新您的 PayPal 个人信息或财务信息,我们会要求您先登录。

PayPal 因其世界一流的欺诈检测工具而闻名于世,One TouchTM 同样也使用这些工具。在您购物时,PayPal 不会向商家透露您的完整付款信息。

步骤六,注册成功便可以使用了(见图 4-6)。

图 4-6　创建账户

二、PayPal 支付、收款流程

步骤一，点击立即使用，即可进入添加银行卡界面（见图 4-7）。

图 4-7　添加信用卡信息

步骤二,开始购物(见图4-8)。

图 4-8　点击开始购物

步骤三,返回账户首页,如果跳过添加银行卡步骤,可以在此处再添加银行卡、手机验证、邮箱验证等信息(见图4-9)。

图 4-9　验证信息

步骤四：关联首付款使用的银行卡。此步骤可以关联个人的信用卡或者借记卡，用于购物直接支付，也可以再关联一张收款用的银行卡，这样资金可直接从 PayPal 账户转入自己的银行卡。

图 4-10　关联付款方式

第三节　PayPal 支付的优缺点

一、支付的优缺点

（一）优点

1. 用户范围遍布世界各地

PayPal 在全球 22 个国家和地区拥有 22 亿多用户，已实现在 24 种货币间进行交易。

2. 品牌效应强，影响力大

PayPal 在欧美的普及率极高，是全球在线支付的代名词，强大的品牌优势能让网站轻松吸引境外客户。

3. 资金周转快

PayPal 独有的即时支付、即时到账的特点，让用户能够实时收到境外客户发送的款项，同时最短仅需 3 天即可将账户内的款项转账至境内的银行账户，及时、高效地帮助商家开拓境外市场。

4. 具有完善的安全保障体系

完善的安全保障体系，丰富的防欺诈经验，业界最低的风险损失率（仅 0.27%，不到使用传统交易方式的 1/6），确保了用户的交易顺利进行。

5. 小额业务成本低

在小额收付款业务上的成本优势明显，无注册费用、无年费，手续费仅为传统收款方式的 1/2。

（二）缺点

1. 大额业务成本高

当进行大金额业务时，如 1 万美元以上等，则通过 PayPal 付款的手续费较高。

2. 欺诈风险

如果客户收到的东西不理想，就可以要求退款，少部分人会利用这个规则进行欺诈，卖家面临的风险损失较大。

3. 资金冻结

PayPal 支付容易产生资金冻结的问题，给商家带来不便。PayPal 对买家利益有相对的偏袒。

4. 不易登录

由于 PayPal 的服务器在美国，中国用户在登录 PayPal 时，在网络空闲时登录使用还算比较稳定，如果在用网高峰时登录 PayPal 还是比较难的。

二、PayPal 支付的基本原理

付款人欲通过 PayPal 支付一笔金额给商家或者收款人时，可以分为以下几个步骤。

（1）只要有一个电子邮件地址，付款人就可以登录开设 PayPal 账户，通过验证成为其用户，并提供信用卡或者相关银行资料，增加账户金额，将一定数额的款项从其开户时登记的账户（例如信用卡）转移至 PayPal 账户下。

（2）当付款人启动向第三人付款程序时，必须先进入 PayPal 账户，指定特定的汇出金额，并提供收款人的电子邮件账号给 PayPal。

（3）接着 PayPal 向商家或者收款人发出电子邮件，通知其有等待领取或转账的款项。

（4）如商家或者收款人也是 PayPal 用户，其决定接受后，付款人所指定之款项即移转予收款人。

（5）若商家或者收款人没有 PayPal 账户，收款人得依 PayPal 电子邮件内容指示连线站进入网页注册，取得一个 PayPal 账户，收款人可以选择将取得的款项转换成支票寄到指定的处所，转入其个人的信用卡账户或者转入另一个银行账户。

从以上流程可以看出，如果收款人已经是 PayPal 的用户，那么该笔款项就汇入他拥有的 PayPal 账户，若收款人没有 PayPal 账户，网站就会发出一封通知电子邮件，引导收款者至 PayPal 网站注册一个新的账户。所以，也有人称 PayPal 的这种销售模式是一种"邮件病毒式"的商业拓展方式，从而使得 PayPal 越滚越大地占有市场。

一般来看，这种付款方式很容易被看成资金通过电子邮件方式汇出汇入，付款人和收款人之间完成了付款流程。事实上，通过 PayPal 发出的电子邮件仅扮演"通知"角色，而 PayPal 服务也只是对用户的信用卡账户进行借、贷记录而已。

概括地说，从形式上看，PayPal 目前提供的基本模式是一种"电子邮件支付"方式。从本质上看 PayPal 是一种基于其平台的虚拟银行账户的记账和转账系统，资金的转移是在付款人的银行账户、PayPal 账户以及收款人的账户之间进行，而电子邮件起到传递信息和通知作用，其运转离不开银行账户、电子资金转账以及信用卡等传统支付工具。（对没有注册 PayPal 账户的收款人来说，发出电子邮件给收款人对于 PayPal 来说还有一个市场推广的作用。）

这种模式的特点在于，网络交易的收款人（卖家）只要告诉付款人（买家）自身的电子邮件地址以及在 PayPal 上的用户名，那么付款人就可以通过 PayPal 完成付款。PayPal 的用户发出的金额和收到的金额首先都是对其 PayPal 账面的增减，用户可以通过 PayPal 账户的指令支付、提现或者变为银行的存款。付款人和收款人可以在两个不同的银行开户，也可以是两个相距甚远的国家或者地区银行开户，但是只要他们都是 PayPal 用户，就可以减轻跨行之间、跨国和跨地区之间的转账繁琐。无疑这种一站式的便利以及通过电子邮件地址作为 PayPal 账户的方式大大有别于传统的依赖于金融系统上的交易和转账模式。

此外，对于支付安全来说，PayPal 的作用和防火墙有些相同，在收款者和用户的信用卡资料间筑起了一道安全屏障。以前用信用卡购物，需要在网上商店提供的付款页面上输入卡号，这么做当然很方便，但是如果网站没有实现加密传输信息，或者有些仿冒网站恶意骗取信息交易，安全性就要大打折扣——信用卡资料会被网站工作人员或者别的什么人获取。现在就不同了，通过 PayPal 进行转账或者付款给商家，只要输入 PayPal 账号和密码——这就多了一层密码保护，而且支付页面由 PayPal 提供，而不是由网上商店提供。最终在 PayPal 网站上完成加密的支付过程，没有第三方（包括网上商店）能够接触到用户的银行账户或者信用卡持卡人的个人资料。

第四节　PayPal 与支付宝电子商务模式案例比较

一、支付宝基本情况

支付宝（http://www.alipay.com/，首页如图 4-11）（中国）网络技术有限公司是国内领先的第三方支付平台,致力于提供"简单、安全、快速"的支付解决方案。支付宝公司从2004年建立起,坚持以"信任"作为产品和服务的核心。旗下有"支付宝"与"支付宝钱包"两个独立品牌。自2014年第二季度开始成为全球最大的移动支付厂商。

支付宝主要提供支付及理财服务,包括网购担保交易、网络支付、转账、信用卡还款、手机充值、水电煤缴费、个人理财等多个领域。在进入移动支付领域后,为零售百货、电影院线、连锁商超和出租车等多个行业提供服务,还推出了余额宝等理财服务。支付宝与国内外180多家银行以及VISA和MasterCard等国际组织和机构建立战略合作关系,成为金融机构在电子支付领域最为信任的合作伙伴。

图4-11 支付宝首页

二、商业模式

(一)愿景与使命

PayPal致力于让个人或企业通过电子邮件,安全、简单、便捷地实现在线付款和收款。PayPal账户是PayPal公司推出的最安全的网络电子账户,使用它可有效降低网络欺诈的发生。账户所集成的高级管理功能,使用户能轻松掌控每一笔交易详情。截至2012年,在跨国交易中超过90%的卖家和超过85%的买家认可并正在使用PayPal电子支付业务。支付宝的目标是打造全球最大的电子支付服务提供商,并逐渐向海外市场、无线、B2B等领域拓展。不仅从产品上确保用户在线支付安全,同时让用户通过支付宝在网络间建立起相互的信任。

(二)目标客户

PayPal在全球190个国家和地区,有超过2.2亿用户,已实现在24种外币间进行交易,PayPal属于金融型支付企业,侧重行业需求和开拓行业应用。PayPal账户有三种类型:个人账户、高级账户和企业账户。PayPal 的目标用户有在线购物的买家、以企业或团体名义经营的商家，特别是使用公司银行账户提现的商家。

支付宝属于互联网型支付企业，以在线支付为主，捆绑大型电子商务网站，迅速做大做强，创立时的目标客户是淘宝客户，随着支付宝影响的不断增加，开始为阿里巴巴中国网站用户以及其他非阿里巴巴旗下网站提供支付平台。

（三）产品与服务

1. PayPal 为买家提供的服务与收费模式

（1）集中付款：同时向多个用户发送付 2%，50 美元封顶。

（2）国内交易收付：国内以人民币交易。

（3）国际交易收付：买家只有在涉及货币兑换的付款时交纳 2.5% 的手续费，其他付款免费。PayPal 完美支持 eBay 和其他购买平台，买家可以在这里购买多种多样的商品，并且受 PayPal 的资金保护。

2. PayPal 为卖家提供的服务和收费模式

（1）网站付款标准版：网站付款标准版是基于 HTML 的解决方案，可让用户快速入门并熟练使用 PayPal，用户只需在自己的网站上添加 PayPal 所提供的一些简单 HTML 代码，就可以接受 PayPal 了。

（2）快速结账：快速结账是一种强大的基于 API 的付款解决方案，可以紧密集成到任何商家的网站。有了快速结账，您的客户可以使用他们已存储在 PayPal 上的发货及账单信息，而无需在每次购买时重新输入这些信息。强烈建议熟悉 API 编程的商家使用快速结账。

（3）电子邮件付款：电子邮件付款让没有电子商务网站的商户通过电子邮件发送账单，在 PayPal 上获得付款。接收付款无需支付商家账户费、设置费或月费，用户只需支付较低的交易费。

3. 支付宝的服务

支付宝的服务分为卖家服务与买家服务两部分。卖家服务部分，支付宝为卖家提供商家服务、行业支付解决方案、账户管理、安全验证、收款服务、交易管理等功能服务；买家服务部分，支付宝为买家主要提供账户管理、安全服务、付款服务、交易服务、交易管理、手机服务六大服务。

三、盈利模式

（一）PayPal 盈利模式

为鼓励使用者将款项留在 PayPal 账户内，PayPal 公司亦提供信息账户，在这个阶段，

PayPal 提供的所有服务免费,获利模式为赚取的各 PayPal 账户未持有款项的浮动利息。但是浮动利息无法成为长期盈利模式,于是 PayPal 开始对客户进行分类:免费使用一般服务的个人账户以及付费享有其他增值服务的高级账户和企业账户。为了吸引更多的个人账户升级为企业账户,PayPal 对其功能进行了差异性的改变。使用企业账户的专业用户可以享有 24 小时的客户服务,一般的个人账户只能享有电子邮件形式的客户服务。那些希望享受增值服务的个人账户,因为受到功能的限制,也有些升级为企业账户,而每月信用卡交易额超过 100 美元的用户,则强制升级为企业账户。PayPal 允许用户拥有一个个人账户和一个高级账户或企业账户。但是每个 PayPal 账户都必须包含唯一的电子邮件地址和财务信息。

(二) 支付宝盈利模式

2007 年以前对所有用户均是免费试用,2007 年以后支付宝开始进行收费服务,其收入来源包括:(1)非淘宝卖家的技术服务费;(2)支付宝账户收款或付款服务费。

四、核心能力

(一) PayPal 核心能力

(1) 品牌效应强:PayPal 在欧美普及率极高,是全球在线支付的代名词,强大的品牌优势,能让用户的网站轻松吸引众多海外客户。

(2) 资金周转快:PayPal 独有的即时支付、即时到账的特点,让用户能够实时收到海外客户发送的款项。同时最短仅需 3 天,即可将账户内款项转账至用户国内的银行账户,及时高效地帮助用户开拓海外市场。

(3) 安全保障高:完善的安全保障体系,丰富的防欺诈经验,业界最低风险率(仅0.27%),不到使用传统交易方式的六分之一,确保交易顺利进行。

(4) 使用成本低:无注册费用、无年费,手续费仅为传统收款方式的二分之一。

(5) 数据加密技术:当用户注册或登录站点时,平台会验证其网络浏览器是否正在运行安全套接字层 3.0(SSL)或更高版本。传送过程中,信息受到加密密钥长度达 168 位(市场上的最高级别)的 SSL 保护。用户信息存储在平台的服务器上,无论是服务器本身还是电子数据都受到严密保护。为了进一步保护用户的信用卡和账号,平台不会将受到防火墙保护的服务器直接连接到网络。

(二) 支付宝核心能力

(1) 阿里巴巴、淘宝网的良好品牌形象,对于前期的品牌推广、巩固市场都产生深远影响。淘宝网的会员群与巨大的交易额是支付宝发展的有力支撑。

(2) 多重安全保障机制，支付宝实行实名制，登录和支付双密码制，手机绑定短信通知功能，支付宝卖家双重身份认证，极大提高了支付宝的安全性。

五、技术模式

PayPal：(1)SSL 技术确保信息传输安全；(2)2 000 多位安全专家 24 小时监控；(3)欺诈损失率仅为 0.17%，不到业内同行均值的 1/10；(4)内置的防欺诈模式，个人信息不会被披露。

支付宝：支付宝技术模式的核心就是支付安全技术，在支付安全性能方面，支付宝除了采用独立的支付密码、网站 SSL 加密技术等安全措施外，还采用了目前最为安全的安全技术手段——数字证书技术，使用了数字证书技术后，即使用户发送的信息在网上被他人截获，甚至丢失了个人的账户、密码等信息，仍可以保证自己的账户、资金安全。可以说，使用数字证书技术，可以有效地保证自己的账户及支付的安全。另外，支付宝还提供了让用户绑定手机的功能，开通了手机绑定功能后，可使用手机短信来及时关闭或开放余额支付功能，当账户余额大额变动时，系统还会发短信提醒。

六、经营模式

(一) PayPal

1. PayPal 的运作模式

(1) 发生任何交易时对用户的信用卡收费；
(2) 发生任何支付时借记用户的支票账户；
(3) 发送支票在 PayPal 创建一个账户，发生任何支付从账户中扣除。

2. PayPal 的交易流程

PayPal 的这种支付模式有利于实现 PayPal 的滚雪球式发展，或者说是病毒式扩散。在 PayPal 的整个交易过程中，电子邮件仅扮演信使的角色，其实资金的运转离不开银行账户、电子资金转账以及信用卡等传统的支付工具。此外，客户还可以通过 PayPal 账户的指令支付、提现或增加银行的存款。从本质上说，PayPal 是一种基于其平台的虚拟银行账户的记账和转账系统。

(二) 支付宝

(1) 会员免费积聚大量人气；

（2）一个各大银行、金融机构合作，圈地电子支付市场；

（3）推出全额赔付等措施，打造安全信用体系；

（4）积极扩展外部商家；

（5）力促跨境网上交易，进军海外市场。

七、管理模式

（一）PayPal管理模式

1. 文化理念

PayPal，就是我们通常说的"PayPal贝宝国际"，针对具有国际收付款需求用户设计的账户类型。它是目前全球使用最为广泛的网上交易工具。它能帮助我们：进行便捷的外贸收款，提现与交易跟踪；从事安全的国际采购与消费；快捷支付并接收包括美元、加元、欧元、英镑、澳元和日元等25种国际主要流通货币。

2. 支付流程

通过PayPal付款人欲支付一笔金额给商家或者收款人时，可以分为以下几个步骤。

（1）只要有一个电子邮件地址，付款人就可以登录开设PayPal账户，通过验证成为其用户，并提供信用卡或者相关银行资料，增加账户金额，将一定数额的款项从其开户时登记的账户（例如信用卡）转移至PayPal账户下。

（2）当付款人启动向第三人付款程序时，必须先进入PayPal账户，指定特定的汇出金额，并提供收款人的电子邮件账号给PayPal。

（3）接着PayPal向商家或者收款人发出电子邮件，通知其有等待领取或转账的款项。

（4）如商家或者收款人也是PayPal用户，其决定接受后，付款人所指定之款项即移转予收款人。

（5）若商家或者收款人没有PayPal账户，收款人得依PayPal电子邮件内容指示连线站进入网页注册，取得一个PayPal账户，收款人可以选择将取得的款项转换成支票寄到指定的处所、转入其个人的信用卡账户或者转入另一个银行账户。从以上流程可以看出，如果收款人已经是PayPal的用户，那么该笔款项就汇入他拥有的PayPal账户，若收款人没有PayPal账户，网站就会发出一封通知电子邮件，引导收款者至PayPal网站注册一个新的账户。所以，也有人称PayPal的这种销售模式是一种"邮件病毒式"的商业拓展方式，从而使得PayPal越滚越大地占有市场。

（二）支付宝管理模式

（1）手印文化：强调员工责任感，以消费者安全为导向的具体业务形态，具有极强的个人指导意义；但没有对员工与团队起到激励作用。

（2）裸奔计划：纵向融合团队，调动了成员的积极性；随着企业的壮大，横向部门的隔阂以及制约效率提升的沟通流程，也暴露出来。

（3）家族管理：是前两个活动的延续，打破横向部门与管理层的隔阂，创造和谐快乐的团队氛围，使管理者深入基层员工中去。

（4）风险管理：建立全球领先的实时风险监控系统，对用户进行保护。

八、资本模式

2010年4月27日，阿里巴巴公司和海外最大的第三方支付平台PayPal联合宣布，双方达成战略合作伙伴。2012年8月18日，PayPal正在与麦当劳（微博）合作测试移动支付服务，在法国的30家麦当劳餐厅部署了这一功能。在法国的试点项目中，麦当劳顾客可以通过麦当劳的移动应用订餐，或通过网上订餐，然后利用PayPal付款。PayPal发言人表示，参与试点的餐厅专门为这类用户开辟了一个服务台。2013年3月，PayPal进入实体支付或导致利润下滑。2015年，PayPal收购移动支付公司Paydiant。2015年3月11日，PayPal花6 000万美元收购CyActive，拟在以色列建网络安全中心。2015年4月10日，PayPal从eBay分拆，协议规定，eBay在5年内不得推出支付服务，而PayPal则不能为实体产品开发自主的在线交易平台。

由于支付宝为阿里巴巴旗下公司，其资本模式受阿里巴巴影响较大。由于采取免费模式，支付宝目前尚未能获得大规模盈利，主要依靠阿里巴巴B2B提供资本支持。B2B电子商务网站阿里巴巴推出上市，计划发行8.59亿股，其中6.315亿为旧股，其余为新股，发行股份中85%国际配售，15%公开发售；招股价介于12—13.5元，较原定的招股价10—12元高出12.5%，集资最多115.95亿元，以招股价中位数计，净额约29.52亿元；集资所得约60%用于策略性收购或业务发展措施，约20%用于发展内地及国际现有业务，约10%用于购买电脑设备及发展新技术，约10%用作一般运营资金。

PayPal仍然有较大的发展空间，即使在PayPal发展速度最快的美国市场，它的网上支付市场份额也仅有12%。而在欧洲，PayPal的市场份额还保持在个位数的水平。不过，PayPal在欧洲的业务增长尤为迅猛，一定程度上是因为PayPal妥善解决了跨国交易带来的支付问题，这通常涉及多种货币和不一样的金融制度。据互联网研究机构comScore公布的数据显示，2008年12月份全球的互联网网民已经超过十亿，全球经济危机使得人们的财富大幅缩水，越来越多的人开始选择成本较低的网上购物形式。据统计，世界上约有50%的人仍使用现金或支票进行交易，随着网上购物的增长速度远远超过传统的购物方式，PayPal有朝一日将成为比eBay网上拍卖更庞大的业务。但是PayPal仍存在问题：(1)法律问题：首先，一个用户使用PayPal就必须预先在PayPal存入一笔资金；其次，每笔交易完成之后,顾客都要向 PayPal 支付佣金,就如同支付银行的手续费一样;最后,顾客在 PayPal 存入的资金金额可供 PayPal 进行投资。而在 PayPal 用户协议中,一直定位为代理人和网络支付服务的提供者,从而规避了很多金融和银行业务政策法规的约束。而这都涉及美国法律的大环境,因此,PayPal 的法律地位问题和监管问题一直受到学术界和商界的争议。(2)竞争问题:虽然 PayPal 占有美国电子支付市场最大的份额,在其他国家也有数亿的用户,但随着电子商务的发展和电子支付市场的成熟,一些新兴的第三方支付企业如雨后春笋般出现,它们都对 PayPal 构成了不小的威胁。如亚马逊推出了自己的支付方式,中国的支付宝使 PayPal 面临了更加艰巨的挑战。(3)安全问题:尽管 PayPal 提供给用户的账户能像银行账户一样,用户可以随时转移添加资金额,但是却缺少银行业经过几个世纪不断发展和完善的确保账户安全的一系列标准。而且 PayPal 允许用户向任何人付款,只要其有一个 E-mail 地址。如果是接受付款,PayPal 为了确定接收付款的金额,则会要求接收方在 PayPal 进行注册,所有这些都将带来极大的安全隐患。

关 键 词

PayPal 支付　电子商务　支付宝

本章小结

本章通过对 PayPal 支付的发展概述,指出了 PayPal 支付的优缺点,对比分析了 PayPal 支付与支付宝支付在各个领域的不同,使读者进一步加深对 PayPal 支付的理解。

习　题

1. PayPal 支付的优点有哪些,缺点有哪些?
2. PayPal 支付与支付宝支付的区别有哪些方面?
3. PayPal 的发展还存在哪些问题?

第五章

俄罗斯、巴西的跨境电商支付

> **学习目标** »
>
> 1. 了解俄罗斯主流的跨境在线支付工具。
> 2. 了解巴西跨境网上支付工具：Boleto。
> 3. 掌握注册 WebMoney 账户的方法。

俄罗斯和巴西均为金砖国家成员。两国近年来在经济上的快速发展使得当地居民的购买力得到大幅提升,这就为中国跨境电商企业提供了广阔的市场。值得注意的是,欧美成熟市场消费者常用的支付方式在这些国家却乏人问津。两国的跨境在线支付各自有些什么样的特点?两国消费者常用的跨境在线支付工具有哪些?

让我们带着这些问题,开始本章的学习。

第一节 俄罗斯主流跨境在线支付工具

一、俄罗斯电子商务概况

俄罗斯是世界上面积最大的国家,总人口1.431亿。俄罗斯地广人稀,以俄语为主,俄罗斯族占总人口的约77%。俄罗斯的经济结构中,重工业占工业总产值的80%,轻工业和食品工业合计比重约16%。这一经济结构造成了日常消费品长期严重缺乏,需要依靠国外进口,这为中国跨境电商企业在俄罗斯的发展提供了良好的市场。

俄罗斯电子商务企业协会资料显示,俄罗斯人在国外网店上购买的主要是衣服和鞋子(这些产品占所有在国外网上购物的38%)、家用电器和电子产品(33%),以及香水、化妆品、汽车零配件、家居用品,等等。

2017年,俄罗斯2.9亿个入境包裹中有91%来自中国。2018年俄罗斯跨境贸易市场规模达69亿美元,从中国发往俄罗斯的包裹价值总额超过37亿美元。俄罗斯市场2019年前9个月在中国电商平台的消费总额超过15亿美元,下单超过1.6亿次。

二、全球速卖通在俄罗斯的业务

在速卖通平台上按销售额排名,前五的国家依次是:俄罗斯、巴西、西班牙、印尼和美国。全球速卖通很早就已经进入俄罗斯市场,目前全球速卖通是最受俄罗斯人欢迎的中国商品互联网平台,占市场份额的86.8%,约2000万俄公民是全球速卖通的积极消费者。该平台在俄罗斯广受欢迎的原因如下。

(1)商品品种齐全。

(2)商品价格较低。平台上销售的大部分商品价格比其他网店同类商品低得多。因此虽然该平台交货速度慢,但买家为了能以低廉的价格买到独特的商品,愿意等两三个星期。

(3)从中国邮寄包裹的物流费用便宜且服务质量高。

(4) 全球速卖通接入了俄罗斯的本地支付方式。

三、俄罗斯消费者的网上支付习惯

俄罗斯消费者大爱跨境购物已是一个不争的事实,但这些来自国外的在线商家所提供的支付服务并不一定能真正满足当地人的口味,俄罗斯消费者有着不同于欧美成熟市场消费者的支付习惯。因此,对俄跨境电商要想取得成功,必定要了解当地的支付市场以及消费者的喜好。

全球支付领域的领先者在俄罗斯市场上却并不是领先者,这一情况与中国市场类似。这主要是由于全球支付领域的领先者仍无法打破俄罗斯人喜欢使用本地服务的习惯,所以,俄罗斯境内支付系统比国际支付系统更受欢迎。

在整个俄罗斯的环境中,信任是很缺乏的。消费者认为俄罗斯的司法系统没有起到强有力地保护消费者权益的作用。俄罗斯人因为害怕遭到诈骗或骚扰,不太愿意提供个人信息。因此,如果一个零售商越能表现出自己网站的安全性,就越有可能成功,甚至说对安全性的保证比价格还重要。

四、俄罗斯消费者常用的网上支付工具

1. 电子钱包

Yandex.Money、WebMoney、QIWI、PayPal 是俄罗斯消费者使用最多的电子钱包。Yandex.Money 的使用率为 44%,在俄罗斯保持第一;43% 的消费者使用 WebMoney;36% 的消费者使用 QIWI;35% 的消费者使用 PayPal。

2. 银行卡

除了电子钱包,银行卡也是在线零售业务的主要支付渠道。在俄罗斯,最流行的银行卡支付系统是 Visa 和 MasterCard。其中,Visa 占有 65% 的俄罗斯市场,MasterCard 的市场份额为 35%。中国银联和美国 Express 在俄罗斯则鲜为人知。

3. 现金支付

尽管有着多种在线支付方式,但在俄罗斯和其他东欧国家,现金仍然是一种使用较为广泛的支付方式。目前,43% 的俄罗斯用户会选择在收货后以现金的形式支付。之所以存在这种现象,是因为消费者对当地网上商店缺乏信任,当然,这种不信任也在逐年下降。

不过对于中国在线商家而言,上述情况则完全不同:在跨境网购中,俄罗斯消费者愿意预先支付(一般使用银行卡或电子钱包进行付款)。

第二节　Yandex.Money 简介

一、Yandex 公司概况

Yandex 是俄罗斯最大的互联网公司。每天有超过 1 500 万人访问 Yandex 的网页，这些访问者来自俄罗斯、白俄罗斯、乌克兰等许多国家。Yandex 是俄罗斯最重要的网络服务门户之一。

Yandex 搜索引擎因掌握了大量复杂的俄语语法而占有 44% 的俄罗斯市场份额。Yandex 在俄罗斯的市场份额要比谷歌在俄罗斯的市场份额高出 10 个百分点。

二、Yandex.Money 概况

Yandex.Money 是俄罗斯 Yandex 旗下的在线支付工具，目前 Yandex.Money 可以占到俄语市场的 30% 以上。几乎俄罗斯各大电商网站、游戏付款方式都可以支持 Yandex.Money 支付，还可以缴纳水电费，因此用途相当广泛。

Yandex 的创新在于，把 Yandex.Money 钱包植入搜索引擎。客户用 Yandex 搜索引擎搜索到的产品，可立即支付。这样，不管是客户的体验还是交易的成功率都得到了很大的提升。

对商户而言，Yandex.Money 款项能够实时到账，不会发生拒付的情况。因此商家对 Yandex.Money 的接受度很高。

三、Yandex.Money 的特点

Yandex.Money 与国内的微信支付和支付宝还是不一样的。Yandex.Money 本质上是一款电子钱包产品，即用户如果要使用 Yandex.Money 进行付款，那么需要先向 Yandex.Money 账户充值，然后进行其他场景的支付。而微信支付和支付宝则可以通过绑定银行卡，在账户内没有余额的时候，依然可以完成支付。因此微信支付以及支付宝除了具备电子钱包的功能外，还具备支付工具的属性，相当于完成了 POS 机的工作了。

四、用 Yandex.Money 进行网上支付

用户可通过俄罗斯所有地区的支付终端、电子货币、预付卡和银行转账（银行卡）等方

式向钱包内充值。

消费者支付时，只需选择 Yandex.Money 支付即可。如图 5-1 所示。

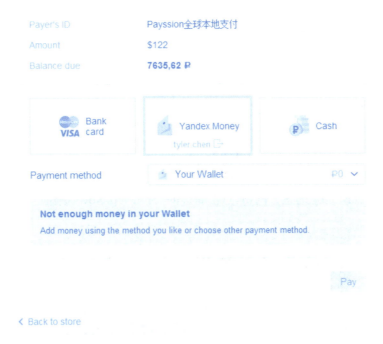

图 5-1　选择 Yandex.Money 支付

五、Yandex.Money 与中国

如果中国公司在俄罗斯开展业务，需要使用 Yandex 进行收付款，可以通过 Yandex.Money 在中国大陆的官方合作伙伴 Payssion 来开通。

目前，Yandex.Money 已与中国的 40 家大中型在线商家达成了合作，其中包括阿里全球速卖通、京东商城等。据估计，每年中国对俄跨境电商市场 50% 的销售额是通过 Yandex.Money 进行的。

第三节　WebMoney 简介

WebMoney（简称 WM）是由成立于 1998 年的 WebMoney Transfer Technology 公司开发的一种在线电子商务支付系统，国际上越来越多的公司和网络商店开始接受 WebMoney 支付方式。

使用前需要先注册一个 WMID，此 ID 里面可设有多种货币的钱包，如：WMZ 表示美元钱包，WME 表示欧元钱包，WMR 表示俄罗斯卢布钱包等。在注册时允许匿名申请，这样就保护了申请人的隐私。使用者可以通过俄罗斯的各大银行对 WebMoney 账户进行充值和取款。支付结算也很方便：只要知道 WebMoney 的钱包号，就能把钱通过 WebMoney 转到相应账户上。

目前 WebMoney 支持中国银联卡取款，但手续费很高，流程很复杂，所以充值和提现一般通过第三方网站来进行。

一、注册一个 WebMoney 的账户

（1）进入 WebMoney 的官方网站，点击右边的"Sign Up Now"按钮进行注册，如图 5-2 所示。

图 5-2　注册 WebMoney 账户

（2）这时出现的页面中会有迷你版、经典版、轻便版三个版本提供给客户注册，一般选择中间的经典版进行注册。

（3）选择了经典版之后进入个人资料页面，个人的名字和城市以中文拼音进行填写，地址栏以英文进行填写，如图 5-3 所示。

（4）按要求填写完毕后，按"Proceed"按钮，这时进入核对个人资料的页面，如图 5-4 所示。

（5）核对完毕后，如果信息有误的点击"Back"按钮返回上一个页面进行修改，如果核对无误则继续点击"Proceed"进入下一步邮箱验证。

（6）登录注册时填写的电子邮箱收取验证邮件，点击邮件的验证链接进行验证。

（7）通过上一步的点击验证链接，这时进入了要求输入验证码进行验证的页面，验证码（这个验证码很重要，需要妥善保存）在验证邮件的"Your registration code"内容中获取，复制这个验证码粘贴在这个页面的验证码框，然后点击"Proceed"进行验证。如图 5-5 所示。

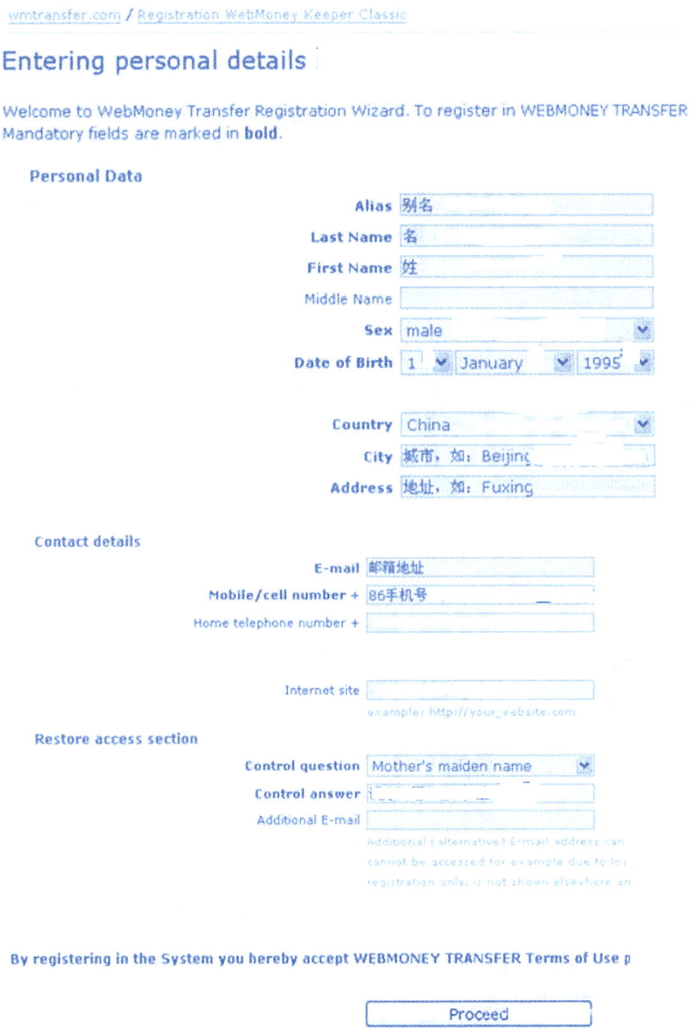

第五章 俄罗斯、巴西的跨境电商支付

图 5-3 填写个人资料

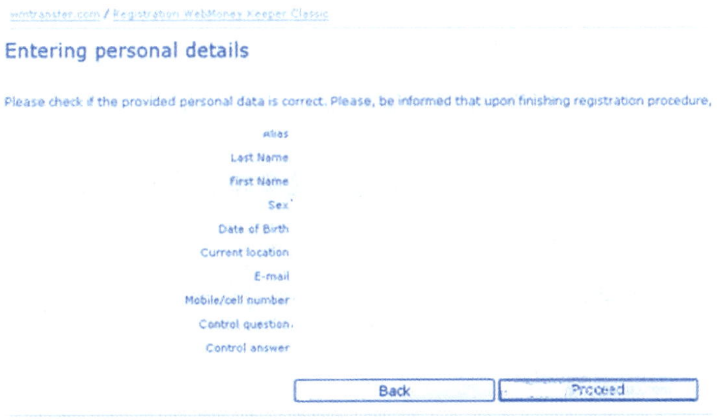

图 5-4 核对个人资料

图 5-5　邮箱验证

（8）这时进入了手机验证页面，到了这一步会有一个手机验证码发送到你先前注册时填写的手机号码，收到手机验证码后将这个验证码填到下面手机验证页面的验证框，再点击"Proceed"，如图 5-6 所示。

图 5-6　手机验证

（9）这时注册过程完成。注意：注册完成后会有 WebMoney 的客户端程序的下载提示，你只需要下载该程序按提示安装即可使用，如图 5-7 所示。

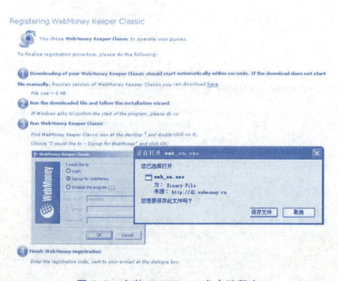

图 5-7　安装 WebMoney 客户端程序

二、添加 WebMoney 钱包

注册好 WMID 之后,就需要添加钱包。使用得比较多的是美元钱包(WMZ)和俄罗斯卢布钱包(WMR)。WebMoney 钱包对每一种货币都有一个单独的收款账号。比如:WMZ 钱包就是 Z 开头的一串数字,这是收款时必备的账号,提供给对方的时候必须带上 Z。

三、对 WebMoney 钱包充值

在俄罗斯直接使用俄罗斯的银行卡就能对 WebMoney 钱包充值。但是在中国大陆,目前无法实现银联充值。所以要想充值 WebMoney,只能找第三方平台代充,例如:wmzmoney 官方兑换站提供安全便捷的 wmz 充值服务。

四、用 WebMoney 钱包收付款

WebMoney 的使用方法,最基本的就是转账、收款服务。收款时向对方提供自己的 WebMoney 钱包账号就行。这里要强调的是要提供给付款人的是钱包账号,而不是 WMID 号。例如:

如果付款人需要支付一笔美元时,只要知道收款人 WebMoney 钱包中的美元钱包账号即可,即 Z 开头的一串数字。

同理,如果自己要将一笔俄罗斯卢布转账给对方时,只需要知道对方 WebMoney 钱包中的卢布钱包账号即可,即 R 开头的一串数字。

WebMoney 账户之间转账是要收取手续费的,且由付款方支付。目前,手续费为转账金额的 0.8%,以 wmz 为例,最低 0.01wmz,最高 50wmz。

第四节 QIWI Wallet 简介

QIWI 是俄罗斯的支付服务商之一,由俄罗斯互联网集团 Mail.ru 于 2007 年创立,在欧洲、亚洲、非洲和美洲的 22 个国家开展业务。它允许客户在线支付大量的商品和服务,如水电费和移动支付等。

QIWI Wallet 是俄罗斯最大的第三方支付工具,类似于中国的支付宝。俄罗斯和一些

中亚国家的网民选择使用 QIWI Wallet 进行支付的比例较高。俄罗斯买家可以对 QIWI Wallet 进行充值，再到对应的商户网站购买产品。QIWI Wallet 支持美元、卢布、欧元、哈萨克斯坦坦吉等这四个币种的付款。用户可以通过 QIWI Wallet 即刻支付购买产品，QIWI Wallet 拥有较完善的风险保障机制，不会产生买家撤款，因此买家使用 QIWI Wallet 付款的订单，没有 24 小时的审核期限制，支付成功后卖家可立刻发货。

一、QIWI Wallet 对俄罗斯市场的重要性

俄罗斯作为欧洲的网民国家，拥有 6 000 万互联网使用者，占欧洲 4 亿网民的近 15％。并且网民数量膨胀的速度就像数年前的中国，有着近 14％的增速。所以，俄罗斯及其周边国家，在线市场容量和增速都比较大。QIWI 就像拉卡拉与支付宝的结合体，可以让用户在店铺里、在线上和手机上完成支付。QIWI 每天超过 400 000 笔的交易足以证明其使用率及其强大的覆盖率，目前已有超过 20 个国家可以使用 QIWI 支付服务。

二、QIWI Wallet 账户的类型

（1）匿名钱包账户：申请人只需一张俄罗斯电话卡就可以完成注册。匿名钱包账户最高可存 15 000 卢布，月支付限额为 40 000 卢布。

（2）标准钱包账户：申请人使用俄罗斯电话卡注册后，还需在线提交个人资料。标准钱包账户最高可存 60 000 卢布，月支付限额为 20 万卢布。

（3）高级钱包账户：申请人使用俄罗斯电话卡注册后，必须到俄罗斯 QIWI 办公室提交认证资料。高级钱包账户最高可存 60 万卢布，月支付无限额。

三、QIWI Wallet 的使用方法

申请 QIWI Wallet 时采用手机号码注册，而且必须要用俄罗斯的手机号码进行注册，不支持中国手机号码。QIWI 钱包和手机号码绑定，手机号就是钱包号码。

用 QIWI Wallet 付款的流程如下。

第一步：选择 QIWI 支付，并输入手机号码。如图 5-8 所示。

第二步：输入密码（选项一）或者短信验证码（选项二）登录。如图 5-9 所示。

第三步：选择银行账户或者余额进行支付即可。如图 5-10 所示。

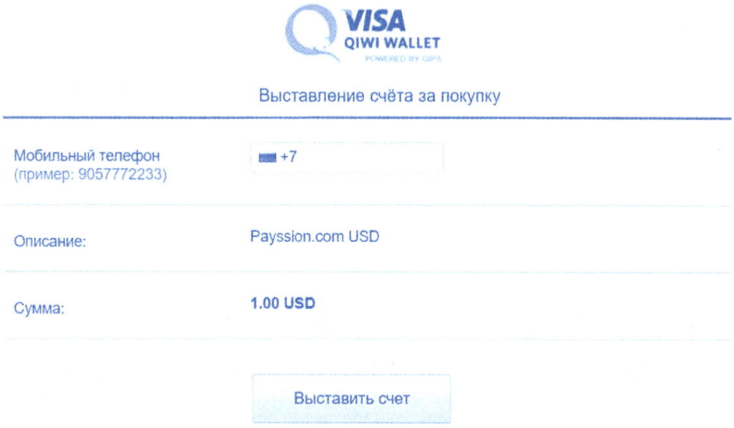

图 5-8　输入手机号码

图 5-9　选择登录方式

图 5-10　选择付款方式

第五节 巴西主流跨境在线支付

一、巴西跨境电子商务概况

巴西是拉丁美洲最大的国家,人口 2.086 亿,居世界第五。其国内生产总值位居南美洲第一、西半球第二、世界第六,也是目前世界上第九大电商零售市场,是拉丁美洲唯一位列全球前十大零售电商市场的国家。

巴西人热衷于跨境网购的原因如下。

(1) 巴西本地物价高。比如:一个小米移动电源需要 129 巴西雷亚尔,折合人民币约 150 元。在这样的背景下,网上的价格较本地价格低很多。尽管到货时间较长,甚至被海关征了税,也是相对划算的。

(2) 巴西人可支配收入较多。巴西公民在正常纳税的情况下,可享受免费医疗、小学至大学的教育免费等社会福利。这样就基本解决了巴西人的后顾之忧,导致巴西人养成了奋力花钱的习惯,网购即为一大表现。

(3) 巴西经济的增速较快。经济的快速增长极大地提高了巴西人的购买力,也刺激了其购买欲。与此同时,巴西社会的中高层收入人群比例不断提高。预测显示,到 2023 年,巴西中高层收入者将达到 58% 和 33% 的比例。

(4) 巴西的轻工业税费较重,导致轻工业不能满足国内需求。近些年来,巴西对中国商品的态度有了显著的改善。他们觉得在速卖通等中国跨境平台上购买的商品质量不错,而且中国商品价格上更有优势,设计也很时尚,并提供免费物流。所有这些都对巴西人有很强的吸引力。市场调查显示,巴西消费者对中国品牌较为熟悉。近年来,速卖通平台在巴西的市场份额已经远超亚马逊和 eBay,是巴西最受欢迎的海淘网站。

二、巴西消费者主要的跨境网购支付工具

在中国人看来申请一张可以海淘的 Visa/MasterCard 信用卡很容易,但对大多数巴西人而言却遥不可及,大多数的巴西人没有可以跨境消费的信用卡。很多当地人只能申请到本地信用卡,而这类信用卡不支持跨境消费。所以,如果平台只支持信用卡支付,就意味着大多数巴西人无法付款,也无法从平台购买商品。

目前,Boleto 是巴西用户使用最多的在线跨境支付工具,在巴西占据绝对主导地位,超过 90% 的巴西人会使用 Boleto 在线购物。

Boleto 的全称是 Boleto Bancário，是一种现金付款方式，受巴西央行（Brazilian Federation of Banks）的监管。Boleto 不是一家公司，和银联、支付宝不一样，因此不存在所谓的 Boleto 官方。Boleto 仅仅是一种付款方式而已。Boleto 翻译成英文的意思是 ticket（就像票一样）。

Boleto 支付流程如下。

消费者在商户网站申请以 Boleto 方式付款后，会收到一张付款单，如图 5-11 所示。

图 5-11　Boleto 账单

Boleto 上面主要有银行、收款人信息、付款人信息、付款的金额以及付款的截止日期等信息。Boleto 主要涉及三方：Bank（银行），Cedente（消费者）以及 Sacado（商家）。其中银行主要负责代收资金并将钱结算到商家的银行账户。

一旦消费者打出这张付款单，Boleto 同时将相应的付款信息发送给银行。

在巴西还没有网银时，消费者需持打印的付款单到附近的银行网点缴费。现在巴西人有了网银，很多银行也有手机 App 了，消费者只需要使用手机扫描上面的条形码，或者手动输入来付款。虽然比不上中国的支付宝，但比之前已经方便很多了。

如果支付成功，Boleto 就会收到信息并通知商户安排发货。

一般情况下,商户在收到银行通知的 Boleto 支付成功信息之后就可以安排发货,而不需要等到资金清算,这是因为 Boleto 支付方式不存在拒付。

关键词

Yandex.Money　WebMoney　QIWI Wallet　Boleto

本章小结

近年来,阿里巴巴、京东等龙头跨境电商不断在俄罗斯布局,并凭借自身优势及双边贸易经验,迅速抢占了俄罗斯跨境电商市场,促使中俄双边的跨境电商交易规模不断扩大。据统计,在俄罗斯的入境包裹数中,来自中国网店的占比已升至 90% 以上。当前,中国网店已成为最受俄消费者欢迎的外国网店,且中俄跨境电商每年正以 50% 的幅度上涨。

但全球支付领域的领先者在俄罗斯市场上却并不是领先者,这主要是由于全球支付领域的领先者仍无法打破俄罗斯人喜欢使用本地服务的习惯。所以,俄罗斯境内支付系统比国际支付系统更受欢迎。基于这种情况,全球速卖通等中国跨境电商平台都接入了俄罗斯的本地支付方式,如:Yandex.Money、WebMoney、QIWI Wallet 等。

巴西人口 2.086 亿,是世界第六大经济体,拥有拉丁美洲最大的在线零售市场,占据拉美地区 42% 的 B2C 电商市场份额。且巴西处于南半球,其气候与欧美国家恰巧是反季节,即当卖家在欧美卖夏装时,在巴西可以卖冬装。因此,越来越多的中国卖家看到了这个市场"反季节订单"的价值。

由于大多数的巴西人没有可以跨境消费的信用卡,因此 Boleto 是巴西用户使用最多的在线跨境支付工具。

习　题

1. 俄罗斯主流的跨境网购支付工具有哪些?
2. Yandex.Money 与国内的微信支付和支付宝支付有什么不同?
3. 如何使用 WebMoney 钱包收付款?
4. QIWI Wallet 有哪些账户类型?
5. 为什么 Boleto 是巴西用户使用最多的在线跨境支付工具?
6. 简述 Boleto 支付的流程。

第六章
速卖通平台收款

学习目标 »

1. 了解速卖通平台。
2. 掌握创建支付宝账户,全球速卖通发展现状。
3. 熟悉速卖通设置收款账户。
4. 了解卖家提现和买家支付方式。

拓展阅读资料 6-1：

一、速卖通的概念

速卖通一般指全球速卖通，全球速卖通（英文名：AliExpress）是阿里巴巴旗下的面向国际市场打造的跨境电商在线交易平台，成立于 2010 年，客户买家范围已经遍及 220 多个国家和地区，被广大卖家称为"国际版淘宝"。全球速卖通面向海外买家客户，通过支付宝国际账户进行担保交易，并使用国际物流渠道运输发货，是全球第三大英文在线购物网站。

速卖通，通常被认为是一家企业级联营电商渠道建设解决方案提供商，专注于提供企业自媒体营销资源开发服务，主要产品包括移动电商内购连锁平台"指帮连锁"、企业自媒体营销管理平台"指帮商圈"、企业自媒体专业推广平台"指帮传媒"、农业电商平台"指帮助农"、国际社交网络"购物狂俱乐部"和博主交易平台"AliExpress Connect"。

2019 年 3 月，阿里巴巴旗下跨境电商零售平台全球速卖通在俄罗斯推出在线售车服务。俄罗斯消费者可以直接在速卖通上一键下单，支付预付款，到指定线下门店支付尾款即可提车①。

（一）全球速卖通发展现状

全球速卖通行业分布主要覆盖 3C、服装、家居、饰品等共 30 个一级行业类目。其中优势行业主要有：服饰服装、手机通信产品、鞋包、美容保健、珠宝手表、消费电子、电脑硬件和网络、家居产品、汽车和摩托车配件、灯具用品，等等。

（二）全球速卖通适销产品

全球速卖通适销产品，适宜在全球速卖通销售的商品主要包括服装服饰、美容健康、珠宝手表、灯具、消费电子、电脑网络、手机通信、家居、汽车摩托车配件、首饰、工艺品、体育与户外用品，等等。

（三）全球速卖通禁限售产品

很多国内允许销售的商品，速卖通平台上都会被禁止销售，比如减肥药。所以速卖通卖家在开店前需要做好充分的了解。速卖通禁售的商品包括：毒品及相关用品，医药相关商品，枪支、军火及爆炸物，管制武器，警察用品，间谍产品，医疗器械，美容仪器及保健用品，酒类及烟草产品，等等。限售商品包括：指发布商品前需取得商品销售的前置审批、凭证经营或授权经营等许可证明，否则不允许发布。若已取得相关合法的许可证明的，请先提供给全球速卖通平台。在全球速卖通平台，严禁用户未经授权发布、销售涉及第三方知识产权的商品，包括但不局限于以下三大类。

---

① 内容部分节选自"百度百科"。

（1）商标侵权：未经商标权人的许可，在商标权核定的同一或类似的商品上使用与核准注册的商标相同或相近的商标的行为，以及其他法律规定的损害商标权人合法权益的行为；

（2）著作权侵权：未经著作权人同意，又无法律上的依据，使用他人作品或行使著作权人专有权的行为，以及其他法律规定的损害著作权人合法权益的行为；

（3）专利侵权：未经专利权人许可，以生产经营为目的，实施了依法受保护的有效专利的违法行为。

二、全球速卖通物流服务

在全球速卖通上有三类物流服务，分别是邮政大小包、速卖通合作物流以及商业快递。其中90%的交易使用的是邮政大小包。

中国邮政大小包、香港地区邮政大包的特点是费用便宜（如：500克的货物发往俄罗斯，大致费用只需要四五十元人民币），但邮政大小包运送相对较慢，且存在一定的丢包率，建议在跟买家做好服务沟通的前提下使用。

合作快递的特点是经济实惠、性价比高、适应国际在线零售交易，由全球速卖通分别与浙江邮政、中国邮政合作推出。

四大商业快递特点是速度快、服务高、专业、高效，但相对快递价格比较高。适用于货值比较高、买家要求价值比较高的宝贝或交易。卖家发货时，可以根据不同的物流服务，选择在速卖通上线上发货，也可以联系各主要城市的货代公司上门收件进行发货。

全球速卖通上商品价格设置多少合适，物流价格怎么计算？一般情况下，建议在淘宝原价的基础上增加20%—50%的利润，不过不同品类价格不同，建议同时参考平台同类产品的售价；通过物流价格查询器或咨询本地货代拿到物流价格，可以以 freeshipping（包邮）的形式，将物流价格包含在售价里，也可以单独列出物流价格。

三、全球速卖通语言服务

关于全球速卖通语言翻译：英文其实没有大家想象得那么难和复杂。只要有基本的英语阅读能力，再借助翻译工具，发布商品和询盘的处理都挺简单的。速卖通在流程上，于关键环节处提供翻译支持。

关于全球速卖通交流沟通：与淘宝不同的是，速卖通平台上超过七成的买家直接下单，因此注意商品信息的细节、配套服务的描述有助于提升买家下单转化率。

部分买家会通过邮件和站内信与卖家进行沟通，因此，请留意您的邮箱和站内信。可以通过翻译工具将买家的询盘翻译成中文阅读，再将写好的回复，通过工具翻译成英语后，进行回复。

如何入驻全球速卖通：入驻速卖通需提供企业支付宝账号、企业营业执照、法人身份证等，从2020年开始，入驻速卖通不再收取年费，只需提交保证金即可[①]。

[①] 内容部分节选自"百度百科"。

第一节 速卖通收款账户设置

一、速卖通收款账户类型

因为速卖通买家使用的支付方式不同,所以卖家会有对应的收款方式,同时还需要设置不同的收款账户来接收交易款项,那么需要设置哪些收款账户呢?

在全球速卖通平台,需要设置两个收款账户:人民币收款账户和美元收款账户。为什么要设置两个收款账户呢?

(1)买家通过信用卡支付时,根据国际支付渠道不同,款项会以美元或人民币的形式进入国际支付宝账户,然后分为美元提现和人民币提现。

(2)买家通过T/T银行汇款支付时,款项将以美元的形式放款至收款人的国际支付宝账户。也就是说,买家采用不同的支付方式,其货款将打至收款人不同的收款账户。了解了两个收款账户的基本情况之后,下一步就是要分别对两个账户进行设置,人民币收款账户绑定操作如下。

第一步:登录全球速卖通,点击"交易"进入"收款账户管理"界面,选择"人民币收款账户"。

第二步:如果没有速卖通国际支付宝账户,可以点击"创建支付宝账户";也可以使用已经有的支付宝,点击"登录支付宝账户"进行绑定。

第三步:创建或者登录成功支付宝账户后,即完成收款账户的绑定。

如果需要修改已绑定的支付宝收款账户,具体操作流程如下。

创建收款账户后可以选择修改账户。

在"收款账户管理"页面,点击"编辑"按钮,即提示您登录支付宝账户输入新的支付宝账户号码,如图6-1所示。

图6-1 支付宝账户登录提示

点击登录支付宝,显示登录支付宝界面,依次填写"支付宝账户姓名""登录密码""校验码"等必填项,填写完毕后点击"登录"。登录成功后,显示如图6-2所示界面。

图6-2 登录成功界面

同时需填写账户修改申请表,请公司法人签字盖章邮寄至阿里巴巴。阿里巴巴工作人员会在收到邮寄资料之后的2个工作日之内完成审核。

美元收款账户绑定操作如下。

第一步:登录我的速买通,点击"交易"—"银行账户管理",进入"收款账户管理"界面,点击"创建美元收款账户"。

第二步:点击进入新建美元账户之后,可以选择"公司账户"和"个人账户"两种账户类型。

第三步:选择账户后,依次填写"开户名(中文)""开户名(英文)""开户行""Swift Code""银行账号"等必填项。填写完毕后,点击"保存"按钮即可。

1. 注意事项

(1) 公司账户。

① 所有信息请不要使用中文填写,否则将引起放款失败,从而产生重复的放款手续费损失。

② 设置的公司账户必须是美元账户或是能接收美元的外币账户。

③ 在中国大陆地区开设的公司账户必须有进出口权才能接收美元并结汇。

④ 使用公司账户收款的订单,必须办理正式报关手续,才能顺利结汇。

(2) 个人账户。

① 所有信息请不要使用中文填写,否则将引起速卖通放款失败,从而产生重复的放款手续费损失。

② 客户创建的个人账户必须能接收海外银行(新加坡花旗银行)并且是公司对个人的

美元的打款。

③ 收汇没有限制。个人账户年提款总额可以超过5万美元。

④ 注意结汇需符合外汇管制条例。每人5万美元结汇限额。

选择账户后,依次填写"开户名(中文)""开户名(英文)""开户行""Swift Code""银行账号"等必填项。填写完毕后,点击"保存"按钮。

2. 温馨提示

(1) 我是否能够删除支付宝收款账户?

不能,设置支付宝账户是为了收到订单款项,如果没有支付宝账户,您无法收到订单款项,所以您的收款账户一旦设置后,不能够再删除。

(2) 一个支付宝账户是否可以给多个卖家账号绑定?

可以,支付宝目前没有做限制。建议您绑定自己的支付宝账号,以便管理。

3. 特别提醒

(1) 客户只能创建一个公司的美元账户,或者一个个人的美元收款账户。这一点和人民币账户有区别。

(2) 创建账户后,买家才可以在付款界面采用银行汇款的支付方式进行支付。

(3) 在"收款账户页面"可以对账户信息如"开户行""银行账号"等进行编辑,但是不能删除该账户。

二、创建激活支付宝

进入国际支付宝页面,里面有提现账户管理。一个是美元账户,一个是人民币账户。美元账户推荐使用中国银行收款,按照步骤添加上去即可。

(一) 如果用户以前没有设置支付宝收款账户(可以通过创建或登录支付宝的方式进行绑定)

具体操作流程如下。

(1) 登录全球速卖通,点击"交易"进入"收款账户管理"界面,选择"人民币收款账户"。如果还没有支付宝账户,可以点击"创建支付宝账户";也可以使用已经有的支付宝,点击"登录支付宝账户"进行设置,如图6-3所示。

(2) 用户需要通过登录支付宝账户,如图6-4所示。

依次填写"支付宝账户姓名""登录密码""校验码"等必填项,填写完毕后点击"登录"。登录成功后,即完成收款账户的绑定,也可以对收款账户进行编辑,如图6-5所示。

图 6-3 登录支付宝账户界面

图 6-4 输入支付宝账户名和登录密码

图 6-5 支付宝提示成功设置收款账户

(3) 如果用户还没有支付宝账户,可以点击"创建支付宝账户",填写相应信息,完成支付宝注册。输入注册信息时,请按照页面中的要求如实填写,否则会导致支付宝账户无法正常使用。点击"填写全部"可以补全信息,如图 6-6 所示。

图 6-6 创建支付宝账户

(二) 如果用户以前已经设置过支付宝收款账户

具体操作流程如下。

(1) 登录全球速卖通,点击"交易"进入"收款账户管理"界面,选择"人民币收款账户"。

(2) 已经设置过支付宝收款账户,请直接点击"确认为收款账户",将支付宝账户作为收款账户,如图 6-7 所示。

图 6-7 确认为收款账户

(3) 点击"确认为收款账户"后,用户的支付宝即作为收款账户,如图 6-8 所示。用户以后的新订单款项都会进入支付宝账户中。用户以前的个人及公司账户将不再使用,支付宝建议用户及时进行处理,如图6-8所示。

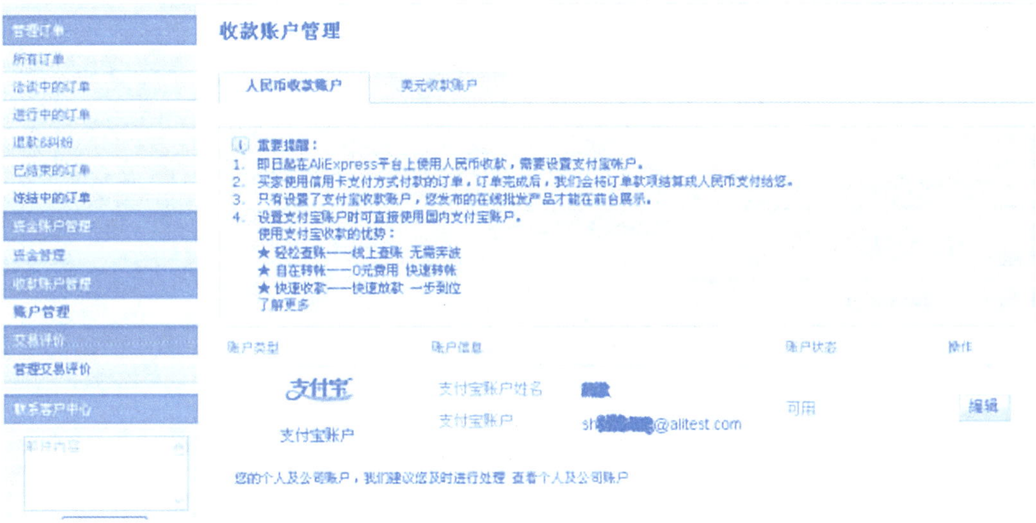

图6-8　收款账户管理界面

(三) 如果用户需要修改已绑定的支付宝收款账户

具体操作流程如下。

创建收款账户之后您可以选择修改账户。

在"收款账户管理"页面,点击"编辑"按钮,即提示您登录支付宝账户输入新的支付宝账户号码,如图6-9所示。

图6-9　使用您新的支付宝账户登录界面

点击登录支付宝,显示登录支付宝界面,依次填写"支付宝账户姓名""登录密码""校验码"等必填项,填写完毕后点击"登录"。登录成功后,显示如图6-10所示界面。

同时请填写账户修改申请表,请公司法人签字盖章邮寄至阿里巴巴。阿里巴巴工作人员会在收到邮寄资料之后的2个工作日之内完成审核。

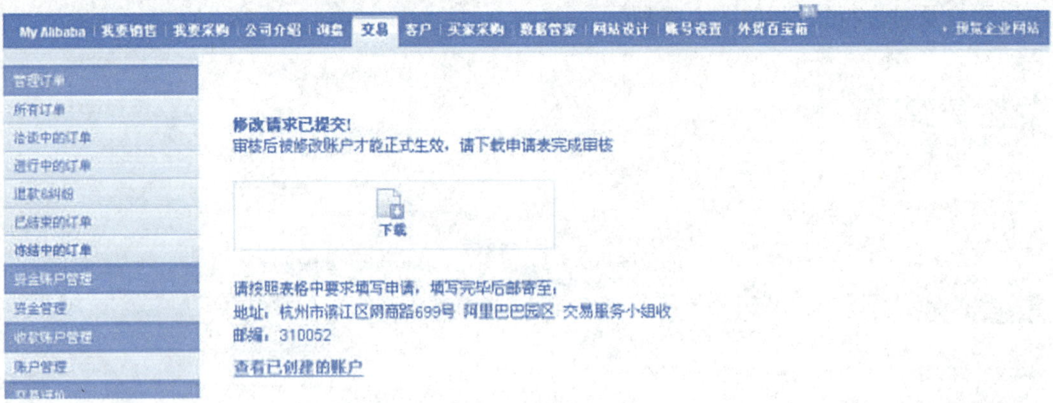

图 6-10　修改请求已提交界面

三、国际支付宝简介

在速卖通平台做生意,离不开国际支付宝(Escrow)的保驾护航,那么,什么是国际支付宝(Escrow)呢?

(一) 什么是国际支付宝?

阿里巴巴国际支付宝(Escrow)由阿里巴巴与支付宝联合开发,旨在保护国际在线交易中买卖双方的交易安全所设的一种第三方支付担保服务,全称为 Escrow Service。如果已经拥有国内支付宝账户,只需绑定国内支付宝账户即可,无需再申请国际支付宝(Escrow)账户。如果还没有国内支付宝账号,可以先登录支付宝网站申请国内的支付宝账号,再绑定即可。

国际支付宝(Escrow)的服务模式与国内支付宝类似:交易过程中先由买家将货款打到第三方担保平台的国际支付宝(Escrow)账户中,然后第三方担保平台通知卖家发货,买家收到商品后确认,货款放于卖家,至此完成一笔网络交易。

国际支付宝支付是属于第三方的服务中介机构,完成第三方担保支付的功能。它主要是面向开展电子商务业务的企业提供电子商务基础支撑与应用支撑服务,不直接从事具体的电子商务活动。第三方支付平台独立与银行、网站以及商家来做职能清晰的支付。

(二) 使用国际支付宝(Escrow)的优势

(1) 多种支付方式:支持信用卡、银行汇款多种支付方式。目前我们的国际支付宝(Escrow)支持的支付方式有信用卡、T/T 银行汇款。后续将会有更多的支付方式接入进来。

(2) 安全保障:先收款,后发货,全面保障卖家的交易安全。国际支付宝(Escrow)是一种第三方支付担保服务,而不是一种支付工具。对于用户而言,它的风控体系可以保护卖家在交易中免受信用卡盗卡的欺骗,而且当且仅当国际支付宝(Escrow)收到了卖家的货款,才会通知卖家发货,这样可以避免在交易中出现使用其他支付方式导致的交易欺诈,更好地与买家沟通。

(3) 方便快捷:线上支付,直接到账,足不出户即可完成交易。使用国际支付宝(Escrow)收款无需预存任何款项,速卖通会员只需绑定国内支付宝账号和美金银行账户就可以分别进行人民币和美金的收款。

(4) 品牌优势:背靠阿里巴巴和支付宝两大品牌,海外发展潜力巨大。

(三) 国际支付宝与国内支付宝(Alipay)的区别

国际支付宝的第三方支付服务是由阿里巴巴国际站同国内支付宝(Alipay)联合支持提供的。全球速卖通平台只是在买家端将国内支付宝(Alipay)改名为国际支付宝。在使用上,只要您有国内支付宝账号,无需再另外申请国际支付宝账户。当您登录到"My Alibaba"后台(中国供应商会员)或"我的速卖通"后台(普通会员),可以绑定国内支付宝账号来收取货款。

(四) 国际支付宝支持的产品交易

目前国际支付宝支持部分产品的小额批发、样品、小单、试单交易,只要产品满足以下条件即可通过国际支付宝进行交易。

(1) 产品可以通过 EMS、DHL、UPS、FedEx、TNT、SF、邮政航空包裹七种运输方式进行发货。

(2) 每笔订单金额小于 10 000 美元(产品总价加上运费的总额)。

(五) 国际支付宝支持的产品运输方式

目前国际支付宝支持 EMS、DHL、UPS、FedEx、TNT、SF、邮政航空包裹七种国际运输方式,只要能够通过这七种运输方式发货的产品,都可以使用国际支付宝进行交易。暂时不支持海运。

(六) 国际支付宝单笔订单最大额度

为降低支付宝用户在交易过程中产生的交易风险,目前支付宝支持单笔订单金额在 10 000 美元(产品总价加上运费的总额)以下的交易。

(七) 通过国际支付宝在线交易报关

如果您的货物申报价值在 600 美元以下,快递公司会进行集中报关。如果您的货物申报价值超过 600 美元,您可提供全套的报关单据,委托快递公司进行代报关。

（八）通过国际支付宝在线交易进行核销退税

买家使用 Visa 和 MasterCard 信用卡支付时，无法进行核销退税。

买家使用 T/T 银行汇款支付时，卖家报关后可以进行核销退税①。

（九）国际支付宝开通流程

1. 已经拥有通过实名认证的支付宝企业账户

如果已经拥有通过实名认证的支付宝企业账户，申请开通支付宝国际卡收款服务即可。

说明：(1) 服务申请开通。

(2) 只针对企业账户，企业注册资本必须≥10 万或已签约支付宝即时到账产品半年以上；个人账户和香港地区公司、美国公司等海外公司不能开通本服务；合资公司可以开通，但必须持有中国工商部门发的营业执照；

2. 没有支付宝企业账户的

如果没有支付宝企业账户，需要先注册并且认证支付宝企业账户。

(1) 支付宝官网首页注册，免费注册；

(2) 注册企业账户时，如实填写企业信息，否则，会被支付宝风控部门审核拒绝；

(3) 网站经营的产品或服务，必须和营业执照上的经营范围相符合；比如，做游戏虚拟币的最好是带有"信息""网络""软件"等字样的公司；

(4) 支付宝企业账户认证，需要准备以下材料：

① 公司营业执照；

② 公司组织机构代码证，原件或副本皆可；

③ 法人身份证正反面；

④ 公司银行账户号码，基本户和一般账户都可以；

⑤ 提交申请人如非法定代表人需提供企业委托授权书，委托书关键是盖公司章。

以上材料可以扫描也可以拍照，清晰即可，图片不能模糊，更不能有处理的痕迹。申请流程如下。

账户审核通过以后，注册邮箱会收到支付宝邮件，申请开通支付宝国际卡。

(1) 选择自助签约——外卡收单(受限)(返手续费)。

说明：①"返手续费"意思是发生退款的时候，会返还退款订单的手续费到商户支付宝账户。

②"受限"的意思是退款返手续费的周期是有限制的，三个月之内退款的手续费是退

---

① 资料来源：i博导，http://www.ibodao.com/Article/index/id/8964.html。

还的。

(2) 选择注册"企业账户"。

说明：① 请选择注册"企业账户"，本服务为企业国际收款服务，个人账户无法使用。

② 一个企业可以拥有多个企业支付宝账户，之前因天猫等业务已经拥有企业支付宝账户的，可以用同一企业名称注册，但要重新注册一个企业账户，并和之前账户关联认证。注册新的企业账户时也不需要繁琐地提交资料，只需要登录新账户去关联认证即可。

(3) 提交相应资料说明。

① 中间有申请步骤若干，上传资料若干，拍照和扫描都可以，只要清晰可见，图片不能模糊。

其中：法定代表人和代理人申请都可以，但是选择代理人申请模式的需要上传"企业委托书扫描件"；

② 企业委托书扫描件制作方法如下。

- 文件第一行：支付宝国际卡支付申请委托书；
- 内容：兹委托某某某代表我司办理支付宝国际卡支付业务申请，特此证明；
- 底部：公司名称，日期，最重要的是盖公司章。

(4) 提交资料完毕的标志，出现"提交成功，等待客服审核"字样。

(5) 等待审核通过，若审核不通过支付宝会给出拒绝的理由，然后申请者可针对理由解决问题，直至通过。

（十）国际支付宝使用条件

买家可使用国际通用信用卡进行在线资金支付，资金即时到账。

(1) 必须有已建设完成的网站（不包含淘宝网店、团购类网站、阿里巴巴中文网站、国际站以及速卖通店铺网站），且经营的商品或服务内容明确、完整。

(2) 申请前必须拥有企业支付宝账号（不含个体工商户），且通过支付宝实名认证审核，注册企业账号。

(3) 企业注册资本必须≥10万或已签约支付宝即时到账产品半年以上。

(4) 经营的行业必须属于实物类B2C行业（不包括涉及仿品销售、侵害知识产权、销售仿真枪等行业），烟酒、黄金、珠宝、古玩等行业不可准入；可以接入游戏金币、游戏运营、软件销售等虚拟业务。

(5) 申请时需缴纳风险保证金，相关条款可查阅《支付宝商家服务协议》。

(6) 申请支付宝账户不能同时使用支付宝其他收款产品，如支付宝账户已签约其他收款产品，须更换其他支付宝账户申请签约。

（十一）国际支付宝产品优势

(1) 支持多币种、语言的国际通用信用卡结算，打通国际业务。

（2）交易资金即时到账，快速回笼资金。
（3）严密的风险控制体系可有效降低拒付/盗卡带来的损失。
（4）计费及服务周期方便。

四、查询银行的 SWIFT Code

（一）关于 SWIFT Code

SWIFT（society for worldwide interbank financial telecommunication——环球银行金融电信协会），是一个国际银行间非营利性的国际合作组织，总部设在比利时的布鲁塞尔，同时在荷兰阿姆斯特丹和美国纽约分别设立交换中心（swifting center），并为各参加国开设集线中心（national concentration），为国际金融业务提供快捷、准确、优良的服务①。

每家申请加入 SWIFT 组织的银行都必须事先按照 SWIFT 组织的统一原则，制定出本行的 SWIFT 地址代码，经 SWIFT 组织批准后正式生效。银行识别代码（bank identifier code—BIC）是由电脑可以自动判读的八位或是十一位英文字母或阿拉伯数字组成，用于在 SWIFT 电文中明确区分金融交易中相关的不同金融机构。凡该协会的成员银行都有自己特定的 SWIFT 代码，即 Swift Code。在电汇时，汇出行按照收款行的 Swift Code 发送付款电文，就可将款项汇至收款行。Swift Code 相当于各个银行的身份证号。

十一位数字或字母的 BIC 可以拆分为银行代码、国家代码、地区代码和分行代码四部分。以中国银行北京分行为例，其银行识别代码为 BKCHCNBJ300。其含义为：BKCH（银行代码）、CN（国家代码）、BJ（地区代码）、300（分行代码）。

（小提示：如果您所查询的城市没有单独的 Swift Code，可以使用省分行的 Swift Code。）

拓展阅读资料 6-2：

● 目前国内部分银行总行的 SWIFT 代码
中国银行：BKCHCNBJ
工商银行：ICBKCNBJ
建设银行：PCBCCNBJ
农业银行：ABOCCNBJ
招商银行：CMBCCNBS

---

① 资料节选自百度百科。

交通银行：COMMCN
中信银行：CIBKCNBJ
兴业银行：FJIBCNBA
民生银行：MSBCCNBJ
华夏银行：HXBKCN
浦发银行：SPDBCNSH
渣打银行：SCBLCNSX
花旗银行：CITICNSX
德意志银行：DEUTCNSH
瑞士银行：UBSWCNBJ
荷兰银行：ABNACNSH

代码后需要统一添加分行阿拉伯数字代号。

● 查询各大银行 Swift Code 码

可登录 https://www.swift.com/ 或 https://www.swift-code.com/ 等相关网站查询。

第二节　卖家提现

速卖通是一种面向国际的交易平台，而大部分国家，都并非使用人民币进行结算的，主要是通过美金进行交易，而且使用的是国际收支账户，因此有速卖通国际支付宝提现手续费的存在。速卖通国际支付宝提现手续费是可以理解的。但是，这个手续费究竟是多少，也需要商家清晰了解，毕竟这关系到卖家的资金收入问题。

一、国际支付宝提现和结汇

关于速卖通的常规问题集锦。

（1）速卖通是什么？速卖通是阿里巴巴公司向全球推出的线上交易平台，堪称全球"淘宝"，近几年不管是速卖通商户数量还是资金的增长量都呈飞速增长的态势。

速卖通作为全球账户，大多数都会以美元或者英镑作为主要交易币种，国内商户如果要把美元兑换成人民币那就是一个问题，因为国内为了防止金融风险，一直对个人换汇结汇有限制，比方说 5 万美元的限制额度，就给很多速卖通商户制造了壁垒，这个问题非常棘手，急需解决。

罗列几个方法给大家做个参考：美元兑换人民币主要有三个渠道，一个是通过银行卡收美元的,可以信用证或者西联汇款还有支票的方式进行,信用证汇款需要提供货运单据,比较麻烦;西联汇款则手续费高;支票速度慢,要1—2个月的时间才可以到账,所以这些方法不太推荐。

我有国内支付宝账号,是否可以直接登录国际支付宝?国内支付宝账号和国际支付宝账号不是互通的。目前支付宝国际账户仅针对速卖通和阿里巴巴国际站会员开放,只能通过速卖通和阿里巴巴国际站会员账号登录。

(2)请问速卖通国际支付宝提现手续费与之前有什么不同?

① 提现不再限制在100笔订单之内,您账户中的"可提现金额"都可以被提现。

② 通过人民币通道收到的货款,在放款后直接进入支付宝国际账户的人民币账户中,需要点击"我要提现"才能将货款打入您绑定的国内支付宝账号中,人民币账户提现不收取提现手续费。

③ 国际支付宝支持同时绑定三个美元提现银行账户,更加灵活方便。美元速卖通国际支付宝提现手续费不变,仍为每笔20美元。

通过分析,大家是否已经清晰了解国际支付宝提现和结汇的相关事宜了?虽然看起来,这个手续费会比较高,但不管怎么说,速卖通为大家提供了一个进行国际贸易的平台,手续费的问题,还是能够理解的,而且随着经济全球化的程度越来越高,尤其是对于大卖家而言,以后收益会越来越多,这点手续费还不算什么。

第三节　买家支付方式

目前Escrow支持三种支付方式:信用卡、PayPal、T/T银行汇款。

如果买家使用信用卡进行支付,订单完成后,平台会将买家支付的美金结算成人民币支付给卖家。

如果买家使用PayPal、T/T银行电汇进行支付,订单完成后,平台会直接将美金支付给卖家。

1. 信用卡支付

买家可以使用Visa及MasterCard对订单进行支付,如果买家使用此方式进行支付,订单完成后,平台会将订单款项按照买家付款当天的汇率结算成人民币支付给卖家。

2. PayPal支付

小额在线交易热门支付方式,买家可以使用自己的PayPal余额或者信用卡进行支付,更快捷、更方便。

3. T/T 银行汇款支付

国际贸易主流支付方式，大额交易更方便。如果买家使用此方式支付，其中会有一定的汇款转账手续费用，收到的金额可能会有一定出入。此外，银行提现也需要一定的提现费用。

国际支付宝(Escrow)仍会拓展更多的支付方式。

关 键 词

速卖通　速卖通收款账户类型　支付宝

本章小结

1. 速卖通一般指全球速卖通，全球速卖通(英文名：AliExpress)是阿里巴巴旗下的面向国际市场打造的跨境电商在线交易平台，成立于2010年，客户买家范围已经遍及220多个国家和地区，被广大卖家称为"国际版淘宝"。全球速卖通面向海外买家客户，通过支付宝国际账户进行担保交易，并使用国际物流渠道运输发货，是全球第三大英文在线购物网站。

2. 全球速卖通跨国物流：在全球速卖通上有三类物流服务，分别是邮政大小包、速卖通合作物流以及商业快递。其中90％的交易使用的是邮政大小包。

3. 全球速卖通禁限售商品：很多国内允许销售的商品，速卖通平台上都会被禁止销售，所以速卖通卖家在开店前需要做好充分的了解。速卖通禁售的商品：毒品及相关用品，医药相关商品，枪支、军火及爆炸物，管制武器，警察用品，间谍产品，医疗器械，美容仪器及保健用品，酒类及烟草产品，等等。限售商品：指发布商品前需取得商品销售的前置审批、凭证经营或授权经营等许可证明，否则不允许发布。若已取得相关合法的许可证明的，请先提供给全球速卖通平台。侵权的商品：在全球速卖通平台，严禁用户未经授权发布、销售涉及第三方知识产权的商品，包括但不局限于三大类：(1)商标侵权；(2)著作权侵权；(3)专利侵权。

4. 阿里巴巴国际支付宝(Escrow)由阿里巴巴与支付宝联合开发，旨在保护国际在线交易中买卖双方的交易安全所设的一种第三方支付担保服务，全称为Escrow Service。如果已经拥有国内支付宝账户，只需绑定国内支付宝账户即可，无需再申请国际支付宝(Escrow)账户。如果还没有国内支付宝账号，可以先登录支付宝网站申请国内的支付宝账号，再绑定即可。

5. 国际支付宝(Escrow)的优势：(1)多种支付方式；(2)安全保障；(3)方便快捷；(4)品牌优势。

习题

1. 简述什么是速卖通。
2. 比较全球速卖通三类物流服务的优缺点。
3. 速卖通设置收款账户,在全球速卖通平台,需要设置哪几个收款账户?
4. 简述国际支付宝(Escrow)与国内支付宝(Alipay)两者之间的区别。
5. 简述国际支付宝的优势。

第七章
亚马逊平台收款

学习目标 >>

1. 了解亚马逊平台。
2. 了解亚马逊平台和国内电商平台的区别。
3. 熟悉亚马逊官方收款服务等。

第一节　亚马逊平台简介

亚马逊公司(Amazon,简称亚马逊;NASDAQ:AMZN),是美国最大的一家网络电子商务公司,位于华盛顿州的西雅图,是网络上最早开始经营电子商务的公司之一。亚马逊成立于1995年,一开始只经营网络的书籍销售业务,现在则扩及了范围相当广的其他产品,已成为全球商品品种最多的网上零售商和全球第二大互联网企业。在公司名下,也包括了AlexaInternet、a9、lab126和互联网电影数据库(internet movie database,IMDB)等子公司。

亚马逊及其他销售商为客户提供数百万种独特的全新、翻新及二手商品,如图书、影视、音乐和游戏、数码下载、电子和电脑、家居园艺用品、玩具、婴幼儿用品、食品、服饰、鞋类和珠宝、健康和个人护理用品、体育及户外用品、玩具、汽车及工业产品等。

2004年8月,亚马逊全资收购卓越网,使亚马逊全球领先的网上零售专长与卓越网深厚的中国市场经验相结合,进一步提升客户体验,并促进中国电子商务的成长。

2018年7月19日,《财富》世界500强排行榜发布,亚马逊位列18位。12月18日,入选2018年世界品牌500强第1位。2019年7月18日,停止为亚马逊中国网站上的第三方卖家提供卖家服务。同年7月,入选2019《财富》世界500强。10月,2019福布斯全球数字经济100强榜位列6位。2019年度全球最具价值100大品牌榜第三位。2020年3月,入选2020年全球品牌价值500强第1位[①]。

一、亚马逊平台和国内电商平台的区别

1. 平台性质不同

亚马逊是一家全球网络零售商,更是一家大数据公司,也是一家云计算、云解决方案公司,而国内电商平台只是单纯的电商购买平台。

2. 面对的销售市场不同

对于中国买家来说,亚马逊是一个出口跨境电商平台,也就是说,将中国制造的产品销往海外市场,可以和海外的终端消费者直接接触。而国内电商平台仅仅是面对国内的消费市场。

3. 店铺的概念不同

亚马逊平台强调的是以产品为中心,没有店铺的概念。很多在亚马逊平台上销售业绩

---

① 内容选自百度百科。

好的大卖家,只有几个产品,一个月就能做出几万元的营业额。而国内的淘宝卖家每天上架几十种产品,甚至几百个产品,店铺中等营业额却没有亚马逊上几个产品的卖家的营业额高。这一点对于刚刚接触亚马逊平台的卖家来说是很不适应的地方。

买家在亚马逊平台上买东西只看卖家的产品,很少看店铺,他们没有逛店铺的习惯。而国内的电商平台,例如淘宝,都是先免费开店铺,装修店铺,然后再上架自己的产品,最后才开始销售。

综上所述,国内的电商平台与亚马逊平台之间,亚马逊跨境电商平台通过以产品为中心,会一步步精确了解消费者的兴趣点,根据消费者的兴趣引导消费,加大消费力度。增加卖家的营业额,是未来互联网金融发展的趋势。

二、亚马逊的行业壁垒——FBA

跨境电商平台可以大致分为亚马逊系和非亚马逊系①。因为亚马逊有三个不同于其他所有平台的特点:(1)跟卖原理;(2)飞轮理论;(3)无店铺概念。这三个独特的机制,决定了亚马逊更加符合外贸行业的本质。产品才是跨境电商平台的灵魂,因为 Amazon 的平台特点和运营方式跟其他平台都不同,其中的亚马逊 FBA(fullfilled by Amazon),是这个平台最大的行业壁垒,拥有其他平台无法比拟的买家体验和方便卖家的物流支持。

1. 亚马逊有 Prime 会员制度

每年 Prime 会员会向亚马逊缴纳 99 美元,愿意缴纳会费的在美国是什么类型的人呢?就是我们经常说的中产阶级和小资阶级。这类群体对服务、发货速度、产品质量等都有很高的要求。如果卖家还是像蜗牛一样的速度把货从中国发出;对不起;你已经落伍了,你的产品是进入不了 Prime 会员眼中的。如下图 7-1 是手机 App 上搜索 iphone 6 plus case 的结果。看到蓝色的 Prime 了吗?直接点击旁边的按钮,可以直接屏蔽掉自发货的卖家。由此便可以知道作为亚马逊卖家发 FBA 的意义了吧。

2. 对于 FBA 的产品,亚马逊可以解决售后问题

如果有很多换货、退货的话,卖家发出的国外小包是承担不起这样的物流成本的。使用 FBA 后,如果有关于物流的差评低分等是可以移除,且 FBA 的订单没有 A-Z 这个说法。

3. 节省更多时间做运营

通过亚马逊 FBA 发货,卖家每天不用像淘宝一样处理售后问题;卖 1 000 个产品,可能就几个邮件咨询。现在跨境电商圈流传一句话"做亚马逊不做 FBA;那叫没有入门亚马逊"。或者可以干脆不做亚马逊了,因为纯属浪费资源。

---

① 资料来源:跨境眼,https://www.kuajingyan.com/article/1424。

图 7-1 手机 App 上搜索 iphone 6 plus case 的结果

4. 直接提升销量和效率

通过亚马逊 FBA 发货,官方统计产品单价利润可以提升 10%—20%,销量可以提升 40% 左右。接下来我们来看看哪些产品适合做 FBA?

(1) 客单价不宜过低。

一般采购价在 20RMB 以上为好,售价至少在 15 美元以上;亚马逊 FBA 配送费最低 2.56 美元;如果单价过低,利润空间会很小,且亚马逊上的客户都是收入较高的人群。

(2) 定位做 FBA 的产品。

首先是品牌路线,然后再是产品线。产品是快消品,还是海鲜产品(季节性产品),还是长时间可以售卖的产品(周期一年以上)。主营品牌产品建议 80% 以上选用长时间可以售卖的产品。

(3) 能够保证质量的产品。

不要选择技术含量太高的产品;因为产品质量不易把控。当然如果有足够的研发团队,可以涉及技术含量高的产品,自然也能秒杀一拨人。

(4)定期升级换代的产品。

这一点是最重要的,卖家选的产品运营一段时间之后,一定要针对客户的差评来升级换代,这是目前做亚马逊的决定性思路。有的产品开模十几万,不适合小卖。有的则只需要几千元。

5. 亚马逊FBA在后台的操作流程

第一步是Set(设定):Quantity,在unit下面输入发货产品的数量。如果之前上传产品的时候没有输入产品包装的尺寸的话,卖家这里还需要填写产品的包装尺寸。Packing Type有两种类型:individual products和case packed products。Individual products是混装,就是不同的产品混合装箱,case packed products是相同的产品相同的SKU装一箱。

第二步是Prepare Products,这步不再赘述。

第三步是Label,Products这里需要注意后台要让卖家选择到底是亚马逊贴标签还是卖家自己贴。当然卖家如果想省钱还是自己贴标签,毕竟亚马逊贴标签是需要收费的。如果选择卖家自己贴标签的,在"who labels"下面选择"Merchant",并选择相应规格的标签纸打印标签。

第四步是确认输送方案(review shipment),在这里可以看到亚马逊将卖家的产品分配到哪个仓库存储。

每一个Shipment name代表每一个仓库,并且可以看到卖家存放到该仓库有几个产品。卖家需要点击"Work on shipment"继续操作。

第五步是Prepare Shipment。在shipping service这边有shipping method和shipping carrier两个让卖家进行选择。一般卖家发货重量在60千克左右的话就选择small parcel delivery(SPD)。另外,shipping carrier下面即使卖家选择UPS发货,但建议卖家选择other carrier,且在下拉框中选"other"。Shipping labels即箱子的外箱标签,这个需要打印出来,打包完成的时候粘贴到外箱。

第六步是summary,即填写物流跟踪号,当卖家拿到跟踪号后标记已发货。

第二节　亚马逊卖家中心后台的基本操作方法

一、亚马逊后台各个模块简介

亚马逊跨境电商卖家中心后台内容包括亚马逊卖家账户的注册、选品、运营、上架、站内广告、FBA发货、国际物流、第三方收款、海外税务以及售后服务等,以图文并茂的形式讲解,帮助卖家以最低的成本快速开启海外掘金之路。

打开卖家中心页面,输入账号和密码①。第一次打开,会是全英文的界面,毕竟亚马逊是美国的公司,默认官方语言是英语。但是亚马逊为了帮助世界各国的卖家开展跨境业务,设置了几种常用的语言,包括英语、中文、德语、西班牙语、法语、意大利语、日语等。点击中文,页面的各个模块会自动翻译成中文。绝大部分新手卖家到了这个界面,可以看到如图 7-2 所示的为了方便卖家快速访问而设置的卖家后台所有功能②。

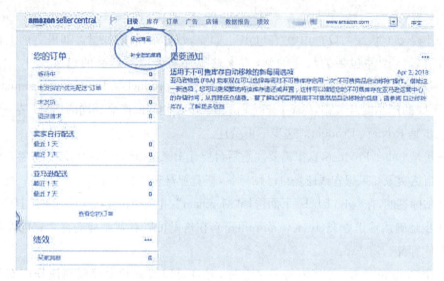

图 7-2　目录

1. 目录

根据图 7-2 的目录,逐一打开各个按钮,先看目录。目录按钮功能最简单,专门用于手动上传产品的时候使用。直接点击"添加商品",进入手动上传产品页面。点击"补全您的草稿",进入您上次未写完的产品编辑页面,这个功能类似草稿保存。

2. 库存模块

(1) 管理库存:卖家在这里可以看到自己上传的所有产品库存情况。

(2) 管理 FBA 库存:卖家在这里可以看到转换成亚马逊配送的产品库存情况;如果是您从国内发货的产品,在这里是不显示的。

(3) 库存规划:主要用于管理现有亚马逊库存的使用情况;是否有冗余商品,什么时候需要补货,类似一个宏观提醒的功能。

(4) 添加新商品:这个功能跟目录里面的添加新商品功能一模一样。

(5) 批量上传商品:当您有几十种产品,可以在这里下载表格,以表格的形式能够快速、大量地上传产品。

---

① 资料来源:雨果网,http://m.cifnews.com/article/54119。
② 内容选自百度知道。

(6)库存报告:在这里可以下载 Excel 表格形式的所有在售商品、非在售商品的现有数据。

(7)管理促销:此功能在运营中使用频率最高,是用来设置产品的打折、免运费、买一赠一等促销或者入口。

(8)全球销售:在此处可以一次性看到卖家账号在欧洲、北美、日本等市场的所有销售数据,例如:当天订单数、订单金额、总销售额;时间段可自行调节。

(9)管理亚马逊库存:此功能也是亚马逊平台卖家每天都会使用的按钮;此处是所有亚马逊负责配送产品的库存信息,补货、缺货、移除库存都需在此操作。

(10)管理图文版商品描述:此功能是卖家的产品可以用图文并茂的方式展示产品和品牌;需要注意的是,只有日本站是账户下来就会有这功能;欧洲、北美账号需要注册欧洲或者北美国家的商标,并且在亚马逊后台备案成功才能显示此功能。

3. 订单模块

管理订单:此按钮能够一键查看所有已经购买的订单和配送中的订单;主要在联系买家的时候,从这里进入,能够设置查询条件,迅速找到对应的买家订单。

订单报告:提供下载最长过去 90 天的所有卖家自行配送的订单,是以 Excel 表格的形式呈现;其中包括等待中的订单和待处理的订单。

上传订单相关文件:通过平台提供的统一格式的表格模板,为配送、盘点、订单取消等功能进行批量修改。主要是方便卖家高效地处理订单。

管理退货:提供下载过去任何时间段的买家退货订单,并可以设置不同的搜索条件来快速找到需要的买家订单。

4. 广告模块

广告活动管理:在这里可以设置所有的站内广告活动,包括自动广告、手动广告、头条搜索广告,并且提供广告报表下载,以供卖家分析广告活动情况。

秒杀:是卖家在做站内推广的时候最常用的一个按钮,包括 Prime day 活动、复活节、"黑五"、万圣节、圣诞节等活动,卖家都可以在这里自主提报对应的产品;但是前提是系统自动推荐的才有资格,大概一周左右更新一次,不定期来看看即可。

5. 店铺模块

管理店铺:这是亚马逊在 2017 年才推出的品牌店铺展示功能,主要是为已经注册海外商标,且在平台备案的卖家准备的品牌店铺宣传使用的。

6. 数据报告模块

付款:一键查看所有账单周期的结算情况,包括付款时间、金额以及每个订单的详细情况。

亚马逊销售指导:一键查看所有发送到亚马逊仓库的库存情况;并且系统能够根据产

品销售情况,给出合理的优化和提高库存效率的建议。

业务报告:这是卖家每天都必须用的一个功能键,能看到单个产品的每天订购商品数、每天流量数据、转化率、买家访问数、页面浏览量、销售额;也可以根据日期查看任意时间段的销售总额、订单数量,并且以坐标图的形式直观展现。

库存和销售报告:这里能看到所有发送到亚马逊库存的配送报告。报告分为"库存""销售量""付款""卖家优惠""仓储费""物品丢失赔偿费用"以及"移除订单"和"退货"。建议大家用这个来查看退货订单的买家具体退货理由。

广告:此按钮和广告活动管理中的下载报告界面相同,只是在这里通过直观的形式方便买家查找使用。这是卖家需要经常使用的一个功能。

税务文件库:提供亚马逊配送服务的增值税发票,可以一键发送到卖家的邮箱。

7. 绩效模块

账户状况:一键查询第三方卖家的账户绩效。

其中包括:(1)订单缺陷率、商品政策合规性和配送绩效。此处关系卖家账号安全,非常重要,需要定期查看。

(2)反馈。一键查看买家给卖家店铺留下的 Feedback,是关于物流和配送时效的评价。此处也关系卖家账号安全,需要卖家做好售后服务。

(3)亚马逊商城交易保障索赔:具有查看亚马逊平台买家和卖家之间纠纷的功能;类似于淘宝的申请官方介入来判定谁对谁错。

(4)信用卡拒付索赔:此处主要是卖家绑定的信用卡出现拒付的情况,一般与信用卡发卡银行有关。

(5)业绩通知:此处查看平台给卖家发送的所有重要信息;绝大部分是关于卖家店铺安全的邮件,一般在卖家平台左上角会出现小红旗。

二、如何快速创建新产品

亚马逊作为电子商务的重要国际平台,上面有数以十万计的卖家聚集,作为一个卖家,特别是跨境电商的卖家,我们该如何通过亚马逊的店铺后台,来创建新产品呢?① 要准备电脑一台,亚马逊卖家账号一个。首先需要点开亚马逊的后台页面,找到"库存"选项,然后点击下拉选择项中的"添加新产品"(见图 7-3)。

点击后,我们需要确认产品的分类,我们也可以搜索自己选的分类,可以根据亚马逊后台的全部分类,从左向右,从大到小确认目标分类(见图 7-4)。

---

① 资料来源:https://jingyan.baidu.com/article/6079ad0eee077128ff86db97.html。

图 7-3　亚马逊后台页面

图 7-4　亚马逊后台全部分类

我们继续下一步操作，需要我们确认产品的更多关键信息，如"产品标题""店铺名称""颜色""尺码""材质"等信息（见图7-5）。

我们还需要添加这个产品的子类信息，即如果该产品有不同尺码、不同颜色，我们也需要一一在后台确认添加（见图7-6）。

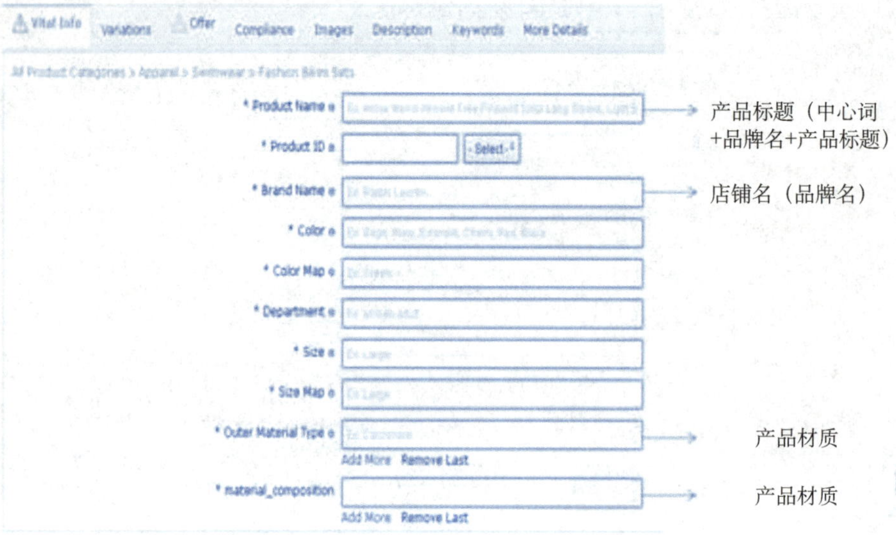

图7-5 亚马逊后台分类添加商品信息

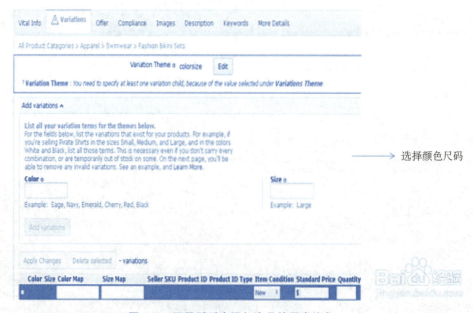

图7-6 亚马逊后台添加产品的子类信息

根据子类标准的不同,我们录入的信息也是需要一一对应的,需要将子类的"颜色""尺码""UPC""价格""库存"等信息录入后台(见图7-7)。

还需要对运费进行选择,我们可以选择已有的运费模板,进入选择即可,如果没有创建过运费模板,则还需要先创建一个运费模板再操作添加运费(见图7-8)。

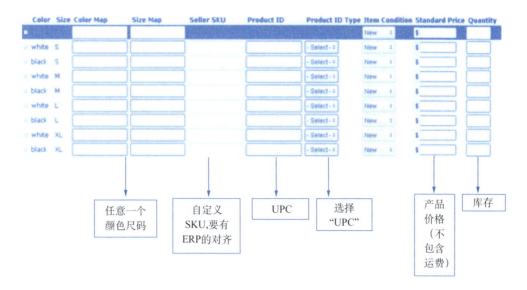

图 7-7　亚马逊后台产品的子类标准添加

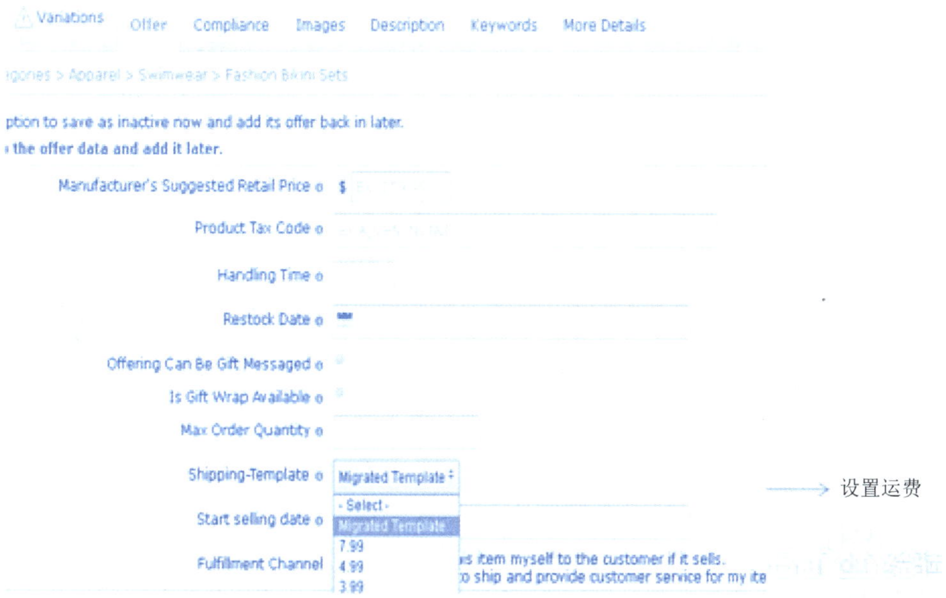

图 7-8　亚马逊后台操作添加运费

然后继续下一步,添加产品的描述信息和关键词信息,这是很重要的,在亚马逊后台中,五点描述信息和产品的关键字的搜索权重是很大的,所以建议卖家仔细慎重操作填写(见图 7-9)。

继续下一步,还有更多描述信息需要补充,比较重要的例如重量信息、产品的材质信息等,都需要卖家进行填写(见图 7-10)。

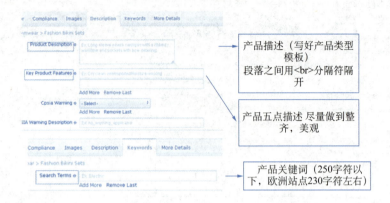

图7-9　亚马逊后台操作添加产品描述信息

图7-10　亚马逊后台操作补充产品描述信息

再下一步,就是关键步骤了,我们需要上传产品的图片信息,包含主图和附图,主图的画质尽量高,必须是白底,附图建议和产品有关(见图7-11)。

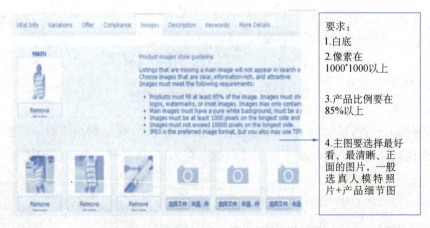

图7-11　亚马逊后台上传产品的图片信息

完成后点击确认即可操作上传,建议上传完成后,一定要去前台看一看,确保产品图片美观整齐(见图7-12)。

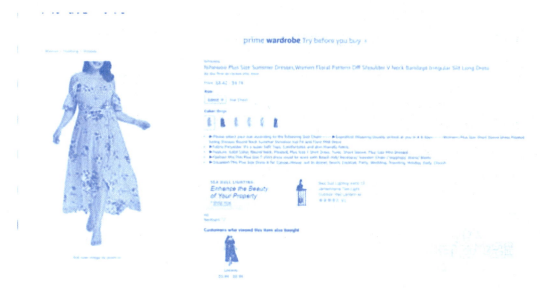

图7-12　亚马逊前台检查上传产品的图片信息

三、如何将产品设置成包邮

(1)点击"库存"找到"批量上传商品"(见图7-13)。

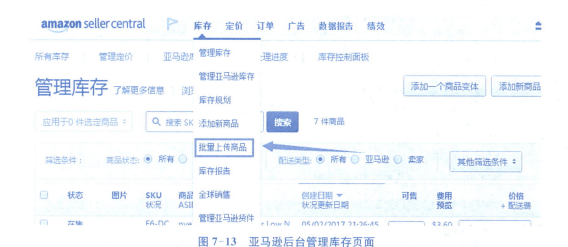

图7-13　亚马逊后台管理库存页面

(2)下拉可以找到"配送调整"(见图7-14和图7-15)。

仅限商品匹配	· 页面在亚马逊目录中存在。 · 您没有完整的商品信息。	库存加载工具	商品加载工具也可以使用。
库存更新	仅限价格或数量更新。	价格和数量 每个商品分类的库存文件	7-列格式。 对于非媒介类商品文件，请使用"部分更新"功能。
	仅更新商品数据。	库存加载工具或 每个商品分类的库存文件	商品加载工具也可以使用。
配送选项	为单个商品或使用批处理文件设置更新媒介类商品的配送服务选项。	库存加载工具，图书加载工具，音乐加载工具 或 视频加载工具	只允许批量更新。
	为特定商品更改运费。	配送调整	配送调整对于媒介类商品（图书、音乐、影视）不可用。
商品数据变更	更新向商品页面提供的数据。	每个商品分类的库存文件	对于单个商品，请使用 添加商品 工具。
	删除商品和相关目录信息。	非媒介类商品（图书、音乐、影视）库存文件	使用"删除"。
		库存加载工具	使用"x"。

图 7-14 亚马逊后台管理库存页面配送调整

额外

向现有运费中添加额外费用。

有关示例和有效值，请参见以下的"覆盖示例"部分。

创建或删除配送覆盖

要创建"配送覆盖"文件，请执行以下步骤：

1. 下载配送调整模板。
2. 以 Microsoft Excel 或其他电子表格应用程序打开模板。
3. 在【配送覆盖】选项卡中输入您的商品数据，并参考以下表格了解有效的【"配送选项"】数值。
4. 输入数据后，确保您位于【配送覆盖】选项卡中并使用唯一文件名将文件保存为 Excel 文件。
5. 使用不同的名称，如文本（*.txt）文件再次保存您的工作薄。

> 注意：您可能会看到一条警告，提示所选文件格式不支持包含多个工作表的工作薄。或者也有可能会看到一条警告，提示您的文件包含与文本文件格式不兼容的内容。在这两种情况下均单击【是】。

6. 转至上传商品和库存，然后上传您的文件。

要删除"配送覆盖"文件，请执行以下步骤操作：

1. 打开已保存的【配置覆盖】文件（您最初上传的 Excel 文件，或者将文本（*.txt）文件重新导入 Excel 中）。
2. 在【更新删除】列中为 ASIN 输入"Delete"。
3. 输入数据后，确保您位于【配送覆盖】选项卡中并使用唯一文件名将文件保存为 Excel 文件。
4. 使用不同的名称，如文本（*.txt）文件再次保存您的工作薄。
5. 转至上传商品和库存，然后重新上传您的文件。

图 7-15 亚马逊后台管理库存页面配送调整模板

(3)下载表格后,我们来看看这个表格实际上需要填写的内容,如图 7-16 所示。

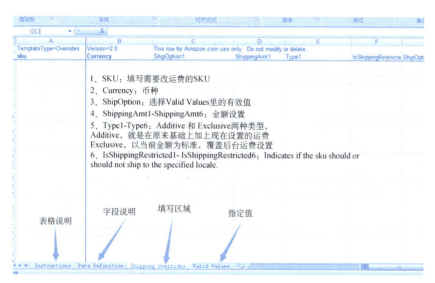

图 7-16　亚马逊后台管理库存页面表格实际上需要填写的内容

① SKU:填写需要改运费的 SKU。

② Currency:币种。

③ ShipOption:选择 Valid Values 里的有效值。

④ ShippingAmt1-ShippingAmt6:金额设置。

⑤ Type1-Type6:有 Additive 和 Exclusive 两种类型。Additive,就是在原来基础上加上现在设置的运费;Exclusive,以当前金额为标准,覆盖后台运费设置。

⑥ IsShippingRestricted1-IsShippingRestricted6:Indicates if the sku should or should not ship to the specified locale。Additive 的设置:假设后台本身没有设置运费,即 0 运费,现在要设置 2 美元的运费,那么客户需付的运费就是 0 加 2 等于 2,填写的资料如图 7-17 所示。

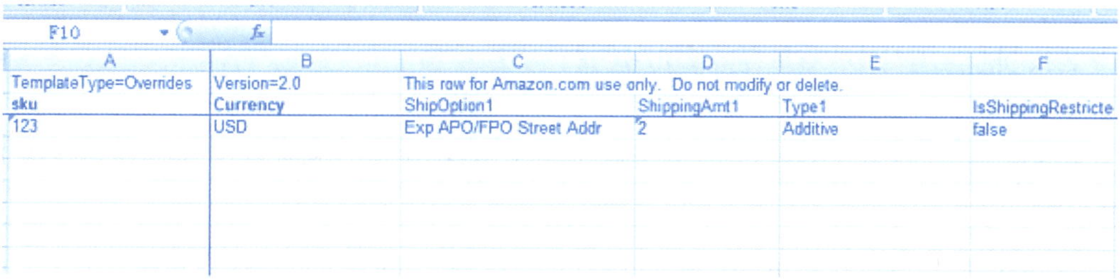

图 7-17　亚马逊后台管理库存页面表格实际上需要填写的内容

Exclusive 的设置:这意味着无论你后台本身设置了多少运费,在 Exclusive 设置后,运费都会更改为 Exclusive 的运费。比如,后台设置了 2 美金的运费,现在这个 SKU 你想设置 3 美元运费,那就不用加后台的运费,直接填写 3(见图 7-18)。

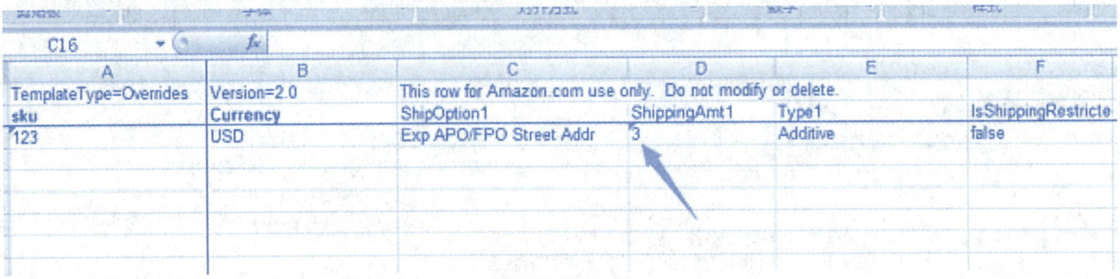

图 7-18　亚马逊后台管理库存页面表格运费填写

要注意的是 ShipOption，也就是选择 Valid values 里的有效值，这里的意思是要选择你正确的运输时效（见图 7-19）。

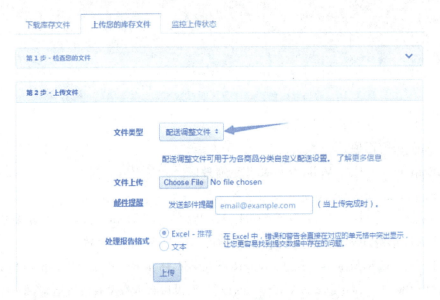

图 7-19　亚马逊后台管理库存页面正确的运输时效填写

最后，保存文件，上传，等半小时或一小时后检查确认。

四、亚马逊中国专属客服的重要作用

亚马逊近日进行了一系列的政策调整，而对卖家来说"亚马逊卖家专属客户经理服务"到底该不该用？

根据亚马逊的宣传，其涵盖的服务内容包括：(1)账户健康指数监控以及账户与 Listing 审核时的申诉；(2)账户运营支持：加速亚马逊 Listing、产品评价 Review、品牌备案等、FBA 及入仓等；(3)经营绩效分析：销售额、转化率、选品、广告运营成效分析；(4)活动与促销：全年促销活动计划的制定、不同产品品类与站点的拓展意见；(5)内部资源倾斜：新工具的使用、亚马逊闭门培训等。

五、自发货订单的注意事项

1. 自发货的定义

自发货,就是卖家自己负责配送,卖家需要自行打包产品,选择合适的物流,在规定的时间内将产品完好无损地送到买家的手里。

2. 自发货的注意事项

(1) 准时发货。

亚马逊后台页面显示的 unshipped,是指未发货①,对应的是卖家当天的自发货订单数。自发货系统默认 48 小时内必须发货,48 小时指的是工作日时间,在时间内填上有网上追踪信息的物流单号,如果没有按时发货,就属于"迟发",一定要准时发货,这也是考核卖家的一个指标。

(2) 待处理订单。

Pending 是处于待处理的状态,这里的订单是不需要卖家做任何运营动作的,往往是买家加入购物车后,因为各种原因,没有付款的订单。

(3) 配送时效。

亚马逊对自发货订单的配送时效是有要求的,北美市场要求 40 天之内必须送达,并且要有正确的签收信息。现在亚马逊支持各大快递公司,例如 DHL、UPS、FedEx、TNT 等,他们的发货很快,一般来说是 3—7 天,不过价格有点贵。

(4) 配送方式。

大多自发货卖家可以选择国际 E 邮宝进行配送,是中国邮政旗下的,属于万国邮联管理下的国际邮件快递服务,具有非常强的清关能力,可以满足绝大多数订单的时效要求。

(5) 绩效目标。

良好绩效会促进卖家的商品销量,绩效越好,也就越有可能获得更高的竞争力。订单缺陷率和取消率都会影响卖家绩效。亚马逊要求订单缺陷率小于 1‰,取消率不小于 2.5‰,这是对卖家的库存管理、是否有现货的一个基本要求。

六、最适合新卖家的物流发货计划

我们已经知道,亚马逊平台的发货方式分为自发货模式和 FBA 发货。自发货费用很低,中国邮政的 E 邮宝以克为单位收取费用,而且全程有网上追踪消息。FBA 发货则是把一批货物直接发到亚马逊自己的仓库,当有订单之后,亚马逊再配送到买家手里,可以做到

---

① 资料来源:https://www.sohu.com/a/322129825_120168760。

2—3天签收。但是最让新卖家头疼的是,从中国发货到亚马逊仓库有两个难点①,一是不知道怎么发货?二是不知道发多少货合适?害怕多发了产品,最后卖不掉,砸在自己手里,所以一些卖家就发几个产品,最后导致断货,造成产品排名表现不好。

从中国发货到亚马逊仓库的这部分运输过程,在物流业内称为头程,头程往往由国际快递公司或者货代公司发货,起发的重量最低是21千克;运输方式一般分为空运、海运和铁运,空运的运输时间是3—10天,速度很快,空运的缺点是价格较贵;目前空运到美国市场的价格是每千克30多元;海运到美国的运输时间最快为25天,最慢为40天,优点是价格很便宜,折算下来只需要5—10/千克元,这样就大大节约了运费,但是卖家为了节约运费,仅仅通过海运的方式发货,那么需要一个月左右的运输时间。最合理的发货方式是分为两批发货,一批空运、一批海运,铁运只限于欧洲国家,常见的目的地是英国;在空运的货物到达亚马逊仓库并上架销售之后,就可以开始最基本的listing优化,通过广告收集数据等基础运营工作等产品运营20多天之后,之前的海运货物就到仓了,这时候前期空运的那批货物基本销售完了,由于海运运费较低,前期可以通过降低价格引导购物车和更多订单,当订单每天逐步增长,listing的页面不断优化,产品的转化率也在提高,产品排名也就不断上升,一款新产品再通过review慢慢积累,经过两个月的时间基本就能稳定排名,给卖家带来稳定的利润。

一款产品的打造基本上就是这样的过程,写起来简单,但是需要运营的事情还有很多,所以空运加海运的方式是经济上最划算,又不影响卖家运营节奏的物流发货方法,因为传统外贸出身的卖家,喜欢一开始就用海运大批量货物的方式,所以他们的思维观念转变尤为重要。

七、亚马逊FBA标签打印技巧

很多中小卖家刚开始做亚马逊FBA的时候,都遇到过关于FBA贴标签问题。用整张A4纸不干胶,打印出来,然后再用裁刀,裁成一个一个的,贴到商品上,或许有的卖家还会在上面贴上一层胶布。这种方法难免给人感觉不够专业,尤其是当裁得不整齐的时候。再稍微先进点,从亚马逊后台下载A4页面的标签,直接用A4不干胶标签纸,调好尺寸,打印出来贴上去。这种方法虽然可提高整齐度,但也存在一个问题,即容易贴错标签②。因此,编者在此为大家总结整理了相对更有效率的标签打印技巧。

1. 必备工具

(1) 电脑一台;

(2) 能连上电脑,能正常打印的标签打印机一台;

---

① 资料来源:https://m.sohu.com/a/327380651_120176115。

② 资料来源:http://www.guxiaobei.com/amazon-fba-tag-printing-tips-you-deserve-to-have.html。

(3) 50＊30不干胶标签纸,淘宝有售。(亚马逊后台对应下载的标签大小如图7-20所示);

图7-20 亚马逊后台对应下载的标签大小

(4) PDF 编辑器。

2. 操作步骤

(1) 打印机装上 50＊30 mm 标签(见图7-21),调整好位置,确认打印机能正常打印(打印机首选项里面可以自动调整);

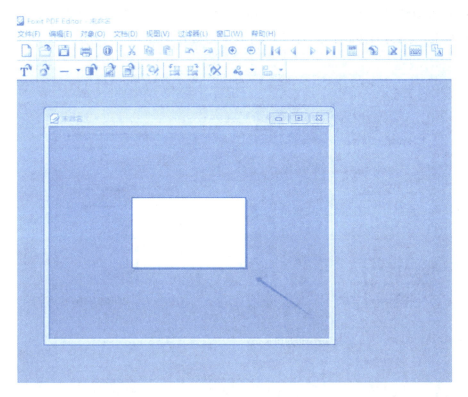

图7-21 新建 50＊30 的标签模板

(2) 需要发 FBA 的 SKU,后台下载好,设置打印个数为"1";

(3) 打开 PDF 编辑器,新建一个 50＊30 的标签模板(见图7-22)。

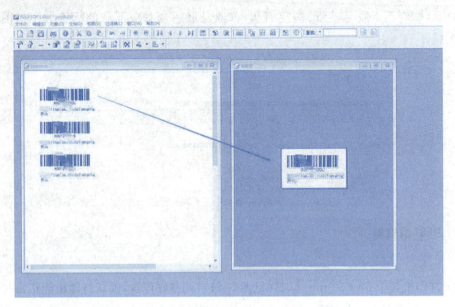

图 7-22 标签打印设置(1)

(4) 把刚从亚马逊后台下载需要打印的标签拉到 PDF 编辑器,复制标签,粘贴到刚新建的模板上,设置好打印的个数,打印出来即可(见图 7-23)。

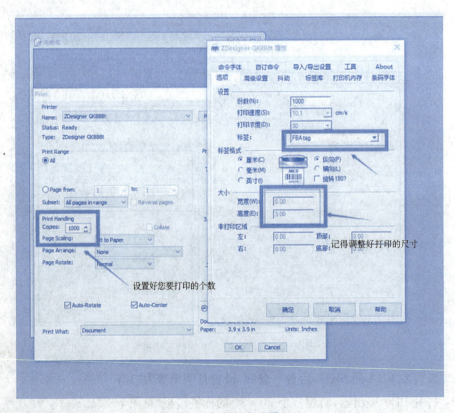

图 7-23 标签打印设置(2)

同理,打印外箱的地址标签也可以用同样的方法,但是请记得将打印机的标签尺码设置为 100×100 mm,用打印 E 邮宝一样大小的标签纸即可。

第三节　海外收款账户

亚马逊平台收款用得最多的是 Payoneer(P 卡)和 WorldFirst(WF 卡),不仅仅因为这两种收款方式都是官方指定的老牌收款商,而且收费也相对优惠[①]。

做亚马逊的卖家,可以尝试选择以下几类付款方式。

一、亚马逊官方收款服务

亚马逊推出了一项全球收款服务,引起众多卖家的热议[②]。据了解,卖家开通此项服务后,便无需再绑定外国银行卡或者第三方账户作为收款账户,可以直接使用本地货币接收全球付款,且最快在两个工作日内就能存入卖家的国内银行账户。

目前,该服务已经覆盖了亚马逊的美国、加拿大、德国、英国、法国、意大利、西班牙、日本与墨西哥九大海外站点,可转换为 45 种国际货币。

需要开通此项服务的卖家,只需在卖家平台的"设置"中点击"存款方式",更换存款信息,选择销售国并添加一个中国国内的银行账户即可。

对大多数卖家来说,开通此项服务还是大有裨益的。按照亚马逊官方给出的说法,有了这一项服务之后,卖家可以更加快速地收到付款,因为亚马逊将货币兑换和付款简化为了一个单一流程。这样的整合给卖家在管理上带来了很大的便利。

大部分卖家对于这项服务的推出还是非常喜闻乐见的,但对某些卖家而言,就未必是那么回事儿了。亚马逊官方收款服务主要有以下两个缺陷。

1. 手续费

世界上没有免费的午餐,亚马逊也一样。据美鸥网目前得到的消息,亚马逊会按照 1.25% 的费率收取一定的手续费。

如果放在两年前,WF 卡还是按两个点来收手续费的时候来看,这个费率还是很有竞争力的。但在目前第三方收款工具都按一个点封顶的费率来收取手续费的情况下,这个费率的优势就不太明显了。对于小卖家而言,这点差距可能算不了什么,但对于大卖家来说就

[①]　资料来源:知乎。
[②]　资料来源:https://baijiahao.baidu.com/s?id=16038780664867756044&wfr=spider&for=pc。

未必了。

美鸥网建议,亚马逊也能够在后期给大卖家提供相应的优惠政策。因为如果按照现在这个1.25%的比率来算的话,收1 000元卖家要给亚马逊分12.5元,收1 000万元就要分给亚马逊12.5万元,这显然是非常不划算的;如果是通过第三方收款工具,在官方手续费方面,大卖的情况下可以享受到一定的折扣优惠。以 WF 卡为例,最低可以降到0.3%,也就是说同样是收1 000万元,卖家最多可以整整省下9.5万元。这样一来,对亚马逊推广这项服务其实是很不利的。

2. 多账号操作卖家

如果用国内银行收款,是无法错名入账的。这对同时操作了多个账号的卖家来说,也是一个非常棘手的问题。

还有一些卖家,并非是用自己的资料注册的账号,那这部分卖家就只能使用第三方收款工具。

美国、日本、欧洲的亚马逊平台收款有哪些方式?亚马逊收款哪种好?亚马逊平台收款有以下5种方式。

1. Payoneer(P 卡)

也称 P 卡,目前是 Amazon 收款类官方唯一的合作伙伴,有美元、欧元和英镑三种币种的账户,所有币种均支持多平台店铺,个人和公司身份均可申请。

另外,Payoneer 现在分有卡和无卡账户2种,有卡账户管理费每年29.95美元,无卡账户则不需要年费。Payoneer 转账无汇损,提现到国内约1—2个工作日,结汇无限制。

收费标准如下。

(1) 入账:Payoneer 美元入账收1‰手续费,累计入账20万美元则免手续费;欧元和英镑入账无需手续费,免费入账。

(2) 提现:人民币结汇和外币电汇收取1%—2%手续费,1—2天到账。新用户提现费为2%,随着累计入账的金额增加而减少,最低可降到1%(累计入账300万美元)。有卡用户也可以选择使用 Payoneer 卡片在 ATM 取现或消费,但万事达卡国际组织会收取汇损,建议在急需资金或境外旅游时才使用。

(3) 月入账超过10万元的大卖家可以联系大客户经理申请 VIP 手续费减免。

2. WorldFirst(WF 卡)

也称 WF 账户,是一家注册于英国的顶级国际汇款公司,在英国、美国、澳洲、新加坡、中国香港设有办公室,提供24小时中文电话服务。个人或公司身份均可申请。提现时 WF 会自行打到卖家绑定的法人私人账户或者对公银行卡里。

收费标准如下。

(1) 无年费,没有提款额度限制。

- 美国账户:一次性转款1 000美元以下每笔30美元;1 000美元以上免手续费。
- 英国账户:一次性转款500英镑以下每笔10英镑;500英镑以上免手续费。
- 欧元账户:一次性转款500欧元以下每笔10欧元;500欧元以上免手续费。
- 加元账户:一次性转款1 000加元以下每笔30加元;1 000加元以上免手续费。

(2)汇损:每次转款汇损在1%—2.5%左右,转款金额越大越优惠。

3. 美国银行卡

申请美国银行卡需要先注册美国公司,国际转款手续费是45美金,无汇损。不过金额过大时,有可能会受到美国银行机构的监管。

4. Currencie Direct(CD卡)

CD卡是欧洲顶级金融管理集团AZIBO旗下的一家货币兑换公司,现有英镑、欧元和美金银行账户,个人和公司身份均可申请。如果账户长时间没有使用或者没有达到指定的交易金额,都需要额外费用。

收费标准如下。

CD账户办理完成后无需缴纳月费和年费,欧洲收款优势较大,汇损在1%—1.5%左右。提款无额度限制,卖家可在后台绑定国内银行卡进行提款。

5. 香港地区账户转账结汇

如果用香港地区当地的银行收款就只能收港币,因此再转成人民币就有两次汇损。亚马逊后台货币转换时一般会扣除3%—3.5%的汇率损失,因此不是很建议使用。

二、口碑最好的收款公司——PingPong和LianLian Pay

收款账户推荐公司——PingPong和lianlian Pay。前者是中国的一家公司,目前手续费1%,并且没有任何汇损,目前是中国卖家使用较多的一家收款公司;后者是连连支付,手续费仅为0.7%。

现在市场上的亚马逊收款服务商琳琅满目,汇损没有最低,只有更低,当然将来有一天肯定是会实现"零"的理想世界。

表7-1为目前几大亚马逊收款服务商的业务对比和汇率汇损。

表7-1 亚马逊收款服务商的业务对比和汇率汇损对比

亚马逊平台收款第三方支付	Payoneer	PingPong	WordFirst	LianLian Pay(连连)
支持国家	美/日/英/欧	美	美/日/英/欧	美/日/英/欧
提现手续费	1%—2%	1%封顶	1%—2.5%	0.7%封顶

(续表)

亚马逊平台收款第三方支付	Payoneer	PingPong	WordFirst	LianLian Pay(连连)
最低提现额度	200USD 200EUR 200GBP	50USD	100USD 500EUR 500GBP	无
到账时间	T+1 到 T+3	当天到账	T+1 到 T+3	准实时到账
国外支付牌照	有	有	有	有
国内支付牌照	无	无	无	跨境外汇支付/跨境人民币结算/互联网支付/移动支付
汇率	现汇买入价	现汇买入价	不固定	中行实时现汇买入价(后台公开透明)
其他优势	—	—	—	合规安全,可配合上市公司提供银行证明进行财务审计
				唯一一家变更账户实现邮箱、手机同时实时报警

除表 7-1 所列,还有很多亚马逊收款服务商,如 skyee,dats,但是因为他们没有国内真正的跨境支付牌照,skyee 甚至被叫停了,因此不再赘述。

WorldFirst 有国外牌照,在国内没有牌照,国内对接的后台还是连连支付,只能第二天到账。

Payonner 有国外牌照,在国内没有牌照,国内对接的后台还是富友,只能第二天到账。

PingPong 有国外牌照,在国内没有牌照,国内对接的后台还是钱宝,要几小时到第二天到账。

连连支付在国内国外都有牌照,所以打通提款很快,几乎秒到,最慢也就 2 小时。

关 键 词

亚马逊 亚马逊官方收款服务 欧洲顶级金融管理公司

本章小结

1. 亚马逊平台和国内电商平台的区别

(1) 平台性质不同。亚马逊是一家全球网络零售商,更是一家大数据公司,也是一家云计算、云解决方案公司,而国内电商平台只是单纯的电商购买平台。

(2) 面对的销售市场不同。对于中国卖家来说,亚马逊是一个出口跨境电商平台,也就是说,是将中国制造的产品销往海外市场,可以和海外的终端消费者直接接触。而国内电商平台仅仅是面对国内的消费市场。

（3）店铺的概念不同。亚马逊平台强调的是以产品为中心，没有店铺的概念。买家在亚马逊平台上买东西只看卖家的产品，很少看店铺，他们没有逛店铺的习惯。而国内的电商平台，例如淘宝，都是先免费开店铺，装修店铺，然后再上架自己的产品，最后开始销售。综上所述，国内的电商平台与亚马逊平台之间，亚马逊跨境电商平台通过以产品为中心，会一步步精确锁定消费者的兴趣点，根据消费者的兴趣引导消费，加大消费力度。增加卖家的营业额，是未来互联网金融发展的趋势。

2. 亚马逊后台各个模块简介

亚马逊跨境电商卖家中心后台内容包括亚马逊卖家账户的注册、选品、运营、上架、站内广告、FBA发货、国际物流、第三方收款、海外税务，以及售后服务等，以图文并茂的形式讲解，帮助卖家以最低的成本快速开启海外掘金之路。

3. 口碑最好的收款公司——PingPong 和 LianLian Pay。收款账户推荐公司——PingPong 和 LianLian Pay。前者是中国的一家公司，目前手续费1‰，并且没有任何汇损，目前是中国卖家使用较多的一家收款公司；后者是连连支付，汇率仅为0.7％。

习题

1. 亚马逊平台和国内电商平台的区别有哪些？
2. 亚马逊后台各个模块简介。
3. 简述口碑最好的收款公司——PingPong 和 LianLian Pay。

第八章

eBay 平台收款

> **学习目标** »
>
> 1. 了解 eBay 平台特点。
> 2. 了解 eBay 收费构成。
> 3. 掌握 eBay 销售方式。
> 4. 掌握 PayPal 账户注册及设置。
> 5. 熟悉 eBay 账号与 PayPal 账号绑定。

第一节　eBay 平台简介

一、eBay 平台介绍

eBay(EBAY,中文电子湾、亿贝、易贝)是一个可让全球民众上网买卖物品的线上拍卖及购物网站。eBay 于 1995 年 9 月 4 日由 Pierre Omidyar 以 Auctionweb 的名称创立于加利福尼亚州圣荷西。2018 年 12 月 20 日,2018 世界品牌 500 强排行榜发布,eBay 位列 47 位。2019 年 10 月,2019 福布斯全球数字经济 100 强榜位列 64 位。2019 年 10 月,Interbrand 发布的全球品牌百强榜 eBay 排名 44。

eBay 集团旗下有在线交易平台 eBay、在线支付工具 PayPal 和为全球企业提供零售渠道的 eBay Enterprise 三大主要业务。其中,eBay 在线交易平台为全球民众提供跨国电子商务交易服务,世界上几乎各个国家的民众均可实现在线交易。2015 年 4 月,PayPal 和 eBay 正式拆分,但双方的合作关系保持不变。协议规定,eBay 在 5 年内不得推出支付服务,继续和 PayPal 合作处理退款、逾期欠款和资金冻结等业务往来,必要时会对入驻 eBay 平台用户的账户采取适当行动。协议还规定,PayPal 不能成为实体产品开发自助的在线交易平台。PayPal 在线支付工具使得世界各地的交易双方能够实现网上安全、快捷的电子支付。

目前,PayPal 是全球最大的在线支付服务商。eBay Enterprise 商务服务平台则为世界不同规模的企业提供多渠道商务、多渠道零售以及数字营销等优质服务。目前,eBay 已有 1.471 亿注册用户,有来自全球 29 个国家或地区的卖家,每天都有涉及几千个分类的几百万件商品成功销售,是世界上最大的电子集市之一,2019 年 eBay 营收为 108 亿美元。

eBay 平台以其独特的销售方式在跨境电子商务平台赢得了一席之地。eBay 平台共包含拍卖方式、一口价方式和"拍卖+一口价"三种物品销售方式,分别介绍如下。

(一)拍卖方式

在 eBay 平台上,拍卖指采用"价高者得"的竞拍方式对上线产品进行拍卖。"拍卖"产品的操作步骤是:卖家设置产品的起拍价格和在线时间后,开启产品的拍卖,在产品拍卖的在线时间截止时,产品即刻下线,最后产品以竞拍最高价出售,出价最高的竞拍买家即为产品的中标者。

拍卖方式的优势主要有两点:第一点是通过设置较低的起拍价,能够激发众多潜在买家踊跃竞拍的兴趣,在为店铺吸引流量的同时,为卖家带来不错的利润;第二点是拍卖销售形式有助于提升产品的搜索权重,竞拍产品在在线时间即将结束的搜索排序中,能够获得较高的排名。拍卖方式作为一种低成本、高收益、吸引流量的销售方式,适用于下列情况。

(1) 卖家无法确定产品的确切价格且希望快速出售该产品,所以借助 eBay 平台的拍卖方式来决定产品的价格。

(2) 卖家销售的产品非常独特且难以买到,平台上对该产品有需求,采用拍卖方式能够引起潜在买家的热烈竞标,实现卖家利润最大化。

(3) 卖家的产品受到顾客欢迎,产品在刊登后很快就会被买走,有着较高的成交率。

(4) 卖家最近一段时间内没有生成订单的情况,可借助拍卖方式提高产品排名,为店铺吸引流量。

需要注意的是,以拍卖方式刊登产品是 eBay 平台提供的服务。卖家使用拍卖方式销售产品,eBay 平台会根据卖家设定的起拍价收取较低比率的刊登费,并根据物品最终成交价格收取一定比率的成交费。

(二) 一口价方式

一口价方式,顾名思义,指以定价方式刊登产品,这一方式便于顾客立刻购得产品。

一口价销售方式的优势主要有五点:第一点是成交费用低,表现在卖家根据设定的产品价格支付刊登费用,产品成交后,缴纳较低比率的成交费;第二点是产品展示时间长,表现在刊登产品在线时长高达 30 天,产品有充分的展示时间;第三点是一次性刊登,即多件产品可采用"多数量物品刊登"方式,一次性完成全部销售刊登,操作便捷;第四点是操作效率高,即以定价方式刊登 eBay 店铺中热卖的库存物品,可使用预设的物品描述和物品说明,大大节省了卖家的刊登时间,也简化了刊登工序;第五点是议价功能,表现在卖家采用一口价销售方式时,可以为产品设置议价功能,若产品最后成交价是商议后的价格,则按照成交金额支付一定的成交费。

一口价方式作为一种高效率、便捷的销售方式,适用于下列情况。

(1) 卖家能够清晰预估产品的价值,希望从产品上获取相应的价值。

(2) 卖家销售的产品有多件,可以采用多数量刊登方式将所有产品整合到一次产品刊登中。

(3) 卖家希望刊登产品的展示时间超过 7 天,获取更长时间以供买家选择。

(4) 卖家所销售的产品库存较多,希望尽量减少刊登费。

需要注意,若在刊登产品时发现没有可选择的"一口价"标签,表明卖家不具备以"一口价"形式销售产品的资格。如果一口价产品设定销售时间为 12 小时,则可以编辑一口价产品的价格。若产品以"一口价"形式刊登,则不能将其变更为具备"一口价"功能的"拍卖"产品;反之亦然。

(三)"拍卖+一口价"组合形式

"拍卖+一口价"是指卖家采用拍卖形式销售产品,选择"拍卖方式"设置起拍价的同时,再设置一个合理的"保底价",让买家可根据自己的需求灵活选择购买方式。其实,"保底价"就是"一口价"。"拍卖+一口价"的组合形式综合了"拍卖方式"和"一口价方式"的优势,能够给卖家带来更多的商机。

拍卖+一口价"方式作为一种灵活的销售方式,适用于下列情况。

(1) 卖家销售的产品种类多,希望同时吸引那些想要通过竞拍达成交易的人以及其他更倾向于选择方便的"一口价"交易的买家。

(2) 卖家希望尽可能扩大买家对库存商品的需求,并通过竞拍和"一口价"刊登方式来帮助竞拍者和买家了解卖家的其他销售产品或店铺。

采用"拍卖+一口价"销售方式的卖家需要注意,产品刊登后不能修改销售形式。特定情况下,卖家可以增加、编辑或移除拍卖的"一口价"功能。不同的卖家在选择入驻 eBay 的时候,需要考虑 eBay 多平台的特点。eBay 站点遍布全球,主要有美国、英国、中国、阿根廷、奥地利、比利时、巴西、加拿大、德国、法国、爱尔兰、意大利、马来西亚、墨西哥、荷兰、新西兰、波兰、新加坡、西班牙、瑞典、瑞士、泰国、土耳其等。

入驻 eBay 平台不仅注册完全免费,而且无最低消费限额。入驻卖家的所有费用都取决于自身对平台服务的使用情况。以英国站 ebay.co.uk 的标准费用为例,非店铺卖家在 eBay 英国站进行产品销售的费用为刊登费、成交费及特色功能费。其中,费用还因为产品销售方式的不同而不同。如开设 eBay 英国站店铺,每月需支付相应的店铺月租费。店铺级别不同,月租费也不尽相同。不过,店铺卖家可以享受到"一口价"物品刊登费的优惠。另外,eBay 英国站针对汽车和分类广告类物品有不同的收费方式,有国际销售费用、慈善销售折扣及提前结束拍卖费用等项目。

不同的 eBay 站点,资费不同,入驻卖家需要选择适合自身的 eBay 站点。但是,eBay 同样规定了平台卖家标准和卖家等级。其中,DSR(detailed seller ratings)是 eBay 自 2007 年启用的卖家评级体系。DSR 评级体系是指 eBay 平台的买家在购物后可以就卖家提供的服务留下信用评价,从而形成卖家的服务质量评级。无论是买家还是卖家,均只能看到卖家评级的平均值,卖家也无法分辨具体是由哪位买家留下的特定评级。

DSR 评价指标共包含物品描述准确性(item as described)、沟通质量及回应速度(communication)、物品运送时间(shipping time)和运费及处理费合理性(shipping and handling charges)共四个指标。

卖家服务评级体系采用"五星制"标准体系,卖家服务评级分值在一星至五星之间,其中,五星为最高评级,一星为最低评级。卖家须注意,DSR 评分代表四项独立分数,并非四项评分的加权平均数。为了使买家获得更好的购物体验，eBay 会将 DSR 评分高的卖家的物品优先推荐给买家。而且，卖家服务评级分数不会影响卖家总体的信用度。

DSR 各项评分为指定评价指标下所有分数的平均值，以五角星形式显示在店铺的信用评价档案内，星数越多、越完整，代表买家对卖家的服务越满意，Number of ratings 告诉卖家对应评价指标的有效评价数，如图 8-1 所示。

图 8-1　店铺 DSR 评分示例

DSR 评分有助于卖家了解店铺的服务表现。同时，DSR 评分也是买家评判卖家产品质量和服务的参考依据，有助于提升买家的购物体验。从平台利益角度出发，eBay 会奖励提供优质服务的卖家。对于 DSR 分值较高的卖家，平台给予其更高的产品曝光度。对于 DSR 分值低的卖家，平台则会施予相应的惩罚。但是，卖家服务评级是选填项，由购物的买家决定是否进行评级。

根据 DSR 评分，eBay 平台执行相应的奖惩，奖惩细则如表 8-1 所示。

表 8-1　DSR 评分对卖家的影响

影响因素	最佳匹配排名	eBay 卖家标准
DSR 分类越高	物品在搜索结果列表中优先推荐	高于 eBay 标准有机会成为优秀评级卖家，享受优惠
DSR 分数越低	物品在搜索结果列表中排名靠后	低于 eBay 标准卖家账户将受到限制甚至被冻结

对于卖家，建议提高店铺 DSR 评级，进而提升产品曝光率，赢得更多商机；同时，争取成为 eBay 优秀评级卖家，以便享受较多的费用折扣，获得更多的成交机会。

要想有效提升商家的 DSR 评分，建议卖家做到如下几点。

(1) 卖家准确说明物品的状态,如二手还是全新,并履行出售条款。

(2) 卖家要避免以"已修理""已翻新"混淆物品的"全新"。

(3) 卖家在发货时间方面,明确标注"周日不发货"等说明。

(4) 卖家务必高效回复买家邮件,主动告知买家意向物品的最新状态。

(5) 卖家在处理纠纷时,不要推卸责任,应以专业态度与买家协同处理。

对于评分高的卖家,DSR评分体系会提升买家购买率;对于评分低的卖家,则会造成买家流失。为了帮助卖家专注于提升那些真正影响顾客满意度的重要因素,也为了进一步维护网络平台交易的公平、公正,eBay于2014年推出新的卖家表现的衡量方法Defect Rate。Defect Rate即不良交易率,是指卖家不良交易占卖家所有成功交易的比例,旨在对卖家表现进行更为公平、公正、合理的评分。

不良交易的发生显然会减少买家购买甚至导致买家流失。不良交易主要表现为item as described、shipping time、留言评级、退货、取消交易和纠纷等方面。其中,item as described是指物品与描述相符,若买家对该项给予1分、2分或3分的评级,则该项属于不良交易。shipping time是指运送时间,若买家在该项给予1分评级则该项属于不良交易。若买家的留言评级为中评或差评,则该项属于不良交易。若买家由item as described原因退货,则该项属于不良交易。若由于卖家过失而导致交易取消,则该项属于不良交易。若买家通过eBay买家保障或PayPal购物保障开启了"物品未收到"或item as described的纠纷,则该项属于不良交易。

一般来说,不良交易率越低,卖家物品刊登在最佳匹配搜索结果中的排名就越靠前。与DSR评分一样,不良交易率也会影响eBay平台对不同卖家的奖惩。若卖家保持较低的不良交易率,eBay会奖励卖家在最佳匹配搜索结果中获得更加有利的排名,优质的服务记录可以带来更高的曝光率,增加潜在销量。与DSR评分不同的是,买家不会看到卖家的不良交易率。

在不良交易率衡量方法下,eBay各站点对卖家等级要求如表8-2所示。

表8-2 eBay各站点卖家等级要求

卖家等级要求		不良交易率
美国站 统计美国买家的交易	优秀评级卖家	2%或<5笔
	所有卖家	5%或<8笔
英国站 统计英国买家的交易	优秀评级卖家	2%或<5笔
	所有卖家	5%或<8笔
德国站 统计德国买家的交易	优秀评级卖家	2.5%或<5笔
	所有卖家	5%或<8笔
其他站点 统计所有买家的交易	优秀评级卖家	2%或<5笔
	所有卖家	5%或<8笔

自 eBay 推出 Defect Rate 方法后,平台对卖家规定了以下最低标准。

(1) 5%:在考核期内,卖家不良交易率不得超过 5%。

(2) 0.3%:在考核期内,卖家的未解决纠纷率不得超过 0.3%。

eBay 平台对卖家的评估周期规定如下。

(1) 3 个月:卖家过去 3 个月交易不低于 400 笔时,评估期为过去 3 个月。

(2) 一年:卖家过去 3 个月交易不足 400 笔时,评估期为过去 1 年。

卖家须知,只有当评估期内的不良交易来自至少 5 位不同买家时,才会影响账号的优秀评级卖家评估;只有当评估期内的不良交易来自至少 8 位不同买家时,才会影响账号的合格卖家评估。

在不良交易率衡量方法下,eBay 评估日为每月的 20 日。要想成为 eBay 平台的合格卖家,需要满足不良交易率及未解决纠纷率的最低要求。对于所有卖家而言,纠纷的统一指标为"W≤0.3%或<2 笔"。关于纠纷,卖家需要关注以下三点。

(1) 纠纷处理:买家发起纠纷而卖家未在规定时效内给予答复,或纠纷升级后,由 eBay 判定卖家承担责任的交易,将被计入未解决纠纷率。

(2) 留言评价:当买家对交易留下中评或差评时,卖家通过信用评价修改流程请求买家将中、差评修改为好评,原中、差评将不被计入不良交易。

(3) 未解决纠纷:当一笔交易被认定为未解决纠纷时,会被认定为开启纠纷而计为不良交易。

任何一个跨境电子商务平台都有其独特的搜索排名机制,eBay 采用的是最佳匹配搜索排名,称之为 Best Match。Best Match 作为 eBay 平台默认的商品搜索排序标准,可帮助买家找到真正需要的商品,可助力卖家将商品展示在买家面前。

卖家在 Best Match 的排名是由卖家向买家提供优质的产品和服务两项共同决定的,涉及的考量因素如下。

(1) 最近销售记录:定价类商品的最近销售记录是衡量卖家一条 listing 中,有多少 item 为不同的买家所购买。商品近期销售记录越多,越能取得曝光度。

(2) 即将结束时间:指距离拍卖类商品下架所剩的时间。

(3) 卖家评级:DSR 包括商品描述、沟通、货运时间和运费。优秀评级卖家的商品一般排名较为靠前。此外,还有买家满意度、商品标题相关度、商品价格及运费等因素。

Best Match 采用不同的方式对不同的刊登商品进行排序,定义商品相关度的标准在定价商品和拍卖商品上是不同的。其中,对于"拍卖"商品,商品相关度、DSR 评级以及商品剩余时间仍然是 Best Match 排序中的重要考量因素;对于"定价"商品,商品相关度和卖家的 DSR 是最佳匹配的重要因素,商品剩余时间相对不重要,但包含商品价格和运费的总成本、近期销量则非常重要。其中,近期销量指商品销售速度越快,对排序结果越有利。

对于大多数卖家来说,选择合理的商品刊登方式和正确的类目,设置相关度高的商品标题，提供合适的价格和运费，填写商品详情并提供良好的服务，都有助于提升最佳匹配搜索排名。例如，免运费的定价产品将获得额外的曝光量。

二、eBay 平台特点

1. 优势/优点

（1）有专业客服。对于卖家来说，eBay 有专门的客服，可通过电话联系或者是网络会话的形式进行沟通交流。

（2）低门槛。相较于在亚马逊开店来说，在 eBay 开店的门槛较低。

（3）定价方式多样。eBay 的定价方式有多种，包括无底价竞标、有底价竞标、定价出售、一口价成交。

（4）排名相对公平，卖家可以通过拍卖获取曝光。

2. 劣势/缺点

（1）后台不易操作。eBay 后台是英文显示，对于一些英文功底较薄弱的卖家来说，增加了操作难度。

（2）付款方式单一。目前 eBay 只支持 PayPal 付款方式。

（3）偏向买家，对卖家要求严格。eBay 更看重买家的销售体验，所以对于卖家的产品质量以及售后服务比较看重，当店铺被投诉，严重的话将被封店。

（4）收款项目较多。eBay 将卖家的店铺分为很多级，每一级店铺的收费标准都是不一样的。且 eBay 除了收取店铺费用外，如果卖家需要使用特殊功能的话，也是相应需要支付费用的。

（5）审核周期长，只能拍卖，产品数量有起始限制，需要积累信誉才能越卖越多，出单周期也长，需要慢慢积累。

第二节　eBay 费用

注册 eBay 是完全免费的，不过开设 eBay 店铺需要根据所选的店铺级别每月支付相应的店铺月租费。此外，在 eBay 各个站点上刊登商品需要支付商品刊登费，商品售出后需要支付一定比例的成交费。同时，根据卖家选择商品刊登形式的不同，产生的费用也会有所区别，卖家还可以为商品添加一些特殊功能，但也需要缴付相应的费用。因此，eBay 平台的手续费主要包括 5 个部分。

（1）店铺费：店铺月租费，不同级别卖家的店铺月租费不同。

(2) 刊登费：在发布一个商品时就需要支付的固定费用，不同类目的标准不同。

(3) 成交费：成交后按照成交总金额支付一定比例的费用，未成交则不收取费用。

(4) 特色功能费：卖家可以为刊登的商品添加特色功能，需要在发布时与刊登费一同支付。

(5) PayPal 费用：使用 PayPal 工具的手续费，在 PayPal 上单独收取。

以上这些收费都是指在注册完成后，选择哪个站点刊登产品的收费标准，与在哪个国家站注册无关。当然，选择的刊登站点不同，收费标准也不相同。

下面将重点介绍美国站的收费标准。美国站的收费标准分为非店铺卖家和店铺卖家。非店铺卖家就是指只是在美国站刊登商品进行销售，而没有在美国站开设店铺；店铺卖家就是在美国站开设有店铺的卖家。

一、非店铺卖家的收费标准（美国站）

eBay 美国站非店铺卖家的费用包括基本费用和特色功能费两大项，其中基本费用是指商品刊登费和商品售出后的成交费，特色功能费是指卖家在刊登商品时所添加的一些特色功能。

（一）基本费用（所有费用以美元计）

eBay 美国站的基本费用包括商品刊登费以及成交费，具体费用如表 8-3 所示。

表 8-3　eBay 美国站基本费用

以拍卖方式或固定价格刊登物品	
拍卖物品的刊登费/Insertion Fee	
免费刊登	超出每月免费刊登部分
每月 50 条免费的物品刊登	30 美分/条
成交费/Final Value Fee	
最终成交价/Final sale price	费用
物品未售出	不收费
物品售出	10%（封顶 250 美元，其他分类中基于成交价格收取一定的比例；符合"优秀评级＋"标准的物品可享受 20% 成交费折扣）

（二）特色功能费

为了能够使商品得到更好的展示，并提升销售量，卖家可以为所刊登的商品添加一些特色功能。当然,添加这些特色功能是需要缴付相应费用的,具体的收费标准如表8-4、表8-5所示。

表8-4　eBay美国站特色功能收费标准(单位:美元)

功能/Feature	优化刊登功能费/Listing upgrade fees	
	费用——针对拍卖、一口价刊登(3,5,7,10天在线)	费用——针对一口价刊登(30天,无限期在线)
优惠包/Value Pack	$0.65	$2.00
橱窗展示/Gallery	免费	免费
橱窗展示大图/Gallery Plus	$0.35	$1.00
页面设计师/Listing Designer	$0.10	$0.30
副标题/Subtitle	$0.50	$1.50
字体加粗/Bold	$2.00	$4.00
物品定时刊登/Scheduled Listings	$0.10	$0.10
物品同时刊登于2个物品分类中/List in two categories	2倍的刊登费和特色功能费,定时刊登费和成交费只收取1次	2倍的刊登费和特色功能费,定时刊登费和成交费只收取1次

表8-5　eBay美国站特色功能收费标准(单位:美元)

多站点曝光功能/International site visibility		
起始价/Starting price	费用——针对拍卖形式(3,5,7,10天在线)	费用——针对一口价形式(3,5,7,10,30天在线,无限期在线)
$0.01—$9.99	$0.10	$0.50
$10.00—$49.99	$0.20	
$50.00及以上	$0.40	

除了以上的特色功能外,为了保证自己刊登的商品能够售出,针对以"拍卖"方式刊登的商品,还可以使用"商品保底价"以及设置特殊时间的功能,具体收费标准如表8-6所示。

表8-6　拍卖方式可独享的特色功能收费标准(单位:美元)

可选特色功能费/Optional feature fees	
物品底价费/Reserve price fees	
底价的价格区间/Reserve price	费用
$0.01—$199.99	$2.00
$200.00及以上	底价的1.0%(上限为$50.00)

(续表)

拍卖物品中添加"一口价/Buy it now"功能		
一口价的价格区间/Buy it now price	费用	
$0.99—$9.99	每月可免费为50件拍卖物品添加"一口价"功能	$0.05
$10.00—$24.99		$0.10
$25.00—$49.99		$0.20
$50.00及以上		$0.25

二、店铺卖家的收费标准(美国站)

而非店铺卖家和店铺卖家其中不同之一就是,店铺卖家开通店铺需要向 eBay 交店铺订阅费,视不同等级而定,每个店铺等级都有年度和月度订阅两种方式,同一个店铺等级,年度订阅的收费会比月度订阅优惠,但不管是以年度方式还是以月度方式订阅店铺,卖家都是以月为单位支付费用。

所以店铺卖家的平台费用就由店铺费、刊登费、成交费、特色功能费及 PayPal 费构成。其中,PayPal 费将会单独通过 PayPal 来收取。店铺卖家同样可以使用产品升级功能优化 listing,合理使用 eBay 的特色功能以及广告促进销售,这是会收取额外的费用的。

1. 店铺费

eBay 美国卖家店铺等级分为五种类型:分别是 Starter 初级店铺、Basic 基础店铺、Premium 高级店铺、Anchor 超级店铺和 Enterprise 企业店铺。具体收费标准如表 8-7 所示。

表 8-7 eBay 美国站店铺卖家的店铺月租费(单位:美元/月)

店铺级别(Store type)	按月订阅	按年订阅
初级店铺(Starter)	7.95	4.95
基础店铺(Basic)	27.95	21.95
高级店铺(Premium)	74.95	59.95
超级店铺(Anchor)	349.95	299.95
企业店铺(Enterprise)	/	2 999.95

2. 刊登费

在 eBay 上线一条刊登 listing 时,eBay 将向每条 listing、每个分类收取费用,即刊登费。非店铺卖家每月只有50条免费刊登额度,店铺卖家的免费刊登条数视店铺等级不同而定。

3. 成交费

产品成功售出时,按照产品成交价一定比例收取成交费。如果卖家的账号表现不佳,跌入 below standard 级别后,成交费会增加4%。表8-8罗列了大多数分类刊登的物品的基本费用以及每月可获得的零刊登费物品刊登数量。

表8-8 eBay美国站店铺卖家部分商品刊登费及成交费

分类	刊登费	成交费
适用于大多数分类的标准费用,包括:音乐＞录制品;eBay汽车＞零部件以及eBay汽车＞汽保工具和物资	每月免费刊登前50件物品,每件物品刊登0.35美元	10%(最高费用为750美元)
书籍 DVD和电影 音乐(录制品分类除外)		12%(最高费用为750美元)
工商业分类: 重型设备零件和附件＞重型设备 印刷＆图表艺术＞商用印刷机 餐厅和餐饮服务＞食品卡车、拖车和购物车	20美元	2%(最高费用为300美元)
乐器、装备＞吉他与贝司	免费	3.5%(最高费用为350美元)
服饰,鞋类及配件分类: ● 男士＞男鞋＞运动鞋 ● 女士＞女鞋＞运动鞋	如起始价为100美元或以上,则免费	● 0%如售出价格为100美元或以上 ● 10%如售出价格低于100美元

4. PayPal 费用

PayPal是eBay指定的收付款工具,当卖家用PayPal给店铺收款时,需要根据销售额支付一定比例的PayPal费用。

5. 店铺卖家特色功能费

店铺卖家为商品添加特色功能,同样需要缴纳相应的特色功能使用费,这其中主要包括商品定时刊登(scheduled listings)、页面设计师(listing designer)、橱窗展示大图(gallery plus)、副标题(subtitle)、优惠包(value pack)、字体加粗(bold)、商品同时刊登在两个商品分类中(list in 2 categories)、多站点曝光(international site visibility)等几项。

除了使用商品定时刊登功能时每件刊登商品需要支付0.10美元外,其他特色功能的收费标准与非店铺卖家的特色功能收费标准相同(见表8-4、表8-5)。

针对以拍卖方式刊登的商品,店铺卖家可以为商品设置一个一口价,方便买家立即购买。此外,还可以为拍卖的商品设置"商品保底价"及特殊时间,具体收费标准如表 8-9 所示。

表 8-9 拍卖方式可独享的特色功能费收费标准(单位:美元)

	价格区间	收费标准(每件)
一口价(设置的一口价必须比起拍价高出 30%)	0.99—9.99	0.05
	10—24.99	0.10
	25—49.99	0.20
	50 及以上	0.25
	价格区间	收费标准
商品底价费(reserve price)	0.01—74.99	3
	75 及以上	底价的 4%,上限为 100
特殊时间(设置 1 天或 3 天在线时间)	1.00	

6. Promoted listing 的广告服务费用

作为又一营销推广利器,eBay 推出的 promoted listings 工具可让你所售卖的产品获得更大的曝光。它能让你的 listing 有更多机会展现在更多的买家面前,使更多买家更快找到你的 listing。同时,只有通过使用了 promoted listing 版位而售卖出的产品才会收取相应的广告费。

我们先来看下如何识别出设置了 Promoted listings 的产品。如图 8-2 所示,带有【SPONSORED】字样的产品即为参加 PL campaigns 的 listing。

图 8-2 带有【SPONSORED】字样的产品

第三节　eBay 收款方式——PayPal

PayPal 的注册和认证都是完全免费的，且 PayPal 没有任何月租费或最低消费额限制。买家使用 PayPal 购物，无论是通过信用卡、借记卡还是 PayPal 余额付款，均无须支付任何手续费，手续费由卖家承担。如使用其他货币付款，则只需支付少量的兑换费用。

卖家只有在成功完成交易后才需支付交易费。此外，满足一定条件后，卖家的月销售额越高，所需支付的费率就越低。如果卖家时常通过 PayPal 收款，还可使用 PayPal 商家账户获取更多工具和价格折扣。

一、PayPal 账户注册及设置

（一）注册 PayPal 资金账户

（1）登录 www.paypal.com，点击注册，选择【商家账号（个体/企业）】如图 8-3 所示。

图 8-3　PayPal 登录界面

（2）填写注册信息后，点击【创建商家账户】如图8-4所示。

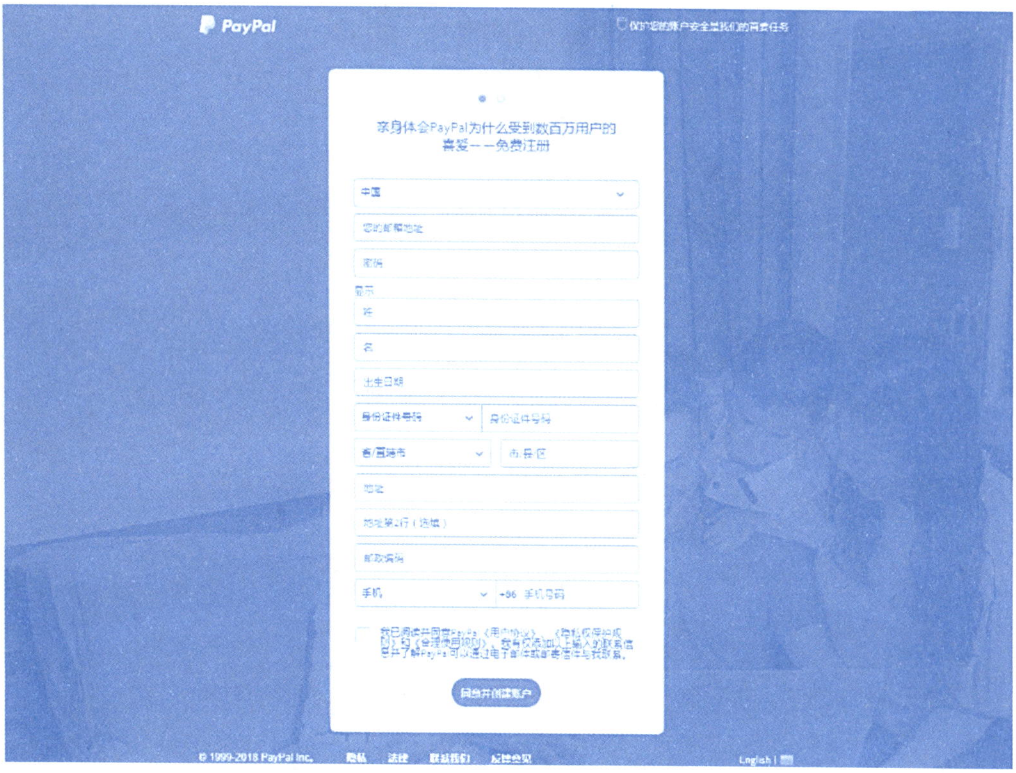

图8-4 注册界面

（3）输入需要注册的邮箱地址，如图8-5所示进入【下一步】。

图8-5 输入需要注册的邮箱地址

(4) 进行信息填写,如图 8-6 所示,点击【同意并继续】。

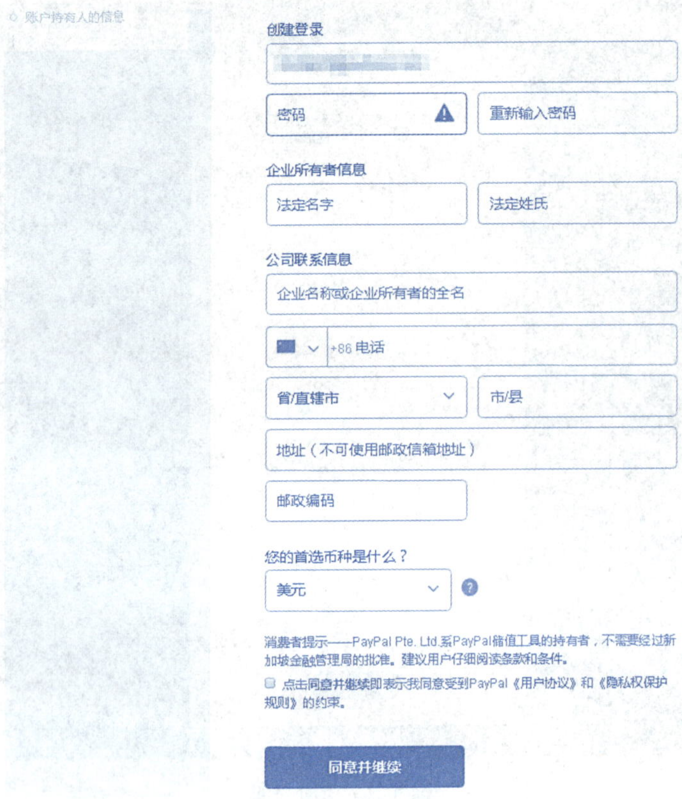

图 8-6 填写信息

(5) 填写公司信息,如图 8-7 所示。

图 8-7 选择类型

（6）如图 8-8 所示，填写【账号持有人信息】并【提交】。

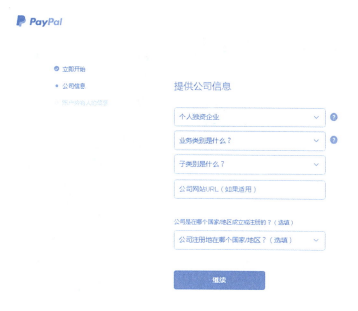

图 8-8　填写公司信息

（7）PayPal 便注册成功了，如图 8-9 所示。

图 8-9　注册成功

（二）付款设置

（1）在【商家设置】中，有【付款设置】和【账户设置】两大类，如图 8-10 所示。

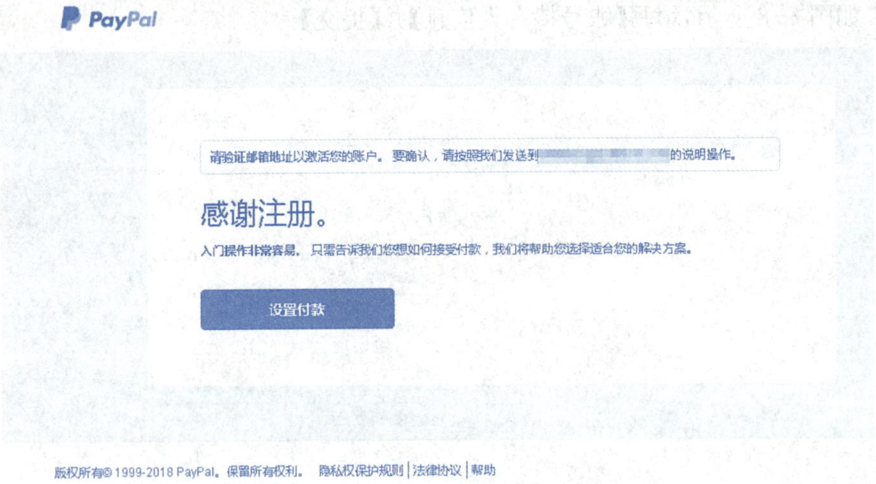

图 8-10　付款设置

（2）点击【付款设置】，如图 8-11 所示。

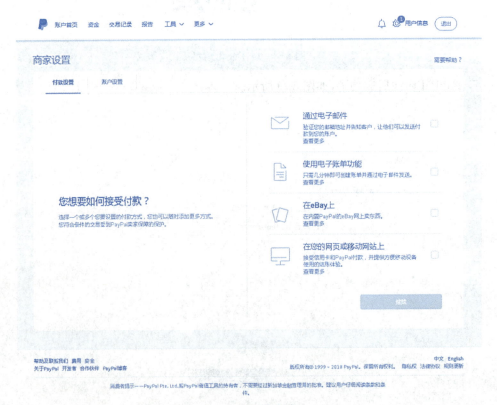

图 8-11　付款设置

（3）点击【账户设置】，如图 8-12 所示。

（4）我们选择通过验证电子邮箱来激活账户。可以在设置的邮箱中找到验证邮件，点击后账户被激活，如图 8-13 所示。

第八章
eBay 平台收款

图 8-12　账户设置

图 8-13　验证邮件

（5）验证完邮箱后，选择【账户设置】—【关联您的银行账户】，如图 8-14 所示。

图 8-14　关联账户

（6）进入下一步设置，进入【账户设置】—【确保客户能清楚看到您的公司名称】，进行公司信息确认，如图 8-15 所示。

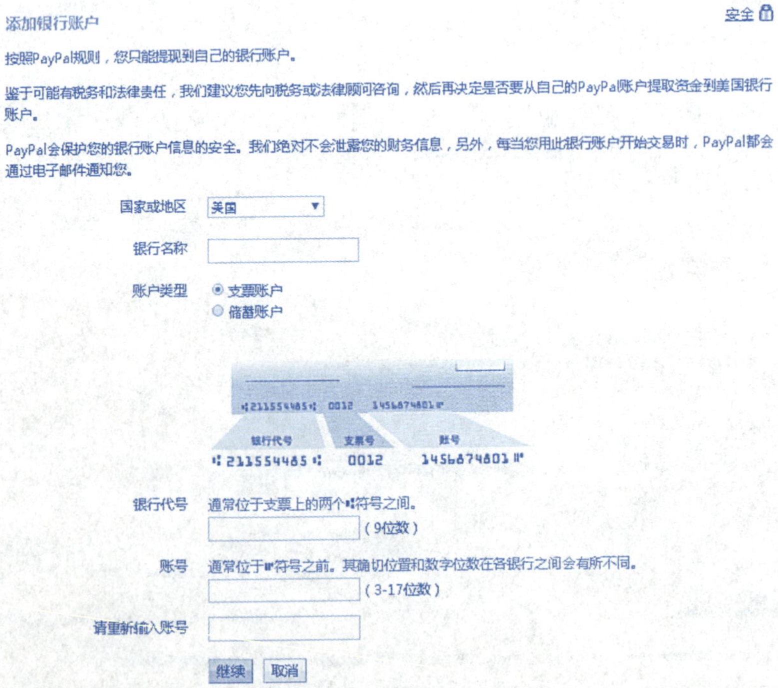

图 8-15　公司信息确认

(7) 最后进行限额设置，路径为【账户设置】—【提高限额，转账更轻松】，如图 8-16 所示。

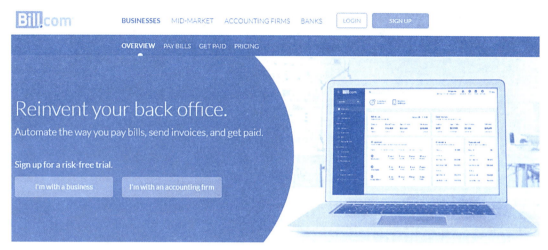

图 8-16　限额设置

（三）收款设置

现在我们进行收款设置，在商家设置下方选择收款方式，如图 8-17 所示。

图 8-17　收款设置

（四）绑定收付款银行卡

当完成收付款的设置后，最后一步，需要进行银行卡的绑定，路径：【用户信息】—【用户信息与设置】—【我的用户信息】—【财务信息】，如图 8-18 所示。

下一步，添加信用卡或借记卡如图 8-19 所示。

确认卡后完成该设置，如图 8-20 所示。

图 8-18　银行卡的绑定

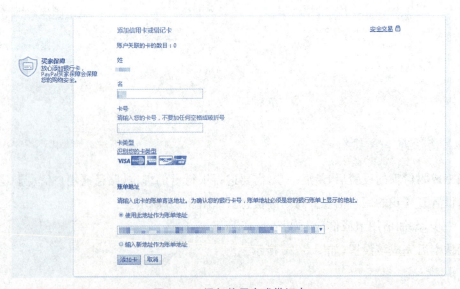

图 8-19　添加信用卡或借记卡

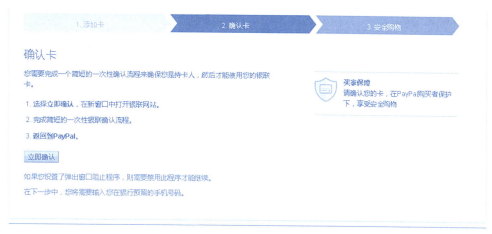

图 8-20　确认卡

注①：

建议卖家使用与注册 eBay 账号时相同的电子邮件地址注册 PayPal 账户。

姓和名请使用拼音，并确保和银行登记时一致。

请务必填写真实的姓名地址及相关信息，否则将导致提款失败，账户受限等状况影响您的正常交易。

二、eBay 账号与 PayPal 账号绑定

（一）eBay 账号与 PayPal 账号关联

当 eBay 账号成功注册后，进入【我的 eBay】—【账户】—【PayPal 账户】，出现两个选项，我们只需要点击【连结到我的 PayPal 账户】，完成账号关联，如图 8-21 和图 8-22 所示。

图 8-21　账号关联

---

① 资料来源：https://www.ebay.cn/newcms/Home/personal_account/2。

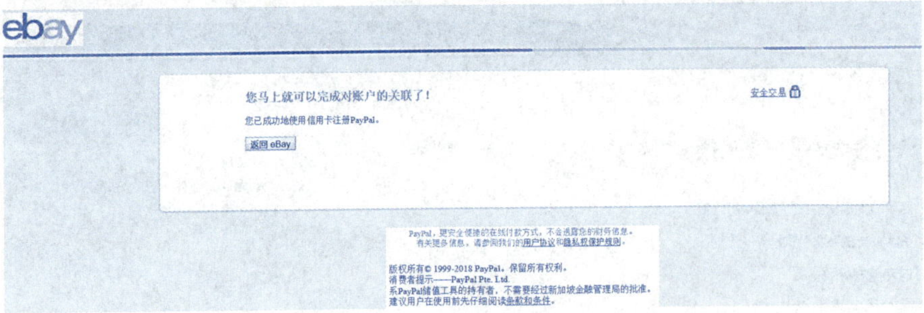

图 8-22 完成关联

(二) eBay 卖家账号认证

当卖家刊登某个产品时，会同时认证卖家账号，如图 8-23 和图 8-24 所示。

图 8-23 刊登商品

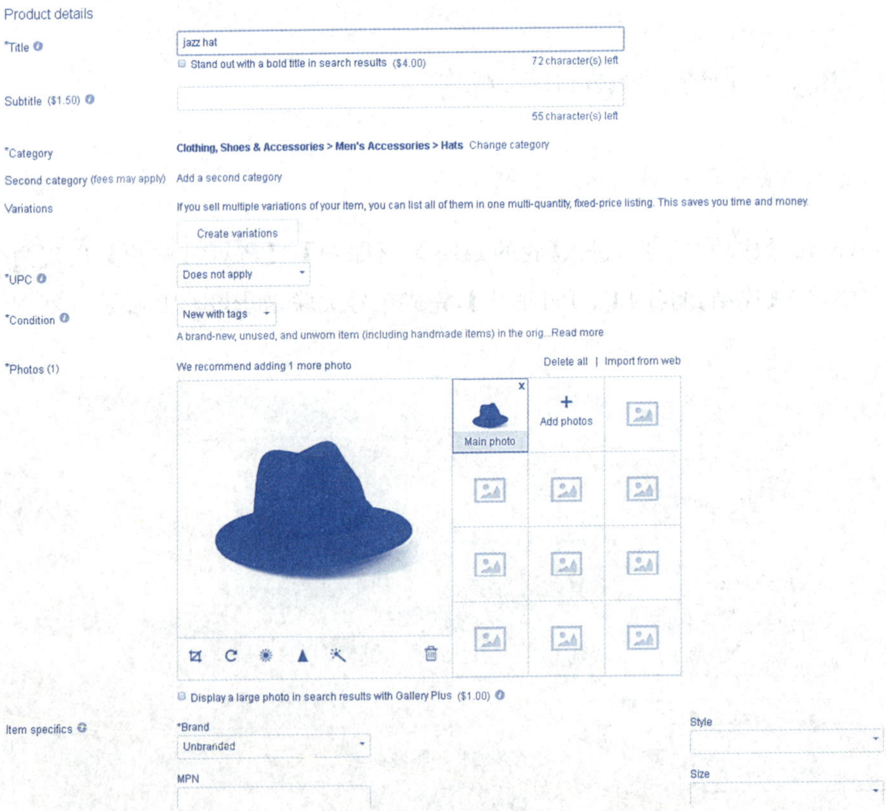

图 8-24 刊登商品

刊登全部填写完毕后，点击【List item】后，需要卖家签署协议，点击【I agree】后，出现【确认身份】页面，如图 8-25 所示。

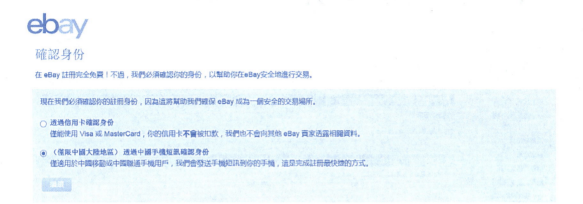

图 8-25　确认身份

卖家可以选择信用卡确认身份，信用卡确认页面如图 8-26 所示。

图 8-26　信用卡确认页面

(三)查看初始额度

确认后,页面即可跳转至【我的站点】,您可进行额度的查询,如图 8-27 所示。

图 8-27 额度查询

或者登录到 eBay.com,在 seller hub 中查看每月销售额度,方法如下。

进入这个网址,激活 seller hub,http://www.ebay.com/sh/landing,如图 8-28 所示。

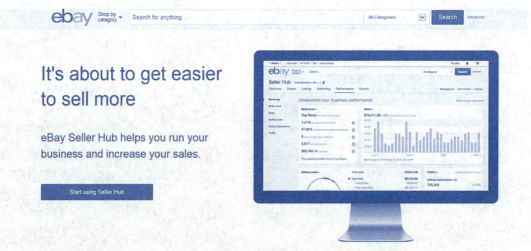

图 8-28 激活 seller hub

在页面中添加 monthly limit 的模块,如图 8-29、图 8-30、图 8-31 所示。

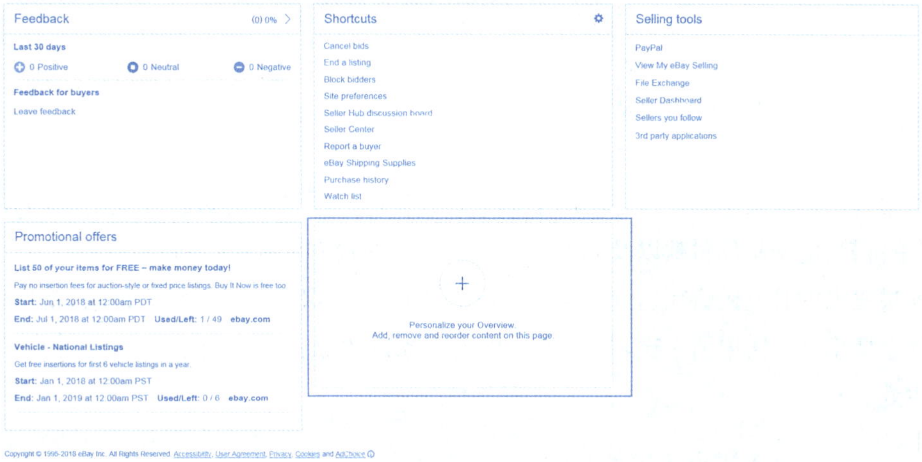

图 8-29 添加 monthly limit 的模块

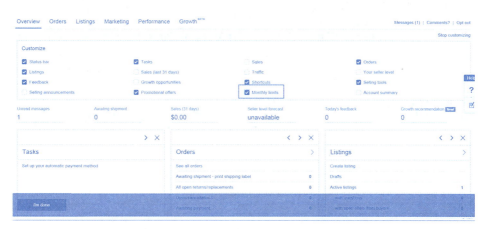

图 8-30 添加 monthly limit 的模块

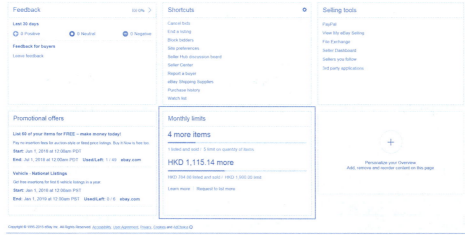

图 8-31 每月销售额度

这样就可以在 seller hub 中统一检查自己的账号额度了①。

三、标准费率及优惠费率

费率包括标准费率和优惠费率两个部分。根据用户所选择的付款方式不同,如网站付款、账单付款、电子邮件付款以及 eBay 付款,所享受的费率也有所不同。

如果卖家的月度销售额达到 3 000 美元及以上,并且保持良好的账户记录,就可以申请商家优惠费率。只需申请一次,日后便会根据卖家的收款额每月自动调整适用费率,并于次月生效。

(一) 网站、账单或电子邮件收款

通过网站、账单或电子邮件收款享受的标准费率和优惠费率标准如表 8-10 所示。

表 8-10 网站、账单或电子邮件收款标准及优惠费率标准

费率类型	月销售额(美元)	费率(美元)
标准费率	3 000 及以下	4.4%+0.30
优惠费率	3 000—10 000	3.9%+0.30
	10 000—100 000	3.7%+0.30
	100 000 以上	3.4%+0.30

(二) eBay 收款

通过 eBay 收款的标准费率及优惠费率标准如表 8-11 所示。

表 8-11 eBay 收款的标准费率及优惠费率标准

费率类型	月销售额(美元)	费率(美元)
标准费率	3 000 及以下	3.9%+0.30
优惠费率	3 000—10 000	3.4%+0.30
	10 000—100 000	3.2%+0.30
	100 000 以上	2.9%+0.30

---

① 资料来源:https://www.ebay.cn/newcms/Home/personal_account/3。

四、小额商品费率

卖家在接受数字商品付款时,需要按照标准费率付费,或者是支付小额商品费率,最后以较低的费用为准。小额商品费率需要卖家进行特别申请,申请后将不能再使用默认的普通费率。

小额商品费率每笔交易的计算方法是 6.0%+0.05 美元或以收款货币计算的近似固定费用。

五、货币兑换手续费

用户可以将 PayPal 账户中的部分或全部余额从一种货币兑换为另一种货币。在账户中进行货币币种的转换,需要承担一定的货币兑换手续费。货币兑换手续费的收费标准为:基于批发汇率加价 2.5%。

六、eBay 收款方式设置

设置 eBay 收款方式的操作步骤如下。
(1) 以 eBay 美国站为例,完成登录,进入 My eBay 页面。
(2) 在 My eBay 页面中点击【Account】,进入账户页面。
(3) 进入 Account 页面,点击【Business Policies】,进入商业政策页面,如图 8-32 所示。

图 8-32 账户页面

（4）单击【Create policy】按钮，在下拉列表中选择【Payment】，创建一个新的收付款方式，如图 8-33 所示。

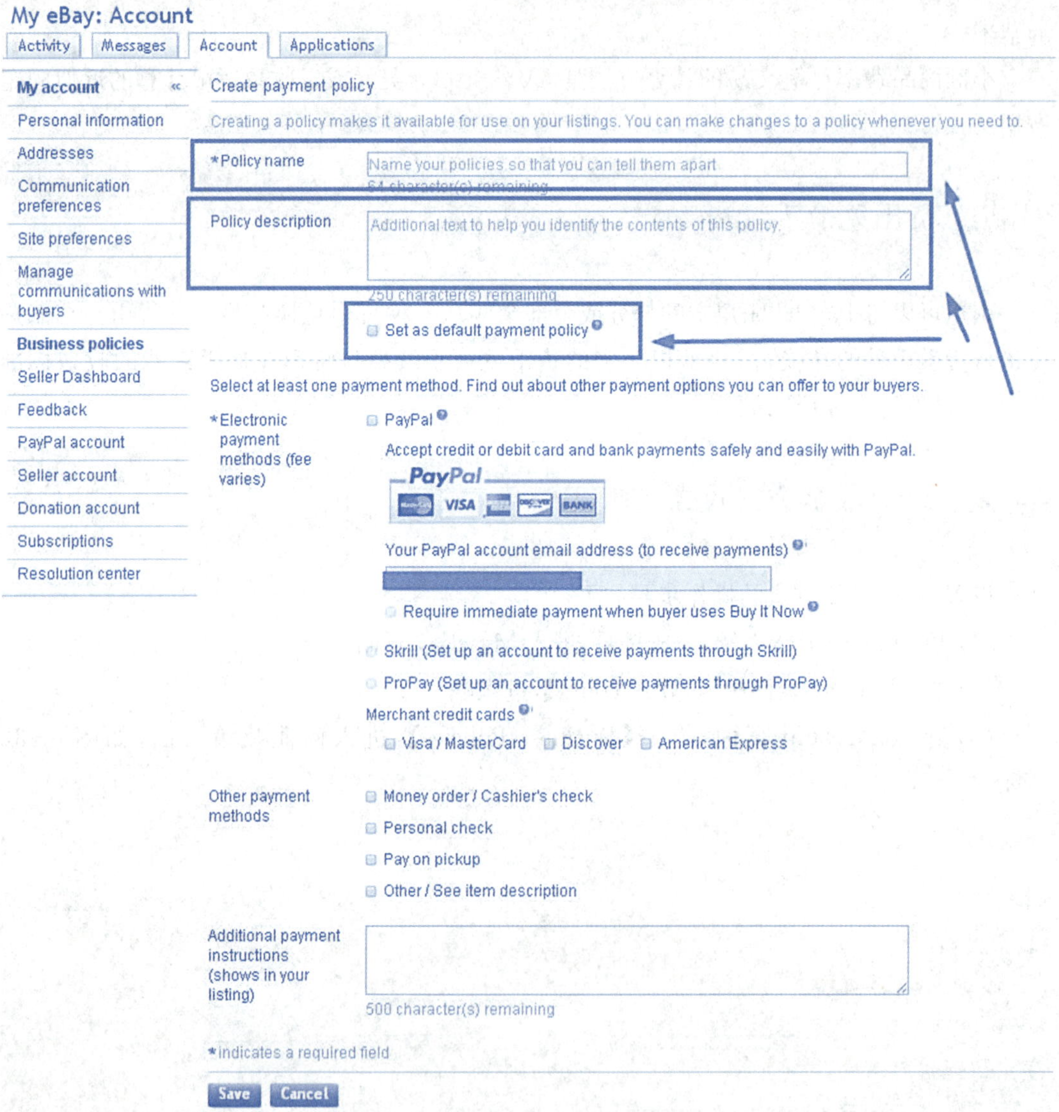

图 8-33 收付款方式

（5）在创建页面中，可在【Policy name】对应的文本框中输入收付款政策名称，在【Policy description】对应的文本框中输入政策说明，如果要将正在设置的收付款方式定为默认政策，可勾选【Set as default payment policy】，如图 8-34 所示。

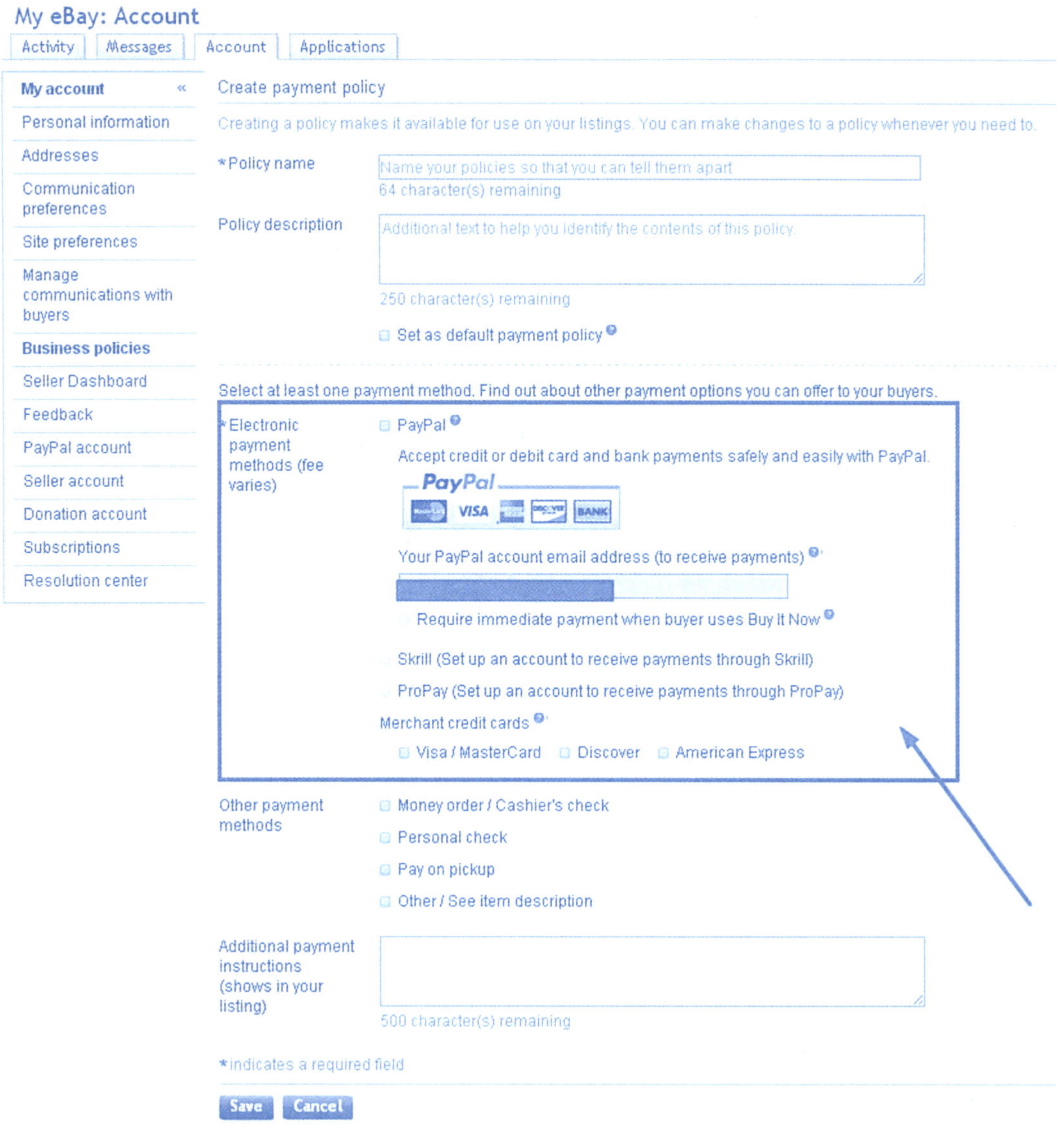

图 8-34　收付款方式

（6）在【Electronic payment methods(fee varies)】中可设置收付款方式。如需设置 PayPal 作为支付方式，需勾选 PayPal，然后在【Your PayPal account email address】下的文本框中输入 PayPal 邮件地址。如需买家立即支付，可勾选【Require immediate payment when buyer uses Buy It Now】，如图 8-35 所示。

图 8-35 输入邮件地址

（7）如有额外的收付款说明，可在【Additional payment instructions（shows in your listing）】中填写，设置完毕后，点击【Save】保存[①]。

七、提现及手续费

卖家收到客户的 PayPal 付款后，款项将会被保留在卖家的 PayPal 账户余额中。

[①] 资料来源：https：//www.cifnews.com/article/28722。

PayPal 设有"提现"功能，卖家可以通过该供能将款项转至自己的银行账户中。在此，有一点要特别注意：PayPal 账户必须通过认证才能提现。

PayPal 为用户提供的提现方式有快捷人民币提现、提现美元到国内的银行账户、提现港币到香港地区的银行账户、提现美元到美国的银行账户、通过支票提现美元，PayPal 目前支持的五种提现方式覆盖中国、香港地区和美国的主流银行。不同的提现方式具有不同的特点和手续费标准，具体如下。

为了帮助中国卖家解决提现结汇的麻烦，PayPal 与连连支付合作，为广大客户提供了快捷的人民币提现服务，最快两天即可到账。

快捷人民币提现服务的手续费为提现金额的 1.2%，卖家无需支付电汇费、币种兑换费等额外费用。总结汇金额不收国家外汇管理局每人每年 5 万美元的结汇限制，但每笔结汇有上限。

快捷人民币提现服务目前仅开放给所有中国的 PayPal 用户，用户需持有中国的身份证，或企业实体注册在中国，而且用户的 PayPal 账户为已认证状态。目前，此服务仅支持将 PayPal 账户余额中的美元转换为人民币提现，其他币种需先兑换为美元。

1. 提现人民币到国内的银行账户（快捷人民币提现）

周期：2—3 个工作日。

手续费：提现金额的 1.2%。

到账货币：人民币。

优势：资金快速到账，无需跑银行，无个人每年 5 万美金的结汇限制。

适合人群：有快速资金周转需求的中小型商户。

如何提现：如图 8-36 所示。

注册连连支付
使用邮箱注册连连账户，您的邮箱就是您的登录名。

关联PayPal账户
一次绑定，随时提现。PayPal网站官方授权，个人信息安全有保障。

认证银行卡
支持国内主流银行借记卡。实名认证银行卡，防范资金风险。

完成即可提现
马上开启提现之旅。

图 8-36 提现步骤

备注：本服务仅开放给中国大陆公民和在中国大陆地区注册的实体企业。

2. 提现美元到国内的银行账户

周期：3—7 个工作日。

手续费：每笔 35 美元。

到账货币：美元。

优势:提现金额越大,提现手续费越划算。

适合人群:提现金额大,可以自行进行人民币兑换的商户。

如何提现:如图 8-37 所示。

① 登录账户
登录您的PayPal账户。

② 选择提现类型
点击"提现>电汇美元到中国的银行账户",跳转到提现页面。

③ 完成提现
根据提现页面提示操作,即可完成提现。

图 8-37　提现步骤

3. 提现港币到香港地区的银行账户

周期:3—6 个工作日。

手续费:提现 1 000 港币以上,免费;提现 1 000 港币以下,每笔 3.5 港币。

到账货币:港币。

优势:手续费低廉,免费提现的条件容易满足。

适合人群:有香港地区银行账户,可以自行进行转账和人民币兑换的商户。

如何提现:如图 8-38 所示。

① 登录账户
登录您的PayPal账户。

② 选择提现类型
点击"提现>提现至您的香港账户",跳转到提现页面。

③ 完成提现
根据提现页面提示操作,即可完成提现。

图 8-38　提现步骤

4. 提现美元到美国的银行账户

周期:3—4 个工作日。

手续费:免费。

到账货币:美元。

优势:免手续费。

适合人群:有美国银行账户,可以自行进行转账和人民币兑换的商户。

如何提现:如图 8-39 所示。

1 登录账户
登录您的PayPal账户。

2 选择提现类型
点击"提现>提现至您的美国账户",跳转到提现页面。

3 完成提现
根据提现页面提示操作,即可完成提现。

图 8-39 提现步骤

5. 通过支票提现美元

周期:4—6 周。

手续费:每笔 5 美元。

到账货币:美元。

优势:手续费较低。

适合人群:对于资金到账时间要求不高,可以自行进行人民币兑换的商户[①]。

关键词

eBay 销售方式 PayPal 提现

本章小结

eBay 成立于 1995 年,中文名又称电子湾、亿贝、易贝。是一个管理可让全球民众上网买卖物品的线上拍卖及购物网站,只要物品不违反法律或是在 eBay 的禁止贩售清单之内,即可以 eBay 刊登贩售。eBay 以 B2C 垂直销售模式为主,平台共包含拍卖方式、一口价方式和"拍卖+一口价"三种物品销售方式,主要针对个人客户或小型企业,类似淘宝 C 店。eBay 热销品类主要是数码产品,时尚类别,家具及园艺品类,汽配,商业和工业品类。面向中国、美国、英国、法国、德国、澳大利亚、阿根廷、爱尔兰、奥地利、巴西、比利时、波兰、菲律宾、韩国、荷兰、加拿大、土耳其、印度、墨西哥、瑞典、瑞士、西班牙、新加坡、新西兰、意大利、马来西亚等国家。eBay 平台费用包括店铺月租费、刊登费、成交费、特色功能费、PayPal 费用。eBay 采用 PayPal 收费,在中国,eBay 致力于推动跨境电子商务零售出口产业的发展,为中国卖家开辟直接面向海外的销售渠道。

---

① 资料来源:https://www.sohu.com/a/206415576_115514。

习 题

1. eBay 平台有哪些优点？
2. eBay 有哪几种销售方式？是什么？有何区别？
3. eBay 提现方式有哪几种？

第九章
Wish 平台收款

> **学习目标** »
>
> 1. 了解 Wish 平台发展的历史。
> 2. 理解 Wish 平台的优势及主要服务内容。
> 3. 熟悉 Wish 平台的放款规则。
> 4. 掌握 Wish 平台的收款方式及各收款方式的不同。

Wish 2011 年成立于硅谷,是一家高科技独角兽公司,有 90% 的卖家来自中国,也是北美和欧洲最大的移动电商平台。Wish 使用优化算法大规模获取数据,并快速了解如何为每个客户提供最相关的商品,让消费者在移动端便捷购物的同时享受购物的乐趣,被评为硅谷最佳创新平台和欧美最受欢迎的购物类 App。官网 https://www.wish.com/,业务范围遍布全球,总部位于加利福尼亚州旧金山,创始人是 Piotr Szulczewski、Danny Zhang。

Wish 发展历程为:2011 年 9 月,Wish 的母公司 ContextLogic 在美国硅谷注册成立。2013 年 3 月,Wish 加入商品交易系统,进入外贸电子商务领域。2013 年 12 月,Wish 年经营收益超过 1 亿美金。2014 年,为了进一步拓展中国供应商资源,Wish 在上海成立了办事处,并大举进行招商活动。2014 年 2 月,wish 在中国成立全资子公司。2015 年,Wish 进行"自我革命",先是上线了科技电子产品类 Geek App 和母婴类 Mama App,后又推出专门针对"女性经济"的化妆美容类商品的垂直应用 Cute。2017 年,Wish 成为美国下载量最大的购物应用程序,一年中,在 iOS App Store 和 Google Play 商店中,Wish 的下载量为 3 250 万次。2018 年,成为全球下载量最大的购物应用程序。2019 年,按销售额计算,它是美国第三大电子商务市场。

一、Wish 平台的优势

(1) 全球覆盖,3 亿海外买家,销售有保障;
(2) 产品曝光竞价引流,收入创新高;
(3) 移动购物买卖高效,复购率高达 75.5%;
(4) 轻松销售智能推送,精准触达消费者。

二、Wish 平台的主要服务

1. 产品推广

产品推广(product boost)可以帮助商品获取更多曝光,让更多用户快速发现用户的商品,提高销量!

2. Wish Express

加入 Wish Express,通过 App 前端五种推送方式,可为产品带来超过 3 倍的流量,复购率提升 14%。

3. EPC 合并订单

EPC(export process center)可将同一用户跨店购买的商品进行合并发货并派送。加入 EPC,不仅能节省更多物流费用,还能享受免费退货保险。

4. WishPost

WishPost 是 Wish 推出的跨境电商物流产品，为商户提供专属集货仓、专线产品、专业仓储等快捷高效的跨境出口物流服务。

第一节　Wish 平台放款规则

一、Wish 平台注册

图 9-1　Wish 平台首页

第一步：登录 china-merchant.wish.com 并点击"立即开店"（如图 9-1）。

第二步：用户目前在"开始创建您的 Wish 店铺"页面，设置用户名（见图 9-2）。

请输入用户常用的邮箱开始注册流程。该邮箱也将成为用户未来登录账户的用户名。若用户已有 Wish 卖家账户，请点击"登录"。

请输入用户的登录密码。为确保账户安全，用户的密码必须不少于 8 个字符，并且包含字母、数字和符号，例如："password100@store"。

请输入用户的手机号码以及右边显示的图片验证码。

图 9-2　设置用户名

请输入用户的手机短信验证码。

当用户完成以上所有步骤之后,请点击"创建店铺"。平台提示"验证邮箱已发送到您的邮箱"点击立即查收邮件(见图9-3)。

图9-3　邮箱验证页面

登录自己的个人邮箱点击"确认邮箱"(见图9-4)。

图9-4　邮箱确认连接

第三步:用户目前在"填写账户信息"页面(见图9-5)。

输入店铺的英文名称、开店人的真实姓名、办公地址、邮编等信息后进入"下一页"。

在弹出的对话框内会提示用户"是否在两周内需要为使用者提供运营与操作的官方电话指导。"如不需要可以点击"我不需要"进入下一步操作(见图9-6)。

图 9-5　填写账户信息　　　　　　　图 9-6　弹出对话框

第四步：注册成功，进入实名认证界面，选择"个人账户实名认证"或"企业账户实名认证"，按照步骤完成认证就行了。如果是企业账号认证，卖家需要准备好企业营业执照，法人身份证信息（见图 9-7）。

图 9-7　注册成功进入实名认证界面

二、Wish 平台放款规则

Wish 平台日益火爆，平台潜力较大，门槛也比较低，愈发受到白手起家创业者的青睐。但在 Wish 开店之前，必须要全面了解 Wish 平台规则。

（一）放款政策

（1）放款时间。每月 1 号和 15 号。

（2）放款需满足条件。第一种情况：订单已确认收货，即为物流信息上面显示妥投或者买家主动确认收货；第二种情况：90 天后无人确认收货，也无人退款，自动放款，这种情况一般是因为物流选择为平邮，因为平邮没有妥投信息；若为只针对美国、澳大利亚的 Wish 邮平邮，30 天后无人确认收货，也无人退款，平台也会自动放款。因此，卖家选择平邮时切记，这是平台所认可的物流渠道，也必须要有国内段的物流信息。

（3）确认收货发生的时间点（针对过去的每一个单）。1 号放款之后至 15 号放款之前，达到放款条件的订单，会在 15 号统一放款；每月 15 号放款之后至下个月 1 号放款之前，达到放款条件的订单，会在 1 号放款。

（4）被罚款订单放款时间。被罚款分为两种情况：①仿牌被抓（不是所有卖家都是这种情况），1 年之后返还一半，2 年之后返还全部；②欺骗被罚。

（二）罚款政策

出售仿牌伪造产品。Wish 平台严禁在平台出售伪造产品，如果商户推出伪造产品进行出售，这些产品将被清除，并且其账户将面临罚款，可能账号还会被暂停。多次侵犯他人知识产权。仿牌被抓，平台将会罚货款，比如在 1 月 6 号被抓，所有 1 月 6 号之前的订单，只要买家没有确认收货，物流没有显示妥投，货款全部没收。如果已经显示确认收货或者妥投，买家未投诉，那么 1 月 6 号之前的订单就不会被罚没。在 2 年内，无论什么原因，针对该仿品所有的退款都从该款项中扣除。如果要得到返还，前提条件必须是被罚款的店铺 1 年之后还存续着。如果商户多次侵犯知识产权，卖家账户将面临被暂停或者终止的风险。

正在出售的产品，优化产品导致的二次审核。在商户更改产品名称、产品描述或产品图片后，经审批的产品也要再次审核，看其是否为伪造品或是否侵犯了知识产权。在产品复审期间，产品正常销售。如果编辑后发现某产品违反了 Wish 政策，商户可能会被处以 100 美元的罚款，此产品将被删除，且所有付款将被扣留。

（三）封号政策

Wish 被封号的情况主要有以下几种。

情况一:注册期间提供的账户信息不准确。情况二:卖家不得引导用户。比如任何形式留下卖家的联系方式;任何形式向客户要联系方式;任何形式的引导交易,比如我们还有更便宜的款,买的多礼品更多,都会被平台立马关店。情况三:偷换产品。比如图片为1号产品,实际售卖换成2号产品。速卖通、Wish、亚马逊、Facebook爆款培训首选吉易跨境电商学院,关注公众号吉易跨境电商咖。情况四:重复铺货。关联店铺或同一个店铺,重复铺货率很高,都有可能被封店。情况五:数据超标较为严重,后台业绩下面的各项数据证明店铺不健康。情况六:不履行订单率过高。情况七:拒付率过高。

(四)产品加钻

Wish平台严禁对加钻产品提高价格或者运费,加钻的产品不能减库存。过去9天交易额超过500美元的加钻产品下架,店铺将被罚50美元。同时,加钻的产品,只能降价和增加库存。

(五)Wish认证标志

Wish认证的的条件:必须为诚信店铺,产品退款率低于5%,产品有顶级客户评分,至少4分以上。

Wish认证的好处:客户在浏览产品时能看到这一特殊标志,给店铺带来更多的流量和转化,产品更能吸引客户。

(六)退款责任

退款责任产生主要为两种情况:由于配送时间过长导致的物流退款;客户收到货后,由于产品问题导致的退款。面对这两种退款情况,如果卖家要申诉,必须要有强有力的证据。

其实,Wish平台也没有卖家想象中那么复杂。对于卖家而言,只要放稳心态,用简单的方式去经营店铺,也许会更加游刃有余。

第二节　Wish卖家的收款途径

一、途径一:Payoneer

(一)Payoneer的注册

(1)登录Wish商户平台,选择支付信息,提供商选"Payoneer",点击注册(见图9-8)。

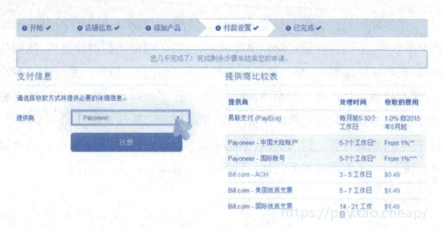

图 9-8　点击 Payoneer 注册

(2) 如果还没有 Payoneer 账户,则需注册一个(见图 9-9)。

(3) 如果用户已经有 Payoneer 账户,则直接登录,填写用户名和密码,即可完成绑定(见图 9-10)。

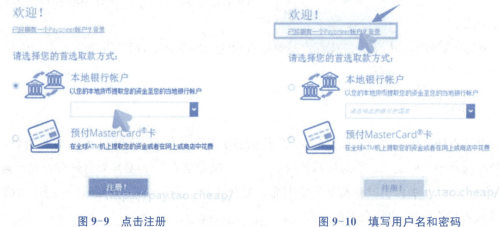

图 9-9　点击注册　　　　　　　　图 9-10　填写用户名和密码

注册成功后见图 9-11 所示。

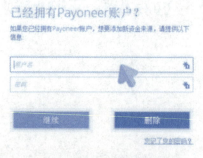

图 9-11　注册成功

今后卖家将自动在 Wish 放款日当天收到货款,资金入账时会有邮件提醒。

如果卖家的 Payoneer 账户中已有资金到账,如何提款到国内银行账户的详细指导见如下分步说明。

(二) 如何提取资金并转到卖家的银行账户

(1) 点击登录至 Payoneer,见图 9-12 所示。

图 9-12　账户登录

(2) 在菜单中,进入"提款到银行账户"。

如果尚未添加用于提款的银行账户,用户将会看到一个页面,其中给出关于如何将银行账户信息添加至 Payoneer 账户的指南(见图 9-13)。

图 9-13　提款数据

(3) 选择希望提取资金的币种或卡片(见图 9-14)。

图 9-14　提款界面信息

（4）输入提款详情，可参考图 9-15。

① 选择想要资金被存入的银行账户。

② 输入希望提取的金额。请注意账户的可用余额，该余额显示在页面顶部。

③ 可根据需要输入信息以便记录。这不是必填字段。

图 9-15　提款信息详情

（5）点击"查看"。系统将显示提款信息总结（见图 9-16）。

（6）查用提款详情，确保所有内容正确无误。如果需要更改内容，请点击编辑并执行必要的更改。

图 9-16 提款信息确认

（7）确定所有内容正确无误之后，选中复选框"我确认上述提款资料"并点击"提款"。

（8）完成提款操作之后，将收到一封确认电子邮件，并且资金将在 3—5 个工作日内到达用户的账户（见图 9-17）。

图 9-17 提款成功

二、途径二：易联支付（PayEco）

1. 易联支付（PayEco）概述

易联支付（PayEco）成立于 2005 年，国内大型非金融第三方支付服务机构，致力于为不同行业商户提供安全、高效和简易的支付解决方案。该服务机构的业务种类包括：钱包产品、跨境支付、网关支付，创新技术的"PayEco"金融支付服务平台，从事移动支付、互联网支付、预付卡业务及跨境支付，年支付交易额近 2 000 亿元。

易联支付（PayEco）拥有易联 E 付、DNA 手机支付、一线通等众多支付产品。2008 年，与中国银联广东分公司合作，通过接入银联跨行信息交换中心系统的资源优势，构建了安全、新颖的 DNA 手机支付服务平台，该平台可受理全国性商业银行发行的银联借记卡，不受电信运营商的限制，平台上线即成功吸引机票、保险等行业商户的积极应用。2011 年与中国银联合作，创办"语音支付平台"，在 IVR 语音支付、呼叫中心支付、手机 WAP 支付等领域，提供近 100 多家银行贷记卡（借记卡）的无卡支付服务。

易联支付(PayEco)也是在广东地区从事预付卡发行与受理业务的公司,专注于为企事业单位提供创新的员工福利解决方案和客户管理解决方案,为商圈提供预付卡服务方案。

易联支付(PayEco)可以直接支付人民币,5—7个工作日内将款项转入用户的银行账户。手续费1%,每月1日及15日向用户支付款项。

易联支付原有收款产品是把钱直接打到银行卡,而升级产品"随时付(PayEco)"则是入账到账户,可以提现到银行卡,还有以下功能。

(1) 一键提现:不同于传统银行卡直达产品,账户一经入账可直接提现至银行卡。

(2) 灵活控损:用户可根据每日汇率情况按需提现、及时控制汇率损失。

(3) 多铺管理:一个账号可绑定多个店铺实现收款,管理更便捷。

(4) 更低费率:0.3%费率优惠,实现多币种快速收款。

(5) 供应商付款:满足卖家直接付款给多个供应商需求,无需多次转账,灵活省心。

(6) 多项人性化服务:在途资金显示、入账短信提醒、银行卡历史收款记录查询、"提前付"金融服务等,保障用户资金安全无忧。

2. 易联支付(PayEco)注册

(1) 登录易联官网进行注册:https://cas.payeco.com/index.do/(见图9-18)。

图 9-18 注册或登录

(2) 进入Wish后台,更换支付提供商为"随时付(PayEco)"(见图9-19)。

图 9-19　付款设置

从下拉选项框里面选择随时付(PayEco)(见图 9-20)。

图 9-20　选择随时付

（3）点击"下一页"，进入随时付(PayEco)注册界面，如果已经是随时付(PayEco)注册用户，则点击"注册"完成。如果还没有随时付(PayEco)账户，则需要进行账号注册(见图 9-21)。

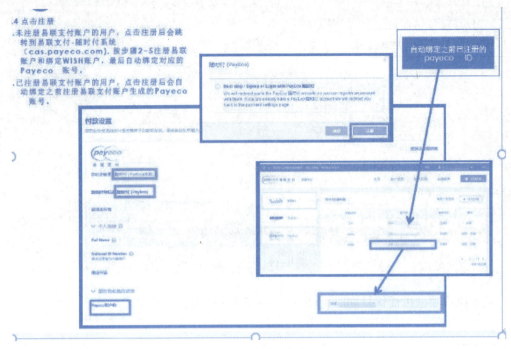

图 9-21 注册成功

三、途径三:Bill.com

1. Bill.com 支付平台概述

Bill.com 成立于 2006 年,总部位于加州 Palo Alto,由 PayCycle 公司创始人 René Lacerte 创办,是一个面向中小企业的在线账单支付平台,用户可以通过网络接收、发送、支付发票,主要和创业企业、会计公司以及银行合作。

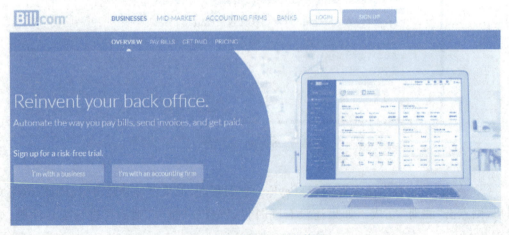

图 9-22 Bill.com 平台首页

Wish 收款的其中一种方式是使用 Bill.com。设置 Bill.com 无需准入费或月费，用户只需对每笔电子款项支付 0.49 美元的手续费，不向其他信用卡服务商收取费用。然而，卖家必须拥有一个美国银行账户，才可使用这种收款方式。

如果卖家选择使用 Bill.com，就必须输入姓名、企业名称、邮政地址、手机号码等信息。当 Wish 平台收到款项时 Bill.com 将会发邮件提醒。Bill.com 既可以提供电子转账也可以提供支票。Bill 的电子转账服务对象仅限于美国境内的个人。一般 ACH 处理时间是 3—5 个工作日，每笔收取费用 0.49 美元；美国或国际纸质支票则需 5—21 个工作日不等，每笔收取费用 1.49 美元。

2. Bill.com 支付平台的产品服务①

（1）Bill.com 不仅有可以连接到银行的应用程序接口（API），也可以连接到会计服务上。该服务帮助客户协作生成连接，连接主要是围绕合作伙伴生态系统和应用程序合作伙伴，而所有这些合作伙伴都是通过一个数据管道网络连接在一起。之后，在公司资产负债表、发票以及其他传统的后台收入中的绝大部分数据得以巩固。

（2）Bill.com 不仅可以用来支付账单，企业还可以用它为独立合同员工（非正式员工）支付薪水。用户可以在 iOS 系统或安卓系统上使用它的应用，或直接访问它的网页。它的界面会告诉你已收到哪些账单，哪些已被确认或支付以及哪些账单延期未支付。

（3）为支付、收款以及现金管理提供服务，实际上是企业为其客户提供的核心服务。与会计公司以及银行的合作为 Bill.com 带来了 300 万用户。2017 年 Bill.com 宣布和摩根大通集团建立合作，后者会利用 Bill.com 的白标产品作为自己的 B2B 支付解决方案。

（4）Bill.com 将流行桌面和和点播会计软件包整合在一起，以确保财务数据的一致性和财务计划、报告和审计活动的精简。

（5）在盈利方面，Bill.com 提供的 SaaS 服务每月会向客户收取订阅费，价格大概在 29 美元到 100 美元。另外它也会通过收取手续费盈利。

3. Bill.com 支付平台优势

（1）Bill.com 与领先的会计软件 QuickBooks、Xero、NetSuite、Intacct 等合作，以确保在使用 Bill.com 时没有双重输入。

（2）Bill.com 消除了与企业账单支付相关的麻烦，与标准的纸质方法相比，它可以节省 2 到 3 倍的时间。

（3）安全性能高。Bill.com 每年转移超过 520 亿美元的 B2B 支付，所以 Bill.com 一直认真对待财务安全问题。Bill.com 的银行的合规性、数据安全性、加密和防欺诈都优化到了最高的行业标准。

---

① 资料来源：雨果网，https://www.sohu.com/。

表 9-1 为各收款方式的对比。

表 9-1　各收款方式对比表

收款方式	申请资质	优点	缺点	收费	入账时间	提现速度
PayPal	个人、公司身份均可申请	PayPal 是一个全球性支付平台，可支持超过 202 个国家。使用账户余额支付方便简单，并且提取账户余额方式灵活多变。	①PayPal 是按交易金额百分比收取手续费的，所以适合单笔交易在 3 000 美金以下的小额贸易。②对冒牌、仿货等产品检查严格，一经发现会马上冻结账号。③账号操作不当很容易被冻结。	每笔金额的 3.9%＋0.3USD	即时到账	2—7 个工作日
PingPong	个人、公司身份均可申请	①多平台店铺统一管理，一键提现，直达国内银行账户。②跨境收款全部费用 1% 封顶，无汇损和任何隐性费用。③1 个工作日即可提现到账，提升回款效率，资金流转率提升 10%—80%。④本土客户服务团队极速响应，有问必答，更多免费服务，助力商家全面提升。⑤符合中美双边监管要求，资金安全有保障。⑥数据透明，汇率透明，财务对账一目了然。⑦全程中文支持，注册便捷，操作简单，贴合中国人使用习惯。⑧支持中国居民个人注册、香港地区公司注册与大陆公司注册三种选择。	目前 PingPong Wish 收款只有大陆个人、企业、香港企业卖家能用，香港个人卖家还不能用。	1% 或者更少，1% 封顶	5—7 个工作日	1 个工作日
Payoneer	个人、公司身份均可申请	①无 5 万美金的外汇结汇额度限制。②Payoneer 按主流商业银行汇率进行兑换并且与中华人民共和国国家外汇管理局特许供应商合作。不存在加价率或隐藏成本。③支持多种货币转账。④低成本高效益。⑤快速：资金将在 2 小时内到达 Payoneer 预付万事达卡。取现时，资金将在 1—3 个工作日到银行账户。⑥安全：资金是安全的。⑦免费使用美元托收银行账户和欧元托收银行账户。	前期比例较高。	1% 起	5—7 个工作日	1—3 个工作日

（续表）

收款方式	申请资质	优点	缺点	收费	入账时间	提现速度
易联支付	支持大陆商户的公司账户或个人账户，直接以人民币入账；仅支持香港地区公司账户，可选择美金或人民币入账。	①直接用人民币结账，钱直接划到国内账户。②1—3个工作日就能到账，手续费0.9%起。	Wish账户内的美元会在10小时内转到香港地区监管账户，再实时转到广州监管账户，再在3小时内以人民币转到商户的银行账户，需要5—10个工作日，相对较慢，但适合大多数Wish卖家。	1%起	每月前5个工作日，每月一次	1—3个工作日
Bill.com	美国境内的个人	手续费最低，且快捷。	仅限于有美国境内银行账户的卖家。	0.49美金	3—5个工作日	市场普遍反映较慢

关键词

Wish平台　Bill.com　收款方式

本章小结

　　本章介绍了Wish平台的付款规则以及收款的各平台之间的不同，并对各平台进行比较，重点介绍了易联支付(PayEco)和Bill.com的具体操作流程。

习　题

1. 简述Wish平台的优势及主要服务内容。
2. Wish平台的放款规则有哪些？
3. 简述Wish平台的收款方式及各收款方式的不同。

第十章

电子支付安全

学习目标 >>

1. 了解电子支付安全。
2. 掌握电子支付安全问题的产生并防护。
3. 熟悉网络安全技术、安全协议和相关的法律保障。

第一节　电子支付安全概述

一、电子支付安全概述

近年来电子商务发展迅猛，出现许多新情况和新问题，给电子支付安全带来前所未有的挑战。2019 年 10 月 CNNIC 第 44 次中国互联网络发展状况统计报告，截至 2019 年 6 月，我国网络购物用户规模约 6.39 亿人，较 2015 年底增长 1.9 亿人，占网民整体的74.10%，如图 10-1 所示；手机网络购物人数约 6.22 亿人，比 2015 年底增长 2.2 亿人，如图 10-2 所示。

单位：万人

来源：CNNIC 中国互联网络发展状况统计调查　　2019.6

图 10-1　网络购物用户规模及使用率

来源：CNNIC 中国互联网络发展状况统计调查　　2019.6

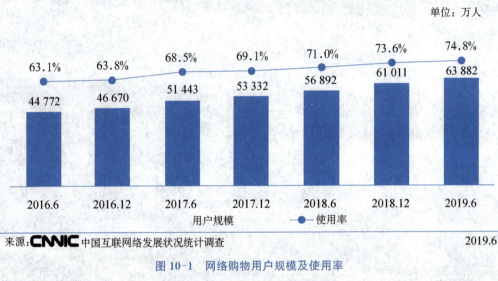

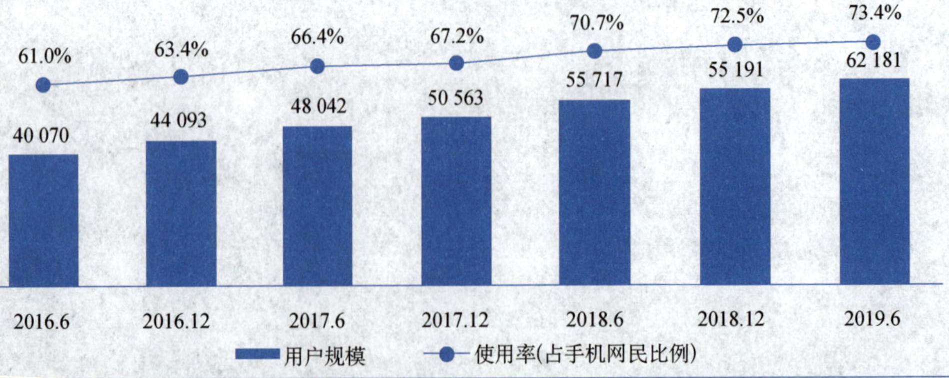

图 10-2　手机网络用户规模及使用率

网络购物区域继续保持较快的发展,特别在中小城市及农村地区发展更快;县级域网络购物人数和交易量几何级增长,是电子商务发展的生力军。

近年来直播带货、工厂电商、社区零售等新模式成为网络消费的新亮点。网购人数激增、地区范围更广和交易模式的层出不穷等,给电子支付安全提出更大的挑战。电子支付是通过网络平台进行货币支付的行为,是电子商务发展的重要环节。电子支付安全是一个多学科之间相互渗透、相互交叉和相互关联的课题,牵涉安全因素较为广泛。保密性(confidentiality)、完整性(integrity)、身份可识别性(validation)等是电子支付安全主要考虑的因素。电子商务的迅猛发展带来新现象新问题:电子商务中信息高速运转要求支付方式更快速简便;电子商务交易需要实现支付环节低成本运营;电子商务交易参与者需要更人性化的服务。综上所述,加强电子支付安全势在必行。

第二节 电子支付安全问题的产生

一、电子支付安全问题的产生

电子商务是因特网(Internet)的重要应用之一,电子支付安全问题的产生在某种程度上取决于因特网的特点。国际化、大众化、开放化、个性化是因特网的四个特点。

国际化:网络的用户不仅仅来自本地网络,可以来自因特网上的任何一个结点。

大众化:信息化已经成为社会生活的关键,人类的衣食住行越来越离不开网络,电子政务、电子商务、直播娱乐等也成为大众日益依赖的生活方式。

开放化:网络对任何人、任何团体都平等开放,开放性和资源共享是网络安全的根源。

个性化:随着网络应用的深入发展,人们可以自由地使用和发布各种个性化诸如位置地址、图片视频等私有信息。

所以电子支付安全问题的产生还是因特网特点的安全性所导致。当然,电子支付安全问题的产生原因非常多,本章节仅从病毒与木马、暴力破解、拒绝服务攻击、网络监听与扫描、网络攻击、支付网关的安全性、用户终端的安全性、通信信道的安全性、服务器的安全性等方面进行介绍,使读者掌握其基本特点,了解其规律,采取更好的措施预防应对,有利于保证电子支付的安全。

(一) 病毒与木马

病毒又称计算机病毒,指编制或者在程序中插入的破坏计算机功能或者毁坏数据,影响其使用,并能自我复制的一组计算机指令或者程序代码。手机病毒是一种具有传染性、破坏性的手机程序,会导致用户手机死机、关机、个人资料外泄等。计算机病毒、手机病毒等一切智能终端上的病毒通常泛称为计算机病毒。这些病毒被公认为数据安全的头号大敌,对电子支付安全的影响至关重要。

计算机病毒具有以下几个特点。

1. 寄生性

计算机病毒都是寄生在其他正常程序中,当执行该正常程序时,病毒就激活开始破坏,而在未启动这个程序之前,它一直在隐身。

2. 传染性

所有计算机病毒具有传染性,一旦病毒被复制或产生变体,其传播速度非常快。

3. 破坏性

病毒发作时,不仅破坏用户数据而且还能使系统瘫痪。

4. 针对性

有些病毒是针对特定的操作系统,有针对微软(Microsoft)Windows 系统,有针对苹果(AppleiOS),也有针对安卓系统(Android)的病毒。

病 毒 案 例

2010 年开始网络上出现一名为钓鱼王(InSpirit.A)的手机病毒,专门窃取银行卡账号,它被打包在手机游戏软件中。用户被诱骗安装后,就自动生成一条本地诈骗短信,让用户误认为收到银行系统通知短信。短信内容一般为:"尊敬的用户,建设银行提醒您:您的账号今天非法登录,为避免您的资金受损,请速登录 http://www.baba111.com 进行账号保护……"发信方显示是银行号码。用户若按照提示登录到非法钓鱼网站,银行卡账号及密码就会被窃取。

一款名为"安卓短信卧底"的手机病毒专门针对 Android 手机,它能偷偷窃取手机中的短信内容和通讯录,造成隐私的用户信息严重泄露。还有其他病毒诸如手机骷髅、短信海盗、同花顺大盗、老千大富翁、僵尸手机病毒、QQ 病毒等,它们共同特征是能造成手机等智能设备损坏、隐私泄露、金钱损失等,甚至能威胁人身安全。

在电子商务支付中预防和清除病毒是避免损失的最好办法,一旦发现手机感染病毒,应立刻关机,若死机不能关机,可取下电池,将 SIM 卡换插到另一款型号的手机中,删除可疑短信,重新将卡插回原手机,使用杀毒软件杀毒。若仍然无法使用,向手机售后服务寻求帮助,可使用专用无线网站对手机进行杀毒,或重置手机系统。清除病毒常用的方法是利用好杀毒软件。

现在市面上的常用杀毒软件包含但不限于:诺顿、卡巴斯基、趋势科技、360安全中心、腾讯电脑管家、小红伞、BitDefenderAVG、F-Secure、Bullguard、McAfee、IntegoMacSecurity、金山毒霸、百度杀毒、杀毒先锋、瑞星杀毒、江民杀毒等。这些国内外的杀毒软件各有千秋,并且大部分杀毒软件既适用于PC机,也适用于智能手机等移动终端,增加对电子商务交易终端的保护。

木马又称木马病毒,指隐藏在正常程序中的一段具有特殊功能的恶意代码,是具备破坏和删除文件、发送密码、记录键盘和攻击Dos等特殊功能的后门程序,是计算机黑客用于远程控制计算机的程序。木马病毒发展非常迅猛,短短几年时间,木马病毒已经从通过电子邮件窃取简单的密码的第一代,发展到第六代,第六代木马病毒以先盗取和篡改用户敏感信息,进而获取口令和数字证书,最后尝试网络攻击。

案例应用

木马病毒

2012年12月6日,一款名为"支付大盗"的网购木马被发现。该木马伪装成"阿里旺旺官网",诱骗网友下载,文件中含有一个文件"阿里巴巴.exe",运行即可启动木马程序,获取用户账号密码等敏感信息,在电子支付中,劫持受害者网上支付资金,把付款对象篡改为黑客账户,然后启动另一个木马程序获取支付验证码,从而盗取支付宝的用户财产。2014年6月3日出现微信版支付大盗的木马,它伪装微信支付界面骗取用户姓名、证件号、手机号等敏感信息,通过用户手机中存放的敏感信息验证,进而窃取用户财产。所以用户手机里不要存储身份证、银行卡等个人敏感信息,以免给犯罪分子可乘之机。

防止木马病毒最好的方法是一定要到官网下载杀毒软件、定期杀毒、只打开可信链接等。

"云安全(Cloud Security)"计划是互联网信息安全的最新体现,它融合了并行处理、网格计算、未知病毒行为判断等新兴技术和概念,通过互联网大量用户端异常监测,获取最新的木马、病毒信息,然后汇总到服务端自动分析,最后把病毒和木马的查杀方法,分发到每一个用户端进行查杀,云安全技术应用将使整个互联网就是一个巨大的"杀毒软件",参与者越多,每个参与者就越安全,整个互联网就会更安全。采用云安全方法预防查杀木马病毒是未来的发展趋势。

（二）暴力破解

暴力破解就是利用枚举法破解用户核心信息，通常在进行归纳推理时，逐个查询密码的所有可能情况，逐一验证，因而得出一般结论，那么这结论是可靠和真实的，这种方法就是暴力破解。通常，暴力破解密码可以分为两步：密码穷尽搜索和密码分析。

密码穷尽搜索是破译密码最简单的方法，就是尝试密码字典中所有可能的组合，破译密码成功与是否主要看密码字典的内容多寡。密码字典包含不同字符集、支持多种年月日的组合格式的生日日期、常用英语单词人名和地名、手机电话号码、百家姓的姓名汉字拼音字典等。假设破译者有识别正确解密结果的能力，使用的枚举工具运算速度快，选择更多暴力破解的协议，经过多次尝试后，最终会有一个弱口令和最接近实际的强口令。不过可以选择防暴力破解的协议，预防密码被暴力破解如图10-3所示。在不知强口令全部内容的情况下。

图10-3　选择防暴力破解的协议

利用数学方法破译或找到口令的方法，就称为密码分析（Cryptanalysis）。但一般情况下，若攻击者充分利用使用者其他相关联的信息，利用人机系统的缺陷或漏洞弱点，分析强口令的可能性非常高，拥有的信息量越多，获取强口令的概率越大。

暴力破解口令还有其他常见的方法如下。

（1）在用户输入口令时，利用工具可以截取键盘输入的内容。

（2）从使用者工作学习的主机系统环境中获得未加密的保密信息进行"垃圾分析"。

（3）欺骗参与电子商务相关方透露用户口令或其相关信息。

近几年来暴力破解事件的严重性，使越来越多的企业开始加入了防暴破机制，常见的就有加登录图形验证码，图形验证码干扰元素必须能防止被机器人识别，也有很多其他方式的验证码，例如点字或者选择正确的图片等，或者使用短信验证码，在此基础上也可以添加防错误机制,例如登录次数连续超过 5 次则提示明天再试,等等。对个人而言首先要坚强口令安全保护意识、及时打包系统补丁和各类驱动程序、及时清理 Cookie 和第三方 Cookie、安装防间谍软件等。

(三) 拒绝服务攻击

拒绝服务攻击(distributed denial of service,简称 DDoS)是指处于不同位置的多个攻击者同时向某个目标发动攻击,或者一个攻击者控制了位于不同位置的多台机器并利用这些机器对某个目标同时实施攻击。在攻击过程中消耗系统资源比如带宽、路由、内存、队列、CPU 等;导致目标主机宕机;阻止授权用户正常访问服务,会出现诸如处理慢、不能连接、没有响应等情况。如图 10-4 所示拒绝服务攻击示意图,使网络系统的关键资源超负荷运转,影响合法用户正常使用等。DDoS 攻击原理是黑客一般先拥有若干控制傀儡机或无人主机,再择机命令控制傀儡机向目标发起进攻,此时控制傀儡机就变为攻击傀儡机,最后使受害机停止正常服务,使合法用户和商家不能使用网络并遭破坏等。DDoS 攻击原理如图 10-5 所示。

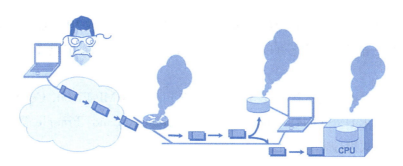

图 10-4 拒绝服务攻击示意图

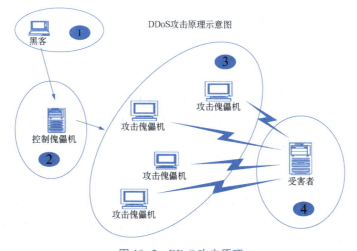

图 10-5 DDoS 攻击原理

为了防止 DDoS 频繁攻击，很多单位和个人寻求解决方案。DDoS 防护辅助工具可以防护攻击，DDoS 防护辅助工作域设置地域访问控制、内网访问控制和 DDoS 排除。如图 10-6 所示，其中配置地域访问控制可拒绝或允许指定国家或地区的 IP 流量，预设立黑名单等。

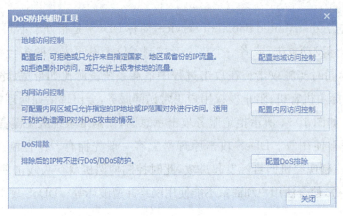

图 10-6　DDoS 防护辅助工具

配置内网访问控制可配置内网区域只允许指定的 IP 地址或 IP 地址范围对外进行访问。配置 DDoS 排除策略是指可以按照可配置指定 IP，排除后的 IP 将不进行 DoS/DDoS 防护。

常见 DDos 攻击方式还有 SYN Flood、UDP Flood、ICMP Flood、Connection Flood、HTTP Get、UDP DNS Query Flood、Smurf、TearDrop、Land、Fraggle 等。把常见的几种 DDos 攻击方式进行简单介绍。

1. SYN Flood 攻击

SYN Flood 攻击是最为常见的 DDoS 攻击，它利用了传输控制协议（TCP）的缺陷，向目标主机端口发送大量的伪造源地址的攻击报文，造成目标服务器中的服务队列被占满，从而阻止了合法用户进行访问。

2. UDP Flood 攻击

UDP Flood 攻击是流量型 DDoS 攻击，它利用了用户数据报协议（UDP）无连接、可靠性差的特性，攻击者发送大量伪造源 IP 地址的微小 UDP 包去冲击目标服务器，致使服务器负载过大而停止提供服务。

3. ICMP Flood 攻击

ICMP Flood 攻击也是流量型的攻击方式，是利用大的流量发送 ICMP 报文给服务器带来较大的负载，影响服务器的正常服务。由于很多防火墙直接过滤 ICMP 报文，因此该类型攻击影响较小。

4. Connection Flood 攻击

Connection Flood 是利用真实的 IP 地址向服务器发起大量的连接,并保持连接永不释放,从而造成服务器上残余连接(WAIT 状态)过多,效率降低、资源耗尽。

5. HTTP Get 攻击

通过与服务器建立正常的 TCP 连接,并不断地向脚本程序(ASP、JSP、PHP、CGI 等)提交查询、列表等大量耗费数据库资源的调用。HTTP Get 攻击通过 Proxy 代理绕过一般的防火墙,但攻击静态页面的网站时会暴露攻击者的 IP 地址。

6. UDP DNS Query Flood 攻击

UDP DNS Query Flood 攻击是向服务器发送大量的域名解析请求,而这些域名根本不存在,域名解析的过程给服务器带来了很大的负载。

(四) 网络监听与扫描

网络监听是一种监视网络状态、数据流程以及网络上信息传输的管理工具,它能截获网络上所传输的信息包括获取用户密码等。下面介绍一款常用网络监听工具 Sniffer。

Sniffer 软件是 NAI 公司推出的一款一流的便携式网管和应用故障诊断分析软件,它可以作为硬件使用,在有线网络和无线网络中均可运行,它具有实时网络监视、数据包捕获以及故障诊断分析等功能。它工作在协议 Ethernet、TCP/IP、IPX 以及几种协议的联合体中,截获包括秘密的或者专用信道内的用户名、卡号、密码等敏感信息。在捕获报文中 Sniffer 软件提供了强大的分析能力和解码能力,如图 10-7 所示,该分析系统提供了一个非常优秀的分析平台,能对网上流量进行分析得出理想的结果。

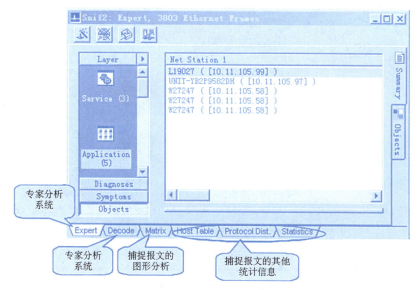

图 10-7 Sniffer 软件界面

常见网络监视工具还有 Wireshark、iftop、vnstat、IPTraf、系统和网络监视（Monitorix）、dstat、bwm-ng、ibmonitor、Linux 进程跟踪（Htop）、以太网活动监视器（arpwatch）等，只有很好了解这些网络监听工具，理解网络监听的精髓，才能能更好地保护电子支付中的资金安全。

网络扫描，顾名思义是通过网络进行端口等扫描，利用网络工具或程序对主机信息进行情报搜集，目的是为以后网络攻击准备资料和提前踩点。网络扫描利用 Ping 扫射和端口扫描，了解哪些 IP 地址对应的主机是活动（active）的以及该主机提供什么样的服务等信息。攻击者的网络扫描一般分为三个步骤，首先，攻击者在线获得一些 DNS 服务器、Email 服务器、电子交易服务器以及其对应的 IP 地址范围等信息，大致确定一个目标范围；其次，攻击者对某特定 IP 地址进行扫描分析，获得其操作系统、系统架构和提供何种服务等情况。最后通过扫描获得弱口令，利用专用工具枚举用户名、工作组或域名、路由及相关协议，生成网络扫描报告以备后用。

常见的便携式网络扫描工具有 Advanced Port Scanner、GFI Lan Guard、Port Scan&Stuff、Nagios、MiTeC'sNetworkScanner、OpenNMS、CapsaFreeNetworkAnalyzer、PRTGNetwork-MonitorFreeware、TheDude、XirrusWi-FiInspector 等。介绍两款便携式网络扫描工具软件，其中黑客常用的工具如高级端口扫描程序（AdvancedPortScanner），如图 10-8 所示，该工具能够同时扫描 1 000 个左右的 IP 地址，能够远程关闭或唤醒特定网络上的任意计算机。还有另一款网络扫描工具，如图 10-9 所示，它可以选择特定服务器进行漏洞扫描，比如 FTP

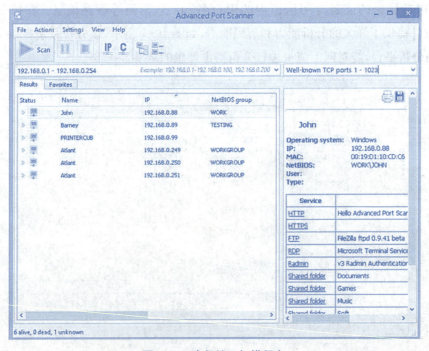

图 10-8　高级端口扫描程序

服务器、WEB 服务器和数据库服务器等,这种网络扫描工具对服务器正常运行带来极大安全隐患,为保证服务器安全,可以对用户端系统进行扫描。

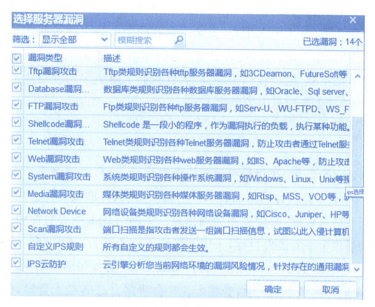

图 10-9　选择服务器漏洞

同样对交易的另外一方用户端,这种网络扫描工具用户端系统进行扫描,找出用户端系统存在哪些漏洞以及漏洞的级别等信息。如图 10-10 所示选择用户端漏洞进行扫描。

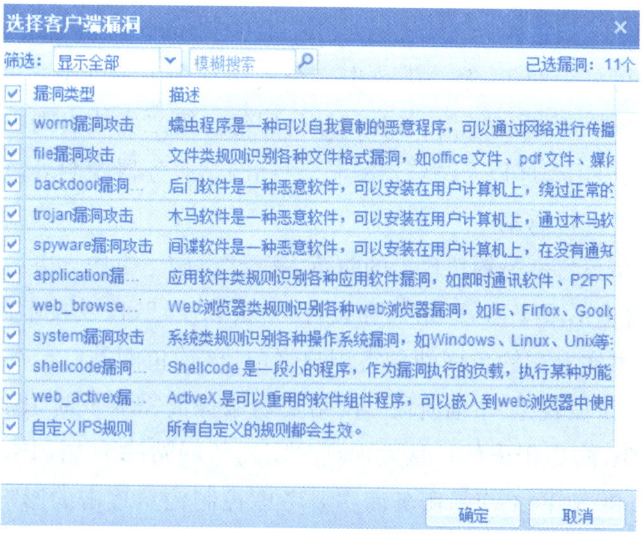

图 10-10　选择用户端漏洞

网络监听与网络扫描两个工具一般一起使用,互为补充,其目的是更多地了解系统用户更多 bug 和漏洞,为后来的网络攻击备好"弹药"。这些网络工具其实是一把双刃剑,它既可以查找自己本身系统的漏洞,也可以防护其本身的安全。当然了,这类专业防网络监听与扫描工具也不少,如 SATAN 等。SATAN 可以分析网络诸多信息,识别一些网络相关的安全问题,并对所发现的问题作出解释和处理。利用好防网络监听与扫描工具,对电商中的支付安全至关重要;对于个人用户,安装一套好的个人防火墙是非常实际而且有效的方法;目前许多用于加密连接的软件包,即使核心数据被截获,但因无法解密而失去窃听的意义。以上这些好的措施,值得我们去探究,只有我们了解更多的网络监听与网络扫描知识,才能有效减少电子商务交易中的风险。

(五) 网络攻击

网络攻击(cyber attacks)是指针对计算机信息系统、计算机网络或个人智能设备的任意的攻击行为。对于计算机和网络而言,破坏、修改、使软件或服务失去功能、在没有得到授权时非法访问或窃取数据,都会被视为网络攻击。网络攻击主要目标中,电子商务中的银行与用户是网络攻击中的最大目标,采用网络钓鱼攻击行为,其中 55% 的钓鱼攻击指向银行,而支付服务平台占到 25%。网络钓鱼(Phishing)攻击者利用欺骗性的电子邮件和伪造的 Web 站点来进行网络诈骗活动,受骗者往往会泄露自己的私人资料,如银行卡账户、身份证号等内容。诈骗者通常会将自己伪装成网络银行、在线零售商等可信的组织机构,主要通过电子邮件、网页、短信、微博等途径散布虚假信息,诱骗不知情的网络用户连接到一个通过精心设计与目标组织的网站非常相似的钓鱼网站上,并获取受害人在此网站上输入的个人敏感信息,如银行卡账户、身份证号等内容,通常这个攻击过程不会让受害者警觉。

常见钓鱼攻击可分为两类,第一类攻击完全利用社会工程学的方式对受害者进行诱骗,如发送大量诱骗邮件、诱骗短信、各种网站仿冒等。第二类攻击则主要通过漏洞触发,包括操作系统漏洞、应用程序以及浏览器漏洞、目标网站服务器漏洞等,利用这些漏洞结合社会工程学对受害者进行诱骗。

对网络攻击的防范特别是钓鱼攻击的防范,基于"事前—事中—事后"循序改进的防护流程,建立一个包含但不限于监管、培训和教育、举报和反馈,以及技术监控等多层面多角度的反钓鱼体系。事实上在钓鱼网站危害用户之前,该钓鱼网站已经存在了,只是没被发现被识别而已,这个阶段就是"事前阶段",网络交易服务商需要及时识别钓鱼网站并通知用户,推出预警机制,防患于未然。从发现到关闭钓鱼网站称为"事中阶段",钓鱼网站至少一次完整的钓鱼攻击,网络交易服务商主要考虑控制钓鱼攻击的影响,进行风险评估,并采取应急处理措施。钓鱼攻击的后续处理阶段,则统称为"事后阶段",包括案例总结分析、专项整改、影响评估等事项,以避免同类事件再次发生,收集整理相关证据以备司法诉讼。

 案例应用

网络攻击的防护

在电子商务支付网络中采取链路加密措施,可以有效防护网络攻击甚至网络钓鱼的攻击,如图 10-11 所示,非法用户 A 根据已知 IP 定向攻击,由于链路加密安全网关自身无 IP 与 MAC 地址,无法对其进行定向攻击。非法用户 B 利用网络设备扫描指令对交易网络进行攻击,由于链路加密安全网关密码运算策略,使后端设备 IP 不可达,无法对后端设备进行攻击,从而保证了电子商务支付网络的安全。

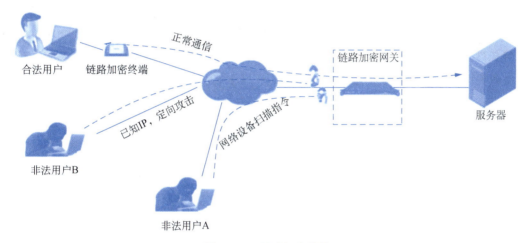

图 10-11　链路加密防护

(六) 支付网关的安全性

支付网关(payment gateway)是金融系统和 Internet 之间的接口,是由金融机构将 Internet 上传输的数据转换为其内部数据的一组服务设备,或由指派的第三方处理商家支付信息和顾客的支付指令。支付网关系统一般包含支付网关主控模块、支付网关通信模块、支付网关数据处理模块、支付网关数据库模块、支付网关统计清算模块、支付网关查询打印模块、支付网关管理模块、支付网关异常处理模块、支付网关安全模块。

对于安全支付网关的实现,一部分开发者采用基于 SSL 的实现方式,虽然其速度较快,但缺乏完整的认证机制且密钥位数不够高,所以安全性不够。现在安全支付网关大多采用基于 SET 协议和加密算法的,这样的安全支付网关既具有 SET 完善的认证机制,又具有较快的交易处理速度,具体来讲,它主要采用信息加密技术、数字签名技术、SET 认证技术、防火墙技术以及安全审计等技术手段来保证信息的机密性、完整性、不可否认性等,从而保证

了支付交易的安全性。支付网关与认证中心、支付网关与商户/用户、支付网关与金融网、支付网关与服务器等通讯接口之间安全可靠,就能保证支付网关的安全。支付网关安全是可确保交易在用户商家之间安全、无缝的传递。因为支付网关处理所有 Internet 支付协议、Internet 安全协议、协议的转换和本地授权结算,所以支付网关安全是电子支付的最后一档屏障,离开了支付网关的安全,电子商务的电子支付安全也就无法实现。

案例应用

支付网关多种认证方式

支付网关单一的认证方式易被窃取,为了进一步提高身份认证的安全性,创新性提出混合认证如图 10-12 所示,针对用户名和密码、CA 数字证书、LDAP/AD、Radius、Dkey、硬件特征码、短信认证、动态令牌认证方式可以进行五个因素以上的捆绑认证,这几种认证方式必须同时满足才能够接入支付网关的 SSLVPN 系统。

图 10-12 支付网关多种认证方式

(七)用户终端的安全性

用户终端安全主要是用于电子支付的终端系统和应用程序的安全,特别是操作系统的安全。无论是使用移动终端还是 PC 机,操作系统的安全性在电子支付的整体安全性中具有至关重要的作用。用户终端操作系统主要采用安全策略与安全模型,安全策略是指有关管理、保护和发布敏感信息的法律、规定和实施细则；安全模型则是对安全策略所表达的安全需求的简单、抽象和无歧义的描述，它为安全策略和安全策略实现机制的关联提供了一种框架。

用户终端安全是一个不容忽视、涉及范围极广的热点问题，这些问题将长期存在，并时刻干扰用户的正常健康使用网络，电子商务环境下保护用户终端的安全尤为重要。用户终端的安全性主要考虑网络设备安全和电子交易终端的安全，网络设备安全要保证路由器和交换机安全，选择交易路由器一定要天生具备良好的网络安全性；路径选择效率高，抗DOS能力强；不能进行交换环境下的欺骗攻击；而一般的交换机尽管具备一定的抗DOS能力，但是在进行交换环境下有被欺骗攻击的可能，例如ARP欺骗。网络安全规划时，要考虑路由器和交换机的这一区别，在电子支付环境中，如路由器能够完成电子支付，就尽量不加入交换机。若必须加入交换机，也要加入具有安全保障的三层交换机。

参与电子交易的路由器加固在网络规划中应列为常态，特别针对无线路由器采取包括但不限于以下措施：保证路由器物理上的安全；网络设置路由器强密码并启动密码加密功能；禁用不需要的服务如 http、server、finger、bootp、snmp 等；限制某些敏感性端口。

TCP：135、139、445、1034、3127、4444、5554、6667、9996 UDP：69、445、500、1434、4000；使用该路由器进行电子交易的终端 MAC 与 IP 地址绑定；隐藏无线 SSID 等。大量用户终端系统都缺少信息防泄密手段，使用者可以任意在本地留存副本和相关信息，或者把相关数据传到别的计算机或者网络上，造成信息的泄密。除了主动泄密，中了木马和病毒，或者被黑客攻击的被动泄密行为也可能带来巨大的损失。

案例应用

用户终端安全防护

用户终端安全可以采用虚拟技术生成一个封闭式虚拟工作环境——安全桌面，其由用户设定针对资源和用户信息进行强行启用保护，如图10-13所示。安全桌面将与默认桌面显示完全一致。在安全桌面中，所有操作全部虚拟化，安全桌面内的进程和安全桌面外的进程是隔离的，与其他在本地网络或者互联网网络中的终端都是隔离的，这样就能形成一个完全信息隔离的工作环境，达到防止信息泄密的效果。信息无法流传出安全桌面，而在安全桌面退出之后，安全桌面中的所有操作、临时使用或者接收到的数据都被删除，不会留下任何痕迹。安全桌面可配合SSLVPN本身的用户身份认证、传输加密、授权访问等技术，可以提供给用户更为完整的终端安全解决方案。

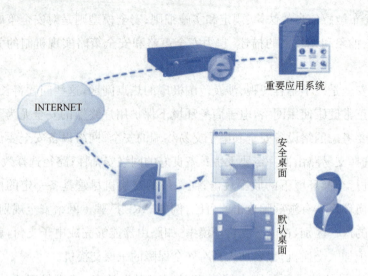

图 10-13 用户端安全桌面

(八) 通信信道的安全性

通信信道是信号传输的媒介,也是探测电信号传送的通道。信道通常分有线信道和无线信道。有线信道是指探测电信号通过双纹线、电话线、电缆或光缆进行数据传输。无线信道则是对探测电信号先调制到专用的无线电频道再由发送天线发出;无线接收机将空中的无线电波接收下来后,解调还原出电信号。

目前常见的对通信信道的安全威胁主要有:搭线窃听、IP 欺骗、IP 源端路由选择、目标扫描等。为了保证通信信道的安全性可以通过节点加密、链路加密和端到端加密等方式实现。节点加密就是对源节点到目的节点之间的传输链路提供加密保护。链路加密就是对网络节点之间的链路信息进行安全保护。端到端加密就是对源端用户到目的端用户的通信数据提供加密保护。在电子商务运行过程中,根据网络实际运行情况酌情选择哪些加密方式组合,以利于保障通信信道的安全性。以节点加密为例,了解其加密过程,如图 10-14 所示,节点加密是在链路加密的基础上改进,是在数据链路层上对源点和目标节点之间传输的数据进行加密保护。

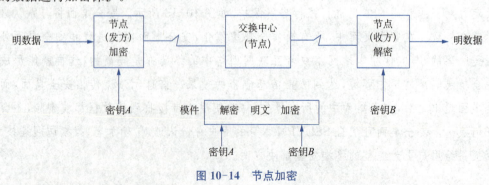

图 10-14 节点加密

以链路加密为例,了解其加密过程,如图 10-15 所示,链路加密是目前最常用的加密方法,通常应用在数据链路层和物理层,它用于保护通信节点间传输的数据。

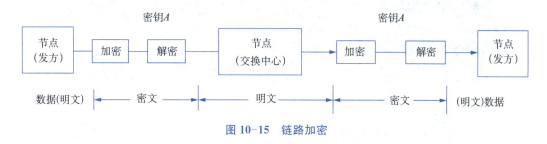

图 10-15　链路加密

以端到端加密为例,了解其加密过程,如图 10-16 所示,端到端加密应在传输层或其以上各层来实现,若选择在传输层进行加密,可以为每一个用户提供统一的安全保护,但不能避免对传输层以上各层的攻击。当在应用层加密时,用户自由选择不同的加密算法。端到端加密更适合不同用户的个性化要求。端到端加密适用于广播网和互联网。

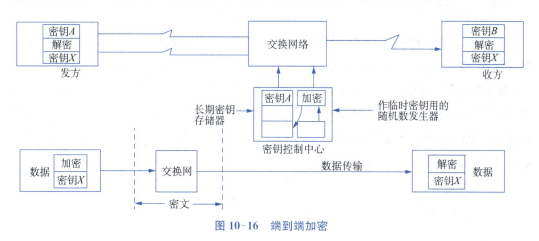

图 10-16　端到端加密

案例应用

通信信道应用安全封装

电子商务支付过程中,根据二八原则,防护关键少数设备的安全有利于通信信道应用安全防护,对服务端、链路和终端用户安全封装是一个不错的安全措施。服务端防护、链路防护和终端用户防护进行安全加固自动封装,通过上传、封装、下载 3 个动作,安全加固关键点封装,如图 10-17 所示。完成关键点封装后,增加移动应用服务器、SSLVPN 安全接入等功能,并完整使用安全通信信道的 VPN 隧道分流技术的功能。

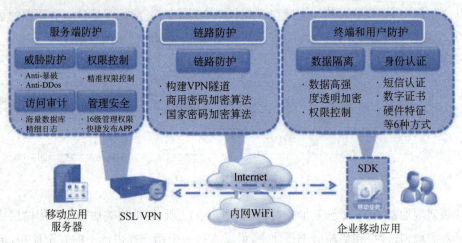

图 10-17　通信信道应用安全封装

(九) 服务器的安全性

对服务器的安全威胁主要体现在 WWW 服务器、数据库服务器、CGI 滥用、ASP 漏洞、邮件炸弹、溢出攻击、口令破译等方面。如图 10-18 所示,服务器的威胁与防御示意图显示,服务器安全威胁是一个动态的博弈过程。在这个服务器安全博弈过程中,网络安全人员要善于主动出击,抢占主动防御的先机。针对交易服务器出现安全性问题,要第一时间启动相应的应急预案,根据作者多年网络管理经验,一般采用这样的应付流程:预防为主—确认事件—停止进程—补救措施—跟踪记录。

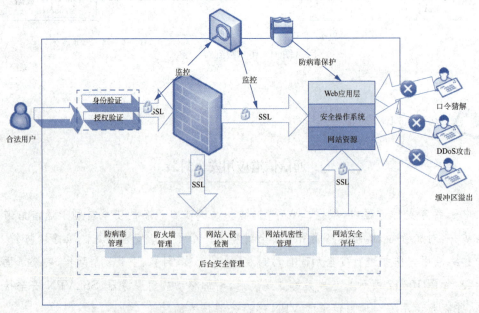

图 10-18　服务器安全博弈图

Step1：预防为主是保证交易服务器安全的第一步，服务器需安装防火墙、扫描检测等安全控制软件；查杀病毒木马软件；确保最新补丁；关闭不必要的端口，等等，应多方面预防。

Step2：确认事件是指已交易服务器安全事件性质和等级等事实认定，确定安全事件性质、影响范围及严重程度，恶意的攻击/入侵持续时间、地址端口等，便于决定启动哪一级应急方案。

Step3：停止进程是停止危害交易服务器的部分进程，这部分进程一般伪装成操作系统合法的进程，网络安全人员要有"火眼金睛"，即时判断，这需要技术人员长期经验积累，更主要的是要了解服务器核心进程具体情况。与相关人员协调一致行动，实施部分交易服务隔离封锁。

Step4：补救措施是根除危害交易服务器隐患，通过分析现象，定义征兆，对情况综合判断后，启用备份还原等应急措施，对缺陷漏洞等及时补救。

Step5：跟踪记录是为了更好地防止二次攻击，网络安全人员及时把危害结果等相关信息建立跟踪文档为以后的司法打击犯罪搜集证据。

为了确保交易服务器的系统安全，必须要提高黑客的违法成本。网络管理者一方面在技术层面提升，确保交易服务器损失最低，而且能够借助技术手段锁定黑客具体位置和更多信息，及时配合网警，让黑客受到法律制裁。另一方面强化防火墙、入侵检测系统（IDS）等保障系统的升级换代，从根本上杜绝病毒入侵、预防非法入侵，并加强运行后台的监管，实时掌握服务器的运行状态。

案例应用

服务器安全性1

某公司网站服务器，由于过去网站配置和代码存在缺陷，而且管理员疏于管理的缘故，服务器屡次被黑客攻击、入侵、挂马。黑客往往利用其中一个网站的代码漏洞，上传Webshell并执行，并利用服务器不够严格的配置，入侵其他相关联的多个网站，使得服务器网站均被黑客控制、修改、挂马，影响十分恶劣。网络安全人员希望对已经搭建的网站进行安全加固，调整网站以及IIS的设置等，既不影响网站和网站管理员的正常使用，同时也最大程度的降低服务器安全风险。

操作步骤如下。

步骤1：典型攻击行为的防御。

在本地用户和组中，创建Testsite_1用户，将该用户加入Guests组，调整网站

Testsite_1 的匿名访问账户设置。创建一个名为 Administrator 账户,设置其为最小权限。

步骤 2:强化网站安全配置。

打开 Internet 信息服务(IIS)管理器,右击 Testsite_1,选择属性,取消"写入、目录浏览",并将执行权限改为"纯脚本",如图 10-19 所示。

图 10-19 Testsite_1 网站属性

步骤 3:取消 Databases 目录的 IIS 读取和执行权限,如图 10-20 所示;右击 Databases 目录,选择权限,设置 Testsite_1 账户具有读取和写入权限,如图 10-21 所示。

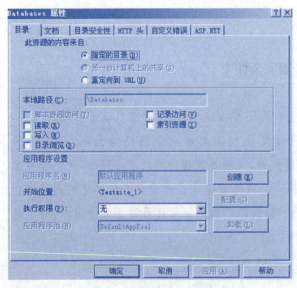

图 10-20 设置数据库属性

图 10-21 设置用户权限

步骤4：取消 Testsite_1 下的 Uploadfiles 目录的 IIS 读取和执行权限，如图 10-22 所示。右击 Uploadfiles 目录，选择权限，设置 Testsite_1 账户具有读取和写入权限，如图 10-23 所示。

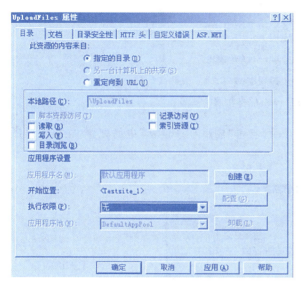

图 10-22　Uploadfiles 属性

图 10-23　Uploadfiles 下用户权限

步骤5：取消 Admin\Databackup 目录的 IIS 读取和执行权限，如图 10-24 所示。右击 Admin\Databackup 目录，选择权限，设置 Testsite_1 账户具有读取和写入权限。

图 10-24　Databackup

步骤 6：选择 web 服务扩展，仅启用 ActiveServerPages，如图 10-25 所示。

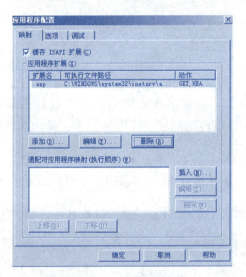

图 10-25　web 服务扩展

步骤 7：右击 Testsite_1，选择属性，主目录，点击"应用程序设置"中的配置，在应用程序扩展中仅保留对 asp 文件的解析，如图 10-26 所示。

图 10-26　应用程序配置

案例应用

服务器安全性 2

某企业有一台 Linux 服务器，为了安全起见设计一些安全策略要求如下：防止黑客暴破 root 用户密码，并防止黑客通过其他管理员用户入侵的可能性，找出并锁定未使用的管理员账户，并对管理员账户设置强密码 Qazwsx@126.com；新建账户强制要求 10 位以上的复杂密码，并至少每两个月修改一次密码，到期前一个星期提醒用户修改密码；防止未经授权的文件访问对文件夹 123 设定权限；防止未经授权的 TTY 登录，仅留 1, 2 两个 TTY 登录入口,设置自动注销;防止 root 用户直接远程登录。

具体操作步骤如下。

步骤 1:安全管理账户。

(1) 为 root 用户设置强密码。

右击桌面,选择"打开终端",依次输入下列命令：

passwdroot

Qazwsx@126.com

Qazwsx@126.com

(2) 找出 UID 为 0 的用户,并锁定。

在终端中依次输入下列命令：

cat/etc/passwd//发现 UID 为 0 的用户为 admin123

passwd-ladmin123//锁定 admin123 用户

(3) 创建/123 文件夹的使用账户和组。

在终端中依次输入下列命令：

groupadddevemaps

useradd-gdevemapszhangsan

passwdzhangsan

plm@okm

plm@okm//这里设置用户 zhangsan 的密码

步骤 2:文件系统安全管理。

设置适当的用户文件权限。

在终端中依次输入下列命令：

chownzhangsan:devemaps/secure

chmod774/123

步骤 3:系统加固。

(1) 设置口令策略。

在终端中依次输入下列命令：

cat/etc/login.defs

vi/etc/login.defs(按 i 进行编辑,qw 保存并推出)

修改如下行：

PASS_MAX_DAYS60

PASS_MIN_DAYS0

PASS_MIN_LEN10

PASS_WARN_AGE7

(2) 防止 TTY 登录,仅留 1,2 两个 TTY 登录入口。

在终端中输入下列命令:

vi /etc/inittab(按 i 进行编辑,qw 保存并推出)

注释如下行:

#3:2345:respawn:/sbin/mingetty tty3

#4:2345:respawn:/sbin/mingetty tty4

#5:2345:respawn:/sbin/mingetty tty5

#6:2345:respawn:/sbin/mingetty tty6

(3) 设置自动注销超时时间。

在终端中输入下列命令:

vi /etc/profile(按 i 进行编辑,qw 保存并推出)

在 HISTSIZE=1000 下面加入行:

TMOUT=300

(4) 防止任意用户使用 su 切换到 root。

在终端中输入下列命令:

vi /etc/pam.d/su(按 i 进行编辑,qw 保存并推出)

在头部加入行:

auth

required

pam_wheel.so group=wheel

(5) 防止 root 用户远程登录。

在终端中输入下列命令:

vi /etc/ssh/sshd_config(按 i 进行编辑,qw 保存并推出)

修改如下行:

PermitRootLogin no

(6) 锁定账户文件。

在终端中依次输入下列命令:

chattr +i /etc/passwd

chattr +i /etc/shadow

chattr +i /etc/gshadow

chattr +i /etc/group

第三节 网络安全技术

网络安全技术主要是数据加密、虚拟专用网 VPN、防火墙技术、应用系统安全、数字证书、身份鉴别、访问控制等,本章节主要从数据加密、虚拟专用网 VPN、防火墙技术、应用系统安全、数字证书技术方面展开,有利于读者在电子支付安全方面有所收获。

(一) 数据加密安全

数据加密又称密码学,它是一门相对比较悠久的应用技术,加密指通过加密算法和加密密钥将明文转变为密文,而解密则是通过解密算法和解密密钥将密文恢复为明文。如果传输中第三方窃取密文,无法理解其真实含义,从而对传输的信息起到保密作用。发送方通过加密或者第三方加密形式把明文变成密文然后发给对方,接收方利用解密技术得到发送方的明文,这就是简单加密、解密过程,如图10-27所示为数据加密过程图。

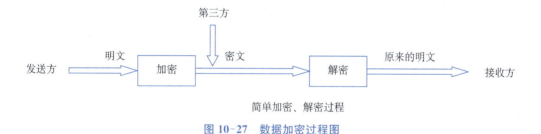

图 10-27 数据加密过程图

利用数字加密可以将敏感信息加密并通过一种并不安全的途径传递,只有指定的收件人才能解读原始信息。在计算机网络系统中,一般的数据加密可以分为:量子密码、混沌密码、链路加密、节点加密、端到端加密、SSH 加密、SSL 加密、IPSec、签名代码、加密的 Email,等等。

量子密码,由于量子状态具有不能够复制的特点,所以量子密码就对数字加密的安全性相对较高。在攻击者的每一次破解下,量子本身的状态都会发生改变,这就意味着当信息获取后,其价值也就随之丧失;量子密码能够长距离有障碍干扰的情况下传输。不过量子密码目前在初级发展阶段,大量的应用较少。

混沌密码指的是可采纳混沌系统中的序列规则来作为安全防护,在信息加密的过程中,密文被接收方接收后,需要通过混沌同步的方式解密。而经过混沌处理后,解密的难度和复杂性都会大幅度提高,这种通过提高难度达到安全保障的形式,已经应用在加密市场中。

在当今的信息时代,信息传输的要点是安全性,网络监听、病毒入侵等问题,时时刻刻都有可能发生。由此可见,数据加密信息对于维护信息网络安全的重要性与迫切性是显而易见的,在用户越来越依赖互联网的同时,也应当提高自身的数据安全意识,确保有价值的全面用户信息免遭泄露和攻击。

(二) 虚拟专用网 VPN

数据加密和认证技术在电子商务中的综合应用——虚拟专用网 VPN(virtual pager network),虚拟专用网又称为虚拟私人网,是指利用开放的公共网络资源建立私有传输通路,将远程的分支机构、商业伙伴、移动办公人员等连接起来,并且提供安全的端到端的数据通信的一种技术。它有两层含义,第一,它是"虚拟的",指用户不再需要拥有实际的长途数据线路,而是使用 Internet 公众数据网络的长途数据线路。第二,它是"专用的",指用户可以为自己制定一个最符合自己需求的网络。虚拟专用网实质是依靠因特网服务提供商 ISP(internet service provider)和其他网络服务提供商 NSP(network service provider),在公用网络中建立专用的数据通信网络通道。在虚拟专用网中,任意两个节点之间的连接并没有传统专用网所需的端到端的固定物理链路,而是利用某种公众网的物理链路资源动态组成的。总之,虚拟专用网不是真的专用网络,但却能够实现专用网络的功能。

VPN 技术具有太多的优点,现在应用越来越广泛。VPN 技术优点有利于企业专网的构建成本和使用费用大幅降低;网络架构弹性大,可扩充性好且灵活性高;管理维护方便、容易且轻松;良好的安全保障。正是因为以上 VPN 的优点使更多组织易于开展跨国业务,异地分公司、移动工作者、远程用户、用户、合作伙伴都能连上总部企业内部网。它不但可以降低服务成本,缩减长途通信费用,减少硬件投入,简化长期的广域网的维护、运作,而且可以确保网络上数据传输的安全性。

VPN 的安全技术主要有隧道技术、加解密技术、密钥管理技术、使用者与设备身份认证技术等。

若以 OSI 模型参照标准,不同的 VPN 技术可以在不同的 OSI 协议层实现,可以分为链路层 VPN、网络层 VPN、应用层 VPN。如表 10-1 所示。

表 10-1 VPN 技术

VPN 在 OSI 中的层次	VPN 实现技术
数据链路层	PPTP 及 L2TP
网络层	IPSEC
应用层	SSL

1. 链路层 VPN 技术

链路层 VPN 技术由 PPTP、L2TP 协议提供支持。PPTP 协议是点到点的安全隧道协议,为使用电话上网的用户提供安全 VPN 业务,它提供了多协议的安全 VPN 的通信方式,远端用户通过任何支持 PPTP 的 ISP 访问企业的专用网络。PPTP 提供 PPTP 客户机和 PPTP 服务器之间的保密通信通道。用户首先拨号到 ISP 的接入服务器,然后进行二次拨号到 PPTP 服务器,建立 PPTP 隧道,这样用户与 PPTP 服务器建立虚拟通路。PPTP 协议的最大优势是微软公司(Microsoft)的支持,另外一个优势是它支持流量控制,可保证客户机与服务器之间不拥塞,改善通信性能,最大限度地减少包丢失和重发现象。第三 IP 包可以封装包括 TCP/IP、IPX 和 NetBEUI 在内的多种协议。

2. 网络层 VPN 技术

网络层 VPN 技术由 IPSec 协议和 SANGFORSL 协议提供支持。IPSec 一个协议包,通过对 IP 协议的分组进行加密和认证来保护 IP 协议的网络传输协议族,IPSec 协议是在第三层即网络层上的加密。IPSec 不是某种特殊的加密算法或认证算法,不同的加密算法都可以利用 IPSec 定义的体系结构在网络数据传输过程中实施。

IPSec 协议可以设置成在两种模式下运行:一种是隧道(tunnel)模式,一种是传输(transport)模式。在隧道模式下,IPSec 把传输层的数据封装在安全的 IP 包中。传输模式是为了保护端到端的安全性,即在这种模式下不会隐藏路由信息。隧道模式是更安全的,但会带来较大的系统开销。IPSec 协议有一定的局限性,由于其是基于网络层的,不能穿越通常的 NAT、防火墙。

SANGFORSL 是基于 IPSec 协议的安全隧道,它提供压缩的 IP 头算法,由此网络利用率得以提高。普通的 IPSec 网络利用率在 70% 左右,而 SANGFORSL 达到 90%,改进的 IP 封装技术,使得 SANGFORSL 可通过任何路由器,具有灵活性,提高对网络的适应能力。SANGFORSL 提供基于挑战—响应模式的身份认证。同时也提供基于硬件证书(HARDCA)的授权体系。

3. 应用层 VPN 技术

应用层 VPN 技术指的是基于安全套层协议(security socket layer—SSL)建立远程安全访问通道的 VPN 技术,即 SSL VPN。它是近年来兴起的 VPN 技术,其应用随着 Web 的普及和电子商务、远程办公的兴起而发展迅速。一般来说,SSL VPN 在电子商务交易中应用比较广泛是多线路智能选路 VPN、远程访问 VPN。

所谓多线路智能选路 VPN,即是指在企业数据中心网络的网关位置部署 SSLVPN 安全网关,并申请多条运营商(ISP)的上网线路连接 Internet 实现线路捆绑和带宽叠加,如图 10-28 所示。

当远程的众多商业用户通过 SSL VPN 在使用不同运营商的上网线路访问总部资源时,SSL VPN 网关会自动检测最优线路,使得商业用户访问组织内部数据时能得到最高的访问速度,解决了网络环境 SSL VPN 的发展迎合了用户对低成本、高性价比远程访问的需求。

图 10-28　多线路智能选路 VPN

应用层 VPN 技术已经广泛应用于各行各业。选购应用层 VPN 时,用户还要根据自身特点和不同的业务模式,选择适合自己的 SSL VPN 产品,再次强调,VPN 是正在发展的技术,更新换代可能会比较快,因此用户在选购时可以少考虑一些扩展性,多注重产品的实用性。毕竟,只有适合自己的,才是最理想的选择。

(三) 防火墙技术

防火墙是在受保护的("内部")网与不太可信的("外部")网之间对所有通信量进行过滤的设备,防火墙代码通常运行在私有或经过精心裁减的操作系统上。防火墙的类型包括包过滤防火墙、状态审查防火墙、应用代理防火墙、门卫防火墙、个人防火墙等,这几种类型防火墙的比较如表 10-2 所示。

表 10-2　几种类型防火墙的比较

包过滤器最简单	状态检验较复杂	应用代理更复杂	门卫最复杂	个人防火墙与包过滤器防火墙相似
只看见地址和服务协议类型	能看见地址和数据	看见包的全部数据部分	看见通信的全部文本	看见包的全部数据部分
审计困难	可能审计	能审计活动	能审计活动	能审计活动,并通常实现了审计活动
基本连接规则的过滤 复杂的寻址规则使得配置困难	基于通过包的信息过滤——头部或数据段 通常预先配置以检测攻击信号	基于代理的行为过滤 简单的代理可以代替复杂的寻址规则	基于信息内容的解释过滤 门卫的复杂功能可以限制保证	基于单个包中的信息(使用头部或数据)过滤 通常以"拒绝所有入站"模式开始,当它们出现时,可添加信任地址

防火墙并不能完全解决计算机的所有安全问题。防火墙只能保护其环境的边界,以防止在保护环境内的机器上执行代码或访问数据的外来者实施的攻击。对于防火墙工作策略,有人认为未明确禁止的就是允许的即默认允许;也有人认为未明确允许的就是禁止的即默认拒绝,一般而言大多数防火墙工作策略是未明确允许的就是默认拒绝。

案例应用

防火墙技术应用

由于信息技术和电子商务的发展,某网上银行业务经营逐渐实现了智能化和电子化。银行卡、国际业务、电子汇兑、电子公文、网上银行、网上交易系统等广泛运用,可以及时准确地处理银行网上业务。目前银行网络系统面临的攻击手段较多,既有来自外部的,也有来自内部的。由于对银行网络系统的攻击可以取得较大的经济利益,因此银行网络系统成为犯罪集团、高智商犯罪分子的首选攻击目标。为了防止网络攻击和入侵,使用防火墙、VPN等技术来应对攻击。

具体操作步骤如下。

步骤1:首先要完成网络安全设计的拓扑图见图10-29所示,使用的关键安全设备需要至少4个防火墙,4条VPN线路,1个入侵检测系统(IDS)。

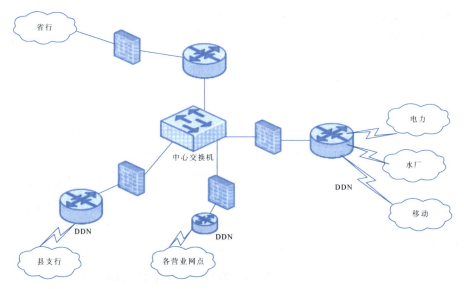

图10-29 网络安全设计的拓扑图

步骤2:具体解决方案是在所有业务相关方使用DDN连接并且设置了防火墙,目的是为了更好地对各个DDN连接的IP数据流进行过滤,添加VPN加密隧道,保证数据传递的安全;在流过滤的平台基础上,进行应用级插件的开发和升级,动态保护网络安全。在内网,主要的三层交换机的侦听口上连接了IDS产品,帮助系统管理员对付网络攻击,包括安全审计、监视、攻击识别和应急响应等,提高了信息安全基础结构的完整性。

步骤3：结合该银行的实际情况，对全部人员进行安全防范培训，强化防范意识，制定预防来自内部人员攻击的安全策略、使用入侵检测系统、日志审计等。

(四) 入侵检测系统

入侵检测系统(intrusion detection system)简称"IDS"，是一网络安全设备，它对网络传输进行即时监视，发现可疑传输时发出警报或者采取主动反应措施，也可以通过监视内部的活动来识别恶意的或可疑的事件。作为最广泛使用和最有效的保护方法，收集关键数据节点的实时数据，建立相应的评估机制和分类模型，判断其是否为非法用户，并立即采取措施。入侵检测系统根据入侵检测的行为分为两种模式：异常检测和误用检测。

异常检测是一种探测器，像烟雾探测器一样，先建立一个正常行为的模型。凡是访问者不符合这个模型的行为将被断定为入侵，进而触发警报。异常检测的漏报率很低，但误报率较高。

误用检测时先要将所有可能发生的不利的不可接受的行为归纳建立一个模型，凡是访问者符合这个模型的行为将被断定为入侵。采用实时(或近似实时)运行方式，监视活动并及时向管理员报警，以便采取保护措施。误用检测这种策略误报率较低，但是千变万化的恶意行为不能及时被收集在行为模式库中，也有很高漏报率。鉴于这两个检测策略的特点，可以根据本系统的特点和安全要求来制定相应的策略，目前基本采取的策略是两种模式组合运用。

(五) 数字证书

数字证书(digital certificate)又称数字凭证，是一个数字标识，以密码学为基础，采用数字签名、数字信封、时间戳服务等技术，在互联网上建立起有效的信任机制。主要包含证书所有者的信息、证书所有者的公开密钥和证书颁发机构的签名等内容。数字证书犹如一本网络护照，便于在电子支付中验明身份。数字证书能够保证交易信息的保密性、确认交易者身份真实性、交易不可否认性和交易不可修改性。数字证书遵循 X.509 标准。在电子商务活动中，使用较多的是个人数字证书和商家证书，证书结构如图 10-30 所示，主要包括主体身份信息、主体的公钥、CA 名称、CA 签名和签字等信息。

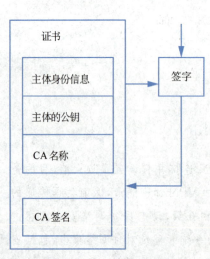

图 10-30　公钥证书结构

个人数字证书是由 CA 机构颁发的，用以标识个人在网络中的数字身份。用户使用此证书在互联网中标识证书持有人的数字身份，用来保证信息在互联网传输过程中的安全性和完整性，安装了数字证书并获得认证,就可以在电子支付中使用数字证书进行保驾护航了。

随着信息技术的快速发展和"互联网+"政策的深入落地,电子商务、电子政务等已融入人们生活的方方面面,通过手机、平板电脑等移动终端即可在线办理各种业务。但在网络空间之间进行身份认证存在着诸多问题,上海 CA 中心建设了全国性的个人网络空间可信身份服务平台,以自然人公民身份号码为标记实现虚拟身份与社会身份的真实映射,为各类电子政务、电子商务等互联网活动提供统一的可信身份认证。

数字证书的管理与使用

某公司建有一个电子商务网站 intranet.online.com,发布商品、业务信息等重要内容,公司为了强化该网站数据传输的安全性,启用 HTTPS 用户端认证,该网站生成证书请求文件,并使用 EJBCA 签发相应的服务器证书。默认网站导入生成的服务端证书,并配置 SSL,实现用户端认证,只有持有同样由 InspcSubCA 签发的用户端证书的用户才能访问网站。

具体操作步骤如下。

步骤 1:证书模板的编辑。

(1) 登录 https://127.0.0.1 的管理后台,在 CA 功能——编辑证书模板中,以 InspcServers 模板为模板,创建证书模板 TestServer,如图 10-31 编辑证书模板,编辑其属性,勾选"Allow subject DN override",审批设置"添加/编辑终端实体"。

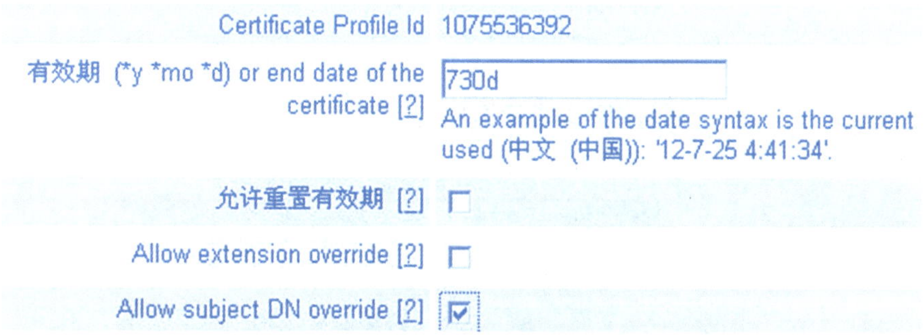

图 10-31 编辑证书模板

(2) 在 RA 功能——编辑终端实体模板中,创建模板 InspcServers,编辑属性,设置默认证书模板为 InspcServerCert,如图 10-32 选择证书模板,可用的证书模板仅 Test Server,保存退出。

步骤2：服务器证书的发放。

（1）进入IIS管理器，默认网站—属性—目录安全性—安全通信—服务器证书—新建证书，选择准备证书请求但稍后发送，证书请求中，如图10-33新建证书。设置单位、部门、公共名称、国家为CN，省市为Shanghai，设置证书文件保存位置等。

图10-32　选择证书模板

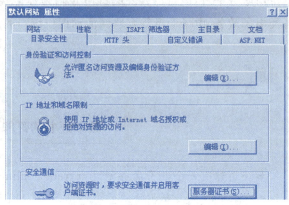

图10-33　新建证书

（2）以管理员身份进入EJBCA管理后台，RA功能——添加终端实体中，以InspcServers为模板创建终端实体，设置用户名和密码，填写CN等相关内容，添加终端实体，出现"申请已发送待批"如图10-34所示。最后将返回页面中的全部内容保存，即生成证书文件。

图10-34　添加终端实体

步骤3：服务器证书的导入使用。

（1）在IIS默认网站属性—目录安全性—安全通信—服务器证书中，选择处理已挂起的证书申请请求，选择显示所有文件，选择之前创建的证书文件，导入。编辑安全通信配置,设置"要求安全通道""要求用户端证书"。

(2) 设置"启用证书信任列表",在新建证书信任列表向导中,从存储区添加证书,选择证书。

第四节　电子支付协议

目前国际上流行的电子商务所采用的协议主要包括电子支付协议、安全 HTTP(S-HTTP)超文本传输协议、安全电子邮件协议。电子支付协议是指在电子交易过程中实现交易各方支付信息正确、安全、保密地进行网络通信的规范和约定,是许多分布式支付系统的安全基础,是电子商务系统运行的安全通信标准。在电子商务系统中,支付工具不同,它所对应协议也不同,有基于卡的支付协议、有基于支票的支付协议,还有基于电子货币的支付协议,等等。同样基于 TCP/IP 协议的各层也有不同的安全协议。

常用电子支付的安全协议有:安全套接层协议(secure sockets layer,SSL),安全电子交易协议(secure electronic transaction,SET)和传输层安全性协议(transport layer security,TLS)。当前我国电子支付基本采取 SSL 协议和 SET 协议,这两种协议不仅被大家熟知,也是我国网络支付的标准,其在电子支付层面有得天独厚的优势,人人皆知。

(一) SSL 协议

安全套接层(secure socket layer,SSL)属于高层安全机制,广泛应用于 Web 浏览程序和 Web 服务器程序。基于证书的身份认证,服务器向用户的认证是必须的,而 SSL 版本 3 中用户向服务器的认证是可选项,现已广泛应用。

SSL 协议过程通过 3 个协议来完成,第一个是握手协议—用于用户机和服务器之间会话的加密参数进行配置。当一个 SSL 用户机和服务器第一次开始通信时,统一协议版本并选择加密算法和认证方式,最后生成共享密钥。第二个是记录协议—用于交换应用数据。应用程序消息被分割成可管理的数据块或被压缩,把产生的 MAC(消息认证代码)加密并传输。接收方接收数据并解密,校验 MAC,解压并重新组合,把结果提供给应用程序协议。第三个是警告协议,用于表示在何时发生了错误或两个主机之间的会话何时终止。

SSL 协议通信的握手步骤如下。

第 1 步,SSL 用户端连接至 SSL 服务器,服务器验证其身份。

第 2 步,服务器通过发送它的数字证书证明其身份。需要到某个根证书颁发机构(CA)通过检查有效日期并确认证书包含可信任 CA 的数字签名,来对证书的有效性完成验证。

第 3 步,服务器发出一个请求,对用户端的证书进行验证,也可以不进行用户端认证。

但SSL VPN需要对用户端的身份证书进行验证。

第4步，协商加密算法和哈希函数，用户端提供它支持的全部算法列表，由服务器选择最强大的加密算法。

第5步，会话密钥的生成：用户机生成一个随机数与获取服务器的公钥进行加密，发给服务器。服务器利用用户机密钥和使用哈希函数生成密钥。在SSL通信中，服务器方使用443端口，而用户方的端口是任选的。

随着SSL不断发展与应用，不断与其他技术相结合，比如与虚拟专用网VPN相结合形成SSL VPN技术。用户通过SSL VPN技术远程Web访问企业服务器大大提高了工作效率。

SSL VPN网关位于企业网的边缘，介于企业服务器与远程用户之间，控制两者的通信。SSL VPN将来自远端浏览器的页面请求（采用HTTPS协议）转发给Web服务器，然后将服务器的响应回传给终端用户。SSL VPN技术中也含有端口转发器功能，当数据包进入端口就会通过SSL隧道连接传送到SSL VPN网关，SSL VPN网关解开封装的数据包，将数据包转发给目的应用服务器。SSL VPN使用端口转发器，需要终端用户指向希望运行的本地应用程序，而不必指向真正的应用服务器。良好的SSL VPN产品应该具有较好的互操作性，较为细致的访问控制能力，完善的日志和认证体系以及对应用的广泛支持。

SSL协议能让用户的信息和商家的信息之间通过加密手段进行安全传输，确保商家能够及时地验证用户信息，但是最大的弊端是加密传播的仅仅是用户的信息，参与电子交易的商家身份信息用户却无从验证，这就使用户和商家在信息安全上存在不平衡，若用户与不法商家进行交易，用户将无从查找相关信息，得不到安全保障。然而SET模式下则是对交易双方所有信息都进行规范传输，这确保了双方对于对方的身份能够进行有效识别，但是操作起来比SSL协议繁琐。

（二）SET协议

SET安全协议（secure electronic transaction 是由 MasterCard 和 Visa 联合 Netscape、Microsoft 等公司推出的一种电子支付开放协议。主要是为了保证信用卡交易在线购物的安全性，为便于用户、商家、银行之间通过信用卡的交易而设计的，它能保证交易数据的完整性，交易的不可抵赖性等功能。至2012年它已成为信用卡网上交易的工业标准，被Microsoft、IBM、HP等大公司所认可，也得到了IETF（因特网工程任务组）的支持。

SET通过使用加密解密和认证等技术实现传输的完整性、机密性以及不可否认性，主要包括数字信封、混合密钥加密技术、对称密钥加密技术以及非对称加密技术。防止数据被非法用户窃取，保证信息安全传输；电子商务参与者信息的相互隔离，商家看不到已加密的用户账户和密码；SET安全技术对用户、商家和银行间的相互认证；保证网上交易的都是在线和实时性；兼容性和互操作较强，能够在软硬件平台上执行并被全球广泛接受。

SET 交易过程中要对商家、用户、支付网关等交易各方进行身份认证，基于银行卡交易支付流程如下：

（1）用户用浏览器在网上商店看中商品后，和商家进行磋商，发出订购申请。

（2）商家接到订购申请后，将服务方 CA 证书、支付网关 CA 证书发给用户。

（3）提示用户输入口令后与商家交换握手信息，确认商家和用户两端均合法。

（4）用户的电子钱包形成一个包含订购信息与支付指令的报文发送给商家。

（5）商家将含有用户支付指令的信息、数字签名和服务方 CA 证书发送给银行卡支付网关。

（6）银行支付网关在确认用户信用卡信息之后，向商家发送一个授权响应的报文。

（7）商家向用户的电子钱包发送一个确认信息。

（8）将款项从用户账号转到商家账号。

（9）持卡人保存购物信息，商家备货并送货，交易结束。

从交易流程来看，SET 支付交易十分复杂，如图 10-35 所示，一次 SET 协议交易过程中，需验证电子证书 9 次，验证数字签名 6 次，传递证书 7 次，进行签名 5 次，4 次对称加密和非对称加密。一般来讲完成一个 SET 协议交易大约需要 2 分钟时间。由于网络原因有可能需要更长的时间。

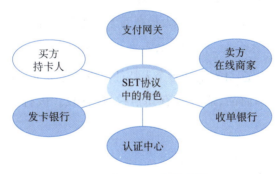

图 10-35　SET 交易支付

第五节　电子支付与安全的法律保障

电子商务是伴随着互联网发展起来的新兴产业，我国现行法律无法对电子支付进行有效约束。虽然经过近几年法律的修改，尤其是 2019 年初新出台的《中华人民共和国电子商务法》（以下简称《电子商务法》）在网络支付层面，对消费者的合法权益进行了保障，但是面对日新月异的诈骗手段以及数量呈指数型爆喷的新媒体电商经营者，网络用户的合法权益仍然无法得到全面保障。监管乏力也就导致了网络安全问题屡禁不止。

(一) 中华人民共和国电子商务法

《电子商务法》是政府调整、企业和个人以数据电文为交易手段,通过信息网络所产生的,因交易形式所引起的各种商事交易关系,以及与这种商事交易关系密切相关的社会关系、政府管理关系的法律规范的总称。

2013年12月27号,全国人大常委会正式启动了《中华人民共和国电子商务法》的立法进程。2018年8月31日,十三届全国人大常委会第五次会议表决通过《电子商务法》,自2019年1月1日起施行。

针对电子商务消费者密切相关的要点进行解读如下。

1. 禁止虚构交易、编造评价,平台不得删除评价

刷销量、刷好评、删差评等刷单、炒信行为,严重误导消费者,损害消费者知情权、选择权。《电子商务法》首先明确规定电子商务经营者信息披露的义务,要求全面、真实、准确、及时披露商品或者服务信息,禁止以虚构交易、编造用户评价等方式进行虚假、引人误解的商业宣传,等等;其次要求电子商务平台经营者建立健全信用评价制度,公示信用评价规则,不得删除、修改消费者评价信息。若擅自删除消费者评价的,由市场监督管理部门责令限期整改并给予行政处罚,情节严重的,处最高五十万元以下罚款。

2. 搜索结果附非个人特征选项,制约大数据杀熟

《电子商务法》明确规定,针对消费者个人特征提供特定商品、服务时,要同时提供非针对性选项,消费者对全部商品、服务具有知情权、选择权。该行为需遵守广告法的相关规定。

3. 搭售需明确提示,"默认勾选"被禁止

《电子商务法》规定,搭售商品或者服务,应当以显著方式提醒消费者,禁止默认同意的选项,并规定了违反有关条款的行政责任。避免使消费者在不知情、难以察觉的情况下,被捆绑搭售。

4. 明示押金退还方式、程序,不得设置不合理条件

《电子商务法》明确规定电子商务经营者收取押金应当明示押金退还的方式、程序,不得设置退还障碍,应当及时退还。若违反相关规定,有关主管部门对其进行责令限期改正、行政处罚和罚款等。

5. 规制平台不正当竞争行为,行政处罚力度加大

《电子商务法》明确规定,平台经营者不得利用服务协议、交易规则、技术等,对平台内经营者的交易行为、交易价格、与其他经营者的交易等实施不合理限制、附加不合理条件,

或者收取不合理费用。若违反相关规定,有关主管部门对其进行责令限期改正、行政处罚和最高 200 万元以下罚款等。

6. 付款成功,电子商务经营者不得随意毁约

《电子商务法》明确规定,电子商务经营者发布信息符合要约条件的,用户选择商品或者服务并提交订单成功,合同成立,不得随意毁约。

7. 强化经营者举证责任,保障消费者依法维权

《电子商务法》对平台经营者、平台内经营者都规定了提供相关证据的义务,如原始合同、交易记录等,并规定丢失、伪造、篡改、销毁、隐匿或者拒绝提供前述资料,由电子商务经营者承担不利法律后果。

(二)中华人民共和国电子签名法

《中华人民共和国电子签名法》是为了规范电子签名行为,确立电子签名的法律效力,维护有关各方的合法权益而制定的法律。《中华人民共和国电子签名法》由中华人民共和国第十届全国人民代表大会常务委员会第十一次会议于 2004 年 8 月 28 日通过,自 2005 年 4 月 1 日起施行。当前版本为 2019 年 4 月 23 日第十三届全国人民代表大会常务委员会第十次会议修正。

针对电子商务消费者密切相关的要点进行解读如下。

1. 电子签名合法有效

电子签名是指数据电文中以电子形式所含、所附用于识别签名人身份并表明签名人认可其中内容的数据。通俗点说,电子签名就是通过密码技术对电子文档的电子形式的签名,并非是书面签名的数字图像化,它类似于手写签名或印章,也可以说它就是电子印章。电子签名法从法律层面确立了电子签名的效力,规范了电子签名行为,维护有关各方的合法权益,这就解决了电子签名的合法性问题。

2. 电子签名需要认证

在电子商务交易中,双方使用电子签名时,为了确保电子交易的安全可靠,需要由第三方对电子签名人的身份进行认证,向交易对方提供信誉保证。

3. 电子认证服务机构需要"认证"

从事电子认证服务,应当向国务院信息产业主管部门提出申请,并提交符合条件的相关材料。国务院信息产业主管部门接到申请后经依法审查,征求国务院商务主管部门等有关部门的意见后,自接到申请之日起 45 日内作出许可或者不予许可的决定。

4. 民事合同可以约定使用或者不使用电子签名

民事活动中的合同或者其他文件、单证等文书,当事人可以约定使用或者不使用电子

签名、数据电文。当事人约定使用电子签名、数据电文的文书,不得仅因为其采用电子签名、数据电文的形式而否定其法律效力。

5. 伪造电子签名受制裁

伪造、冒用、盗用他人的电子签名,构成犯罪的,依法追究刑事责任;给他人造成损失的,依法承担民事责任。

6. 四种情形电子签名无效

法律对交易安全和社会公共利益充分保护,以下四种情形的电子签名无效:涉及婚姻、收养、继承等人身关系的;涉及土地、房屋等不动产权益转让的;涉及停止供水、供热、供气、供电等公用事业服务的;法律、行政法规规定的不适用电子文书的其他情形。

(三) 联合国国际贸易法委员会电子商务示范法

《电子商务示范法》是对电子商务的一些基本法律问题作出的规定,有助于填补国际上在电子商务方面的法律空白。虽然它既不是国际条约,也不是国际惯例,仅仅是电子商务的示范法律文本,但却有助于各国完善、健全有关传递和存贮信息的现行法规和惯例,并给全球化的电子商务创造出统一的、良好的法律环境。

关键词

SSL　SET　支付安全　口令破解　数据加密　防火墙　数字证书

本章小结

本章主要介绍了关于电子支付安全的相关问题,从电子支付安全概述出发,讨论支付安全问题的产生、网络安全技术介绍、电子支付安全协议讲解和法律保障,提供系统的解决电子支付安全的一般知识,并提供简单易行的解决方法。第一节结合中国互联网络发展状况统计报告,近年来电子商务发展迅猛,出现许多新情况和新问题,对电子支付安全进行概述。第二节介绍电子支付安全问题的产生原因,包括但不限于以下9个方面的行为或本身漏洞造成大部分网络支付安全问题,具体为病毒与木马、口令暴力破解、拒绝服务攻击、网络监听与扫描、网络攻击、支付网关的安全性、客户终端的安全性、通信信道的安全性、服务器的安全性等。第三节介绍常用的网络安全技术,包括数据加密安全、网络安全规划、防火墙技术、应用系统安全和数字证书,能有效解决绝大部分电子支付安全的相关问题。当然,网络安全技术不限于本节所介绍的五条内容,读者可结合工作学习需要进一步去探索。第四节主要介绍几种重要且常见的安全支付协议。第五节探讨从法律层面保障支付安全,有利于日常支付应用中切实保障交易的安全有效。

习 题

1. 近年来电子商务的迅猛发展为何给电子支付安全带来前所未有的挑战。
2. DDos 是什么？常见 DDos 攻击方式有哪些？
3. 网络扫描是什么？攻击者的网络扫描一般分为哪些步骤？
4. 目前常见的对通信信道的安全威胁主要有哪些？
5. 简要叙述 VPN 技术及其特点。
6. 简述数字证书和数字证书包含哪些信息？
7. 简要叙述防火墙的定义、进行防火墙分类并区分其异同。
8. 目前流行的安全协议主要有哪些？

[1] 周载群.银行卡业务.第1版.北京:中国金融出版社,2012.

[2] 朱春兰.外贸电商风险识别及防范.电子商务,2015,12(9):66-68.

[3] 刘存丰.基于卖家视角的出口跨境电商平台买家信用卡撤单拒付风险分析.电子商务,2017,12(12):114-116.

[4] 商仲玉、李田.电子商务信用卡网上支付实例.华南金融电脑,2001,12(5):20-22.

[5]《中国光大银行代理西联汇款业务管理办法》.

[6]《中国光大银行反洗钱管理办法》.

[7] 龚文婷、杨丰品.大力发展农行西联汇款业务的若干建议.湖北农村金融研究,2010(2):34-36.

[8] 阮晓文.跨境电子商务运营.北京:人民邮电出版社,2018.

[9] 陈战胜.跨境电子商务多平台操作实务.北京:人民邮电出版社,2018.

[10] 丁晖.跨境电商多平台运营与实战基础.北京:电子工业出版社,2015.

图书在版编目(CIP)数据

跨境电商支付与结算/朱瑞霞主编. —上海:复旦大学出版社,2021.4
(复旦卓越)
跨境电子商务系列教材
ISBN 978-7-309-15327-9

Ⅰ.①跨… Ⅱ.①朱… Ⅲ.①电子商务-银行业务-高等学校-教材 Ⅳ.①F830.49

中国版本图书馆 CIP 数据核字(2020)第 165724 号

跨境电商支付与结算
朱瑞霞　主编
责任编辑/姜作达

复旦大学出版社有限公司出版发行
上海市国权路 579 号　邮编:200433
网址: fupnet@fudanpress.com　http://www.fudanpress.com
门市零售: 86-21-65102580　团体订购: 86-21-65104505
外埠邮购: 86-21-65642846　出版部电话: 86-21-65642845
浙江临安曙光印务有限公司

开本 787×1092　1/16　印张 17　字数 351 千
2021 年 4 月第 1 版第 1 次印刷

ISBN 978-7-309-15327-9/F·2743
定价: 50.00 元

如有印装质量问题,请向复旦大学出版社有限公司出版部调换。
版权所有　侵权必究